幕末・明治期の日仏交流

――中国地方・四国地方篇（二）山口・広島・愛媛――

田中隆二

溪水社

D'HIROSHIMA... AU MAINE-GIRAUD

Le Maine-Giraud reste pour les fervents amis de Vigny un pôle d'attraction du plus réel intérêt et un haut-lieu spirituel. Chaque année les visiteurs sont nombreux, amateurs éclairés, gens de lettres, universitaires ou simples curieux, toujours bien accueillis par les aimables propriétaires, MM. Durand, père et fils. C'est ainsi que ces jours derniers, M. Tanaka assistant à l'Université d'Hiroshima, sous la conduite de notre directeur, M. J.-A. Catala, avec lequel il est en relation épistolaire au sujet de Vigny, s'est rendu au Maine-Giraud où, non sans émotion, il a visité la « cellule » en haut de « la tour d'ivoire », retraite favorite du poète.

M. Tanaka devait ensuite passer par la mairie de Champagne-de-Blanzac où le maire, M. Defarge lui fit voir le registre de l'état-civil à la page où est inscrit le procès verbal du mariage de Pierre Soulet et de Marie Jobit et qui porte la haute signature du principal témoin du marié, Alfred de Vigny, membre de l'Institut, Académie Française.

Notre document : Dans le bureau de M. Catala, Président directeur général de « La Charente Libre » et devant une composition représentant Alfred de Vigny devant le Maine-Giraud, M. Catala et M. Tanaka (au centre) échangent leurs impressions en présence de M. Hamart, rédacteur en chef et de M. Delorière, premier secrétaire de rédaction .

(Photo « La Charente Libre » ; op. : J.-L. Lauté).

« La Charente libre » 28 octobre 1969

はしがき

本篇は『幕末・明治期の日仏交流――中国地方・四国地方篇（一）松江――』の続篇である。松江（島根県）に続く第二巻が中国地方のどこか一つの県でなく、「山口・広島・愛媛」であるのは、整合性を欠くので不審に思われる方も多いであろう。

次にその弁明を試みて置こう。

第一の理由は、特に幕末・明治初年の松江（藩）に於けるフランス学の隆盛にある。それが「松江」に関して一書を成さしめた。

第二の理由は桃裕行著「松江藩の洋学と洋医学」とその著者・桃裕行先生にある。特にその「仏学」に関する部分とその関係者の子孫についての桃先生の助言は本篇の著者に裨益するところ大きかった。当該地方の他地域については、このような先行研究もなく助言者もなかった。

第三の理由は関係者の子孫探索の困難にある。本研究の最大の特徴は曾てのフランス語学習者及びフランス留学者の子孫を捜しだし、フランス語学習またはフランス留学に関する未発表の資料を発掘するところにある。しかし、それは実に「言うは易く行なうは難い」事柄である。松江については上記の如く、比較的短期間で子孫発見が可能であったが、他の地方については、この点で大いに難航している。

日本フランス語・フランス文学会には中国地方・四国地方の支部学会が存在する。その支部学会は更にA地区、B地区に分けられ、島根、山口、広島、愛媛の四県がB地区、岡山、鳥取、香川、徳島、高知の五県はA地区に配置されている。

『幕末・明治期の日仏交流――中国地方・四国地方篇（一）――』を島根、山口、広島、愛媛の四県に当て、『同（二）』を上記の五県に当てれば、より整合性は生じたと考えられるが、それは、勿論、『（一）』出版後に思いついたことであり、そうすれば、松江の斯学に於ける重要性はより薄れる。

一番良いのは一県につき一書を作成することであろうが、それは本著者の生存中には不可能であろう。

大いに便宜的な理由であるが、上記のような次第で、先ずは本篇を上梓し、更に早い機会に『幕末・明治期の日仏交流――中国地方・四国地方篇（三）岡山・鳥取・香川・徳島・高知――』を出版したいと考えている。

二〇〇三年

田　中　隆　二

幕末・明治期の日仏交流──中国地方・四国地方篇（二）山口・広島・愛媛──

目次

幕末・明治期の日仏交流

——中国地方・四国地方篇（二）山口・広島・愛媛——

第一章　山口県

一、山口県出身・渡仏（含渡欧）者の概略

山口県出身で幕末・明治期にフランスに渡った人々は九十五名になる。この中には、渡航先が欧州とのみ記してあり、フランス訪問が確実でない者も含まれている。一方、ベルギー、スイスと記されていても、フランス語圏であった可能性があるので、この人達もリストに含まれている。尚、左のリストは、A.『幕末・明治　海外渡航者総覧』（全三巻）をベースとし、これにB.『海を越えた日本人名事典』に所載するのみの人物を加えたものである。先ず、次にその人物名を五十音順で列挙する。

1、荒川邦蔵　2、有地品之丞　3、池田正介　4、伊藤博文　5、井上馨　6、井上正一　7、井上光　8、井原外助　9、井原百助　10、植木平之丞　11、内海忠勝　12、大隈行一　13、大屋権平　14、岡十郎　15、岡崎芳樹　16、小倉衛門太（馬屋原二郎）　17、小国磐　18、小坂千尋　19、片山東熊　20、柏村庸之丞　21、桂二郎　22、桂太郎　23、賀屋隆吉　24、河北勘七　25、河北道介　26、河内宗一　27、河内直方　28、木戸孝允　29、木村男也　30、国司政輔　31、熊井運祐　32、熊谷玄旦　33、熊野敬三　34、黒川勇熊　35、光妙寺三郎　36、児玉源太郎　37、小宮三保松　38、斎藤恒三　39、佐伯勝太郎　40、坂井直常　41、静間知次　42、品川弥二郎　43、島地黙雷　44、白井二郎　45、進経太　46、新庄吉生　47、新村出　48、

末広忠介　49、杉孫七郎　50、周布公平　51、瀬川秀雄　52、曽禰荒助　53、高島北海　54、竹田関太郎　55、土屋静軒　56、寺内正毅　57、鳥尾小弥太　58、永井来　59、長岡春一　60、長岡義之　61、中村精男　62、中山政男　63、楢崎頼三　64、新山荘輔　65、野村一郎　66、野村素介　67、野村靖　68、長谷川謹介　69、長谷川正五　70、長谷川為治　71、長谷川好道　72、服部一三　73、林誠一　74、林錬作　75、平佐是純　76、広虎一　77、福原佳哉　78、堀江芳介　79、俣賀致正　80、三浦梧楼　81、御堀耕助　82、三刀屋七郎次　83、三吉米熊　84、村上宇一　85、村上四郎　86、毛利親忠　87、毛利藤内　88、山縣有朋　89、山城屋和助　90、山田顕義　91、山根正次　92、湯川温作　93、吉武彦十郎　94、吉村守廉　95、渡辺小三郎

又、これらの人々には、渡航形態として、視察・留学の別がある。視察には、公費団体視察・公費個人視察・私費団体視察・私費個人視察の区別がある。留学にも公費留学・私費留学の区別がある。次に渡航者のプロフィルを紹介するが、便宜上、これらの区別に拠る。区別の意義はさして重要ではないが、視察で渡航した人物の方が帰国後の動静がよりよく把握されているという事実がある。

『山口県教育史』によると、同県出身で最初に渡仏したのは、杉孫七郎である。同人を始め、視察のため渡仏（含渡欧）した人物のプロフィルを次に掲載する。資料はA・Bのほか「入江文郎留学生名簿」、C.『現代防長人物史』、D.『近世防長人名辞典』等。可能な場合は、第二章　広島県で大きく取り扱う渡正元「漫游日誌」を参考とする。尚、どの人物も判明している場合、一、生年月日　二、死亡年月日　三、渡仏年月日　四、帰国年

月日　五、帰国後の最終地位・職業等　六、出典（A『幕末・明治　海外渡航者総覧』、B『海を越えた日本人名事典』、C『現代防長人物史』、D『近世防長人名辞典』、E『明治過去帳』、F『大正過去帳』、G『陸海軍将官人事総覧』、H『大日本博士録』、Iその他等）を記す。順序は渡仏（渡欧）年月日順とする。

二、山口県出身の渡仏（含渡欧）者のプロフィル

視察

公費視察

一、**杉孫七郎**　一、一八三五（天保六）年一月十六日生　二、一九二〇（大正九）年五月三日死亡　三、一八六二（文久元）年十二月渡欧　四、一八六三（文久二）年十二月帰国　『山口県教育史』によると、「幕府の使節竹内下野守、松平石見守、京極能登守に随行して、英仏其他欧洲の諸国を歴遊し、其の制度文物を視察し、航海術の修行を命ぜられた」とある。『近世防長人名辞典』には、「文久二年幕使竹内下野守松平石見守等に随って英仏米蘭の諸国を巡歴し三年に帰朝す」と書かれている。五、子爵・従一位勲一等　六、A，B，C，D，F。

二、御堀耕助　一、一八四一（天保十二）年三月生　二、一八七一（明治四）年五月十三日死亡　三、一八六九（明治二）年渡独・仏　四、一八七〇（明治三）年　A『幕末・明治　海外渡航者総覧』には、「航海先名　ドイツ」としか記されていないが、渡正元「漫游日誌」第二輯・二月二日の項に、「此宿ニ薩ノ西郷信吾・中邨宗賢、長ノ山縣有朋・三堀耕助諸士滞在也。故ニ同宿ス。」とあり、次の山縣と共に、正元とパリで出会った事がわかる。従って、ここに渡仏のことを加える。五、明治三十一年七月正四位を贈られている。六、A，B，D，E。

三、山縣有朋　一、一八三八（天保九）年四月二十二日生　二、一九二二（大正十一）年二月一日死亡　三、一八六九（明治二）年渡欧　四、一八七〇（明治三）年帰国　再渡欧一八八八（明治二十一）年　帰国一八八九（明治二十二）年　『近世防長人名辞典』には、最初の渡欧について「維新の再［際ヵ］越後口の官軍に参謀たり、次いで欧洲を視察し」としか記載されていない。『現代防長人物史』も「明治二年欧洲に遊び」と記述は短い。しかし、御堀の項に記したとおり、渡正元「漫游日誌」第二輯・二月二日の項に「此宿ニ薩ノ西郷信吾・中邨宗賢、長ノ山縣狂介・三堀耕介諸士滞在也。故ニ宿ス。」とあり、正元とパリで出会った事は確実である。説明は次章・特集「渡正元――事績と資料――」で行う。五、公爵・元帥・陸軍大将・総理大臣　六、A，B，C，D，F，G，I伝記『公爵山県有朋伝』あり。

四、有地品之丞　一、一八四三（天保十四）年三月十五日生　二、一九一九（大正八）年一月十七日死亡　三、一八七〇（明治三）年八月渡仏・独　四、一八七一（明治四）年七月帰国　『現代防長人物史』には、「明治三年

官命を帯び普佛戦争視察のため欧洲に渡航す」、また、『近代防長人名辞典』にもほぼ同様の記述「明治三年官命を帯びて欧洲に普仏戦争を視察す」が認められる。「漫游日誌」第二輯・明治三年十二月二十一日（旧暦）の項に、「今夜一方アッテ我朝ノ軍務監察官ノ諸士官巴里府到着セルヲ告リ。即刻旅宿ニ至リテ面會ス。其官員」とあって、大山弥助・大原令之助・品川弥二郎・有地品之丞・林有蔵・池田弥市・松村文亮等七名の氏名が列挙されている。普仏戦争時の軍事視察員の件については、次項「品川弥二郎」同様、第二章で詳述する。五、海軍中将・従二位勲一等・男爵　六、A，B，C，D，F，G。

五、品川弥二郎　一、一八四三（天保十四）年九月二十九日生　二、一九〇〇（明治三十三）年二月二十六日死亡　三、一八七〇（明治三）年八月渡英・仏・独　四、一八七六（明治九）年三月帰国　有地と同じく普仏戦争視察である。パリで渡正元と会っている。『近世防長人名辞典』では、明治八年帰朝となっている。五、内務大臣・子爵・正二位勲一等　六、A，B，C，D，E，I『品川弥二郎子爵伝』。

六、伊藤博文　一、一八四一（天保十二）年九月二日生　二、一九〇九（明治四十二）年十月二十六日死亡　三、一八七一（明治四）年十二月二十三日渡米・欧・岩倉使節団副使　但し、最初の海外渡航は一八六三（文久三）年の渡英である。四、一八七三（明治六）年九月十三日帰国。「漫游日誌」にも出てくるが、第四輯は確実としても、第三輯は再調査を必要とする。韓国前統監兼枢密院議長・従一位大勲位・公爵・総理大臣　六、A，B，C，D，E，I伝記『伊藤博文傳』あり。渡正元「漫游日誌」第四輯に氏名記載あり。説明は第二章。

七、内海忠勝　一、一八四三（天保十四）年八月十九日生　二、一九〇五（明治三十八）年一月二十日死亡　三、一八七一（明治四）年十一月二十三日渡米・欧、岩倉使節団に随行　四、一八七三（明治六）年六月二十四日帰国　五、長崎・三重・兵庫・長野・神奈川各府県令及び知事、大阪京都両府知事、会計検査院長、内務大臣、貴族院議員、男爵・従二位勲一等　六、A, B, D, E。

八、木戸孝允　一、一八三三（天保十四）年六月二十六日生　二、一八七七（明治十）年五月二十六日死亡　三、一八七一（明治四）年十一月二十三日渡欧、岩倉使節団副使　四、一八七三（明治六）年七月二十三日帰国　五、文部卿、参議、贈従一位正二位、宮内省出仕兼内閣顧問、従三位勲一等（『明治過去帳』）　六、A, B, C, D, E, I伝記『松菊木戸公傳』あり。渡正元「漫游日誌」第四輯（自明治五年九月一日至明治六年十二月三十一日）に氏名あり。説明は第二章。

九、野村素介　一、一八四二（天保十三）年生　二、一九二七（昭和二）年十二月二十三日死亡　三、一八七一（明治四）年五月渡米・欧　四、一八七二（明治五）年三月帰国　『近世防長人名辞典』に「同（明治）四年官命にて欧洲に赴き」とある。五、男爵・貴族院議員・省二位勲一等・錦鶏間祗候。六、A, C, D。「漫游日誌」第三輯（明治四～同五年）に氏名が認められる。

一〇、野村靖　一、一八四二（天保十三）年八月六日生　二、一九〇九（明治四十二）年一月二十四日死亡　三、一八七一（明治四）年十一月渡欧、岩倉使節団に随行　四、一八七二（明治五）年帰国　五、子爵、駐仏公使、内務大臣、正二位勲一等　六、A，B，D，E。

一一、山田顕義　一、一八四四（天保十五）年十月九日生　二、一八九二（明治二十五）年十一月十一日死亡（B『海を越えた日本人名事典』による。しかし、月日も一様でないし、死亡年月日も『近世防長人名辞典』、A『幕末・明治 海外渡航者総覧』及び『明治過去帳』では、十一月十四日となって、Bとは異なっている。）　三、一八七一（明治四）年十二月二十三日渡欧、岩倉使節団理事官　四、一八七三（明治六）年六月二十四日帰国　「漫游日誌」第三輯・第四輯に山田顕義の名は頻出する。説明は渡正元の項で行う。五、陸軍中将、司法大臣、伯爵、正二位勲一等。六、A，B，C，D，E，I伝記『山田顕義傳』あり。上述の通り、「漫游日誌」第三輯・第四輯により、山田顕義のパリでの行動を従来より具体的に捉えようとするのも、本篇の目的の一つである。

一二、長岡義之　一、一八四〇（天保十一）年生　二、一八八六（明治十九）年十月四日死亡　三、一八七二（明治五）年渡欧、岩倉使節団に随行　四、一八七四（明治七）年帰国　五、正五位勲六等、会計検査院・審査第一部長。六、A，E。

一三、井上馨　一、一八三五（天保五）年十一月二十八日生（B『海を越えた日本人名事典』では、一八三六（天保六）年となっている）　二、一九一五（大正四）年九月一日死亡（B『海を越えた日本人名事典』では、九月四日となっている）　三、一八七六（明治九）年六月渡欧　四、一八七八（明治十一）年七月十四日帰国　但し、これより前、一八六三（文久三）年五月渡英、一八六四（元治元）年六月帰国　五、侯爵、大蔵大臣。六、A，B，C，

D，F，I伝記『世外井上公傳』

一四、林誠一　一、不明　二、不明　三、一八七九（明治十二）年二月十二日渡欧　四、一八八〇（明治十三）年八月二十一日帰国　五、一等警視補　六、I『独協百年』第二号

一五、桂太郎　一、一八四七（弘化四）年十一月二十八日生　二、一九一三（大正二）年十月十日死亡　三、一八八四（明治十七）年二月十六日渡欧　四、一八八五（明治十八）年一月二十五日帰国　但し、それ以前、一八七〇（明治三）年八月渡独　一八七三（明治十一）年十月帰国　なお、『現代防長人物史』では、「十六年十二月二十五日陸軍卿大山巌欧洲差し遣に付随行被仰付、十八年五月帰朝」となっている。但し、同書八一頁には、「野津道貫、川上操六、三浦梧楼、橋本綱常、矢吹秀一等諸氏一行十四人と共に十七年一月三度外遊の途に上りたり」とある。五、陸軍大将・正二位大勲位功三級・公爵・内大臣　六、A，B，C，D，F，G。

一六、三浦梧楼　一、一八四六（弘化三）年十一月十五日生（C『現代防長人物史』では十二月十五日となっている）二、一九二六（大正十五）年一月二十八日死亡　三、一八八四（明治十七）年二月十六日渡独・仏　四、一八八五（明治十八）年一月二十五日帰国　五、陸軍中将・子爵・従一位　六、A，B，C，D，F，I自伝『明治反骨中将一代記』。

一七、長谷川謹介　一、一八五五（安政二）年生　二、一九二六（大正十五）年八月死亡（『近世防長人名辞典』

では、「大正十年八月廿七日歿」となっている）　三、一八八四（明治十七）年八月十日渡欧　四、一八八五（明治十八）年十月十二日帰国　但し、一九〇八（明治四十一）年再渡欧　同年帰国　五、鉄道院技監・従三位勲一等　六、A，C，D，F。

一八、服部一三　一、一八五一（嘉永四）年二月十一日生　二、一九二九（昭和四）年一月二十四日死亡（『近世防長人名辞典』では「二十五日歿す」）　三、一八八四（明治十七）年十一月二十八日渡米・欧　四、一八八五（明治十八）年帰国　但し、一八六九（明治二）年渡米　一八七五（明治八）年八月帰国　五、岩手・広島・長崎・兵庫各県知事、従二位勲一等・錦鶏間祗候　六、A，B，C，D。

一九、保賀致正　一、一八五二（嘉永五）年九月十七日生（C『現代防長人物史』では「嘉永四年」）　二、不明　三、一八八四（明治十七）年二月十六日渡米・欧　四、一八八五（明治十八）年一月二十五日帰国　五、陸軍主計監・従四位勲三等功三級　六、A，C。

二〇、鳥尾小弥太　一、一八四七（弘化四）年十二月五日生　二、一九〇五（明治三十八）年四月十四日死亡　三、一八八五（明治十八）年渡欧（『明治過去帳』に「十八年十一月廿八日御用有之欧洲へ差遣」とある）　四、一八八七（明治二十）年帰国　五、陸軍中将・正二位勲一等・子爵　六、A，C，D，E。

二一、新山荘輔　一、一八五六（安政三）年十月十日生　二、一九三〇（昭和五）年十一月七日死亡　三、一八八五（明治十八）年渡欧　四、一八八六（明治十九）年帰国　五、駒場能楽助教、下総御料牧場長兼農商務省農商務局技師、正四位勲三等　六、A，C。

二二、**長谷川為治**　一、一八四八（嘉永元）年八月十三日生　二、一九三八（昭和十三）年五月七日死亡　三、一八八六（明治十九）年渡米・欧　四、一八八七（明治二十）年帰国　五、造幣局長、正三位勲二等、錦鶏間祗候　六、A，C，D。

二三、**堀江芳介**　一、一八四三（天保十四）年三月生　二、一九〇二（明治三十五）年三月二十七日死亡　三、一八八七（明治二十）年渡米・欧　四、一八八九（明治二十二）年帰国　但し、『明治過去帳』には、「明治戊辰の役功あり尋で佛國に留學、五年桜井正知、柏木武慈、森長亮等と陸軍大尉に任じ」とあるので、明治初年留学かもしれない。五、陸軍少将・従三位勲二等・旭日重光章加授、錦鶏間祗候　六、A，D，E，G。

二四、**荒川邦蔵**　一、一八五二（嘉永五）年四月生　二、一九〇三（明治三十六）年十月十一日死亡　三、一八八八（明治二十一）年渡米・欧　四、一八九〇（明治二十三）年帰国　但し、一八七〇（明治三）年渡独、一八七四（明治七）年帰国。五、福井県知事・正四位勲四等　六、A，B，E。

二五、**平佐是純**　一、一八五一（嘉永四）年生　二、一八九六（明治二十九）年八月六日死亡　三、一八八八（明治二十一）年十二月二日渡欧　四、一八八九（明治二十二）年帰国　五、陸軍騎兵大佐・正五位勲三等　六、

A，E。

二六、井上光　一、一八五一（嘉永四）年十一月八日生　二、一九〇八（明治四十一）年十二月十七日死亡　三、一八九四（明治二十七）年二月二十四日渡欧　四、一八九四（明治二十七）年九月十日帰国　五、第四師団長・陸軍大将・従二位勲一等功二級・男爵　六、A，E，G。

二七、植木平之丞　一、一八六一（万延元）年一月生　二、一九三二（昭和七）年三月十六日死亡　三、一八九八（明治三十一）年渡米・欧　四、同年帰国　五、九州炭鉱事務所長、工学博士　六、A，C，D。

二八、竹田関太郎　一、一八五三（嘉永六）年生　二、不明　三、一八九九（明治三十二）年渡米・欧　四、同年帰国　五、航空標識管理所技師・工学士　六、A，C。

二九、熊谷玄旦　一、一八五二（嘉永五）年十二月二十六日生　二、一九二三（大正十二）年十月二日死亡　三、一九〇〇（明治三十三）年渡米・欧　四、同年帰国　五、医学博士・京都帝国大学教授（医学部）、福岡大学教授（医学部）、内科学、のち福岡市にて開業　六、A，C，D，F。

三〇、大屋権平　一、一八六一（文久元）年二月二十二日生　二、一九二四（大正十三）年三月三十一日死亡　三、一九〇一（明治三十四）年六月渡米・欧　四、一九〇二（明治三十五）年帰国　五、工学博士・統監府鉄道管理局長、正三位　六、A，C，D，F。

三一、**佐伯勝太郎**　一、一八七〇（明治三）年十二月十四日生　二、一九三四（昭和九）年一月十五日死亡　三、一九〇六（明治三十九）年渡米・欧　四、同年帰国　五、特種製紙株式会社取締役社長、従三位勲三等・工学博士　六、A，C。

三二、**福原佳哉**　一、一八七四（明治七）年二月二十四日生　二、一九五二（昭和二十七）年二月二十三日死亡　三、一九〇七（明治四十）年渡仏　四、一九〇九（明治四十二）年帰国　この後、一九一三（大正二）年八月二十二日～一九一六（大正五）年五月まで、フランス駐在日本大使館付陸軍武官（陸軍大佐）　五、陸軍中将　六、A，G。

三三、**永井来**　一、一八七七（明治十）年一月生　二、一九三四（昭和九）年二月十四日死亡　三、一九〇八（明治四十一）年渡仏　四、一九一一（明治四十四）年帰国　この後、一九一六（大正五）年五月二日～一九一八（大正七）年四月まで、フランス駐在日本大使館付陸軍武官（陸軍大佐）　五、陸軍中将　六、A，G。

三四、**岡崎芳樹**　一、一八六四（元治元）年三月十四日生　二、一九二五（大正十四）年一月四日死亡　三、一九〇九（明治四十二）年渡欧　四、一九一〇（明治四十三）年帰国　五、内務省技師・従四位勲三等　六、A，C，H。

三五、白井二郎　一、一八六七（慶応三）年六月十一日生　二、一九三四（昭和九）年九月三日死亡　三、一九〇一（明治三十四）年五月、フランス駐在員　四、一九〇四（明治三十七）年帰国　その後、一九〇九（明治四十二）年四月一日～一九一〇（明治四十三）年九月三十日まで、駐仏日本大使館付陸軍武官（陸軍大佐）　五、陸軍中将・従四位勲二等功三級　六、A，C，D，G。

私費視察

［＊］印は入江文郎の留学生名簿に名前の載っている者

一、＊山代屋和助　一、一八三七（天保八）年生　二、一八七二（明治五）年十月二十九日死亡　三、一八七一（明治四）年十二月渡欧　四、一八七三（明治五）年六月帰国　『近世防長人名辞典』によると、「明治四年貿易のことにて英仏米独の諸国に抗し八閲［？］月にして帰朝自らその記行を編州［？］、偶夕政府の借下金六十万円の請求に値い延期を乞うも許されず、明治五年十一月二十九日自殺す」とある。「漫游日誌」の中にも氏名が認められる。五、政商　六、B，D，E（野村三千三で記載）。

二、島地黙雷　一、一八三八（天保九）年二月十五日生　二、一九一一（明治四十四）年二月三日死亡　一八七二（明治五）年一月渡英・仏・独・印　一八七三（明治六）年七月帰国　五、「女子文藝舎（千代田高等女學校）を起こし」（『明治過去帳』）本願寺執行　六、A，B，D，E。

三、**斎藤恒三**　一、一八五八（安政五）年十月十七日生　二、一九三七（昭和十二）年二月五日死亡　三、一八八六（明治十九）年渡米・英仏　四、一八八八（明治二十一）年帰国　五、東洋紡績株式会社専務取締役、工学博士　六、A，C，D。

四、**岡十郎**　一、一八七〇（明治三）年六月二十九日生（月日は『現代防長人物史』による）　二、一九二三（大正十二）年三月死亡　三、一八九九（明治三十二）年渡米・欧　四、同年帰国　但し、『現代防長人物史』には、渡航の記事なし　五、東洋捕鯨株式会社取締役社長　六、A，C。

五、**熊井運祐**　一、一八七六（明治九）年一月二十九日生　二、不明　三、一九〇五（明治三十八）年渡米・欧　四、一九〇七（明治四十）年帰国　五、株式会社十五銀行副支配人兼庶務課長　六、A，C。

六、**新庄吉生**　一、一八七三（明治六）年六月九日生（「九日」は『現代防長人物史』により補う）　二、一九二一（大正十）年三月十二日死亡　三、一九〇八（明治四十一）年渡米・欧　四、同年帰国　但しそれ以前、一九〇四（明治三十七）年八月渡米（「八月」は『現代防長人物史』による）、一九〇五（明治三十八）年帰国　五、東京電気株式会社工業部長・技師長兼販売部長取締役　六、A，C，F。

七、**井原百助**　一、一八六〇（万延元）年二月五日生　二、不明　三、一九一〇（明治四十三）年渡欧（『現代防長人物史』のみに拠る。同書に、「彼の明治四十三年英京倫敦に於て、日英博覧会の開設せらるるや、君の就職せる大

阪府立農学校は、全国の農学校を代表して、同會に出品を命ぜられ、同時に君は欧米各国に派遣せられたるが」とある）
四、不明　五、衆議院議員、正四位勲四等　六、C。

留学

公費留学

一、*馬屋原二郎（小倉衛門太、『現代防長人物史』では、「小倉衛門介」である）　一、一八四七（弘化四）年十月十七日生（『現代防長人物史』では、「弘化三年十月十六日萩に生る」となっている。）　二、一九一五（大正四）年十一月二日死亡　三、一八七〇（明治三）年渡仏（『近世防長人名辞典』では、「明治三年欧洲に留学し」とあるが、『現代防長人物史』には、「明治三年藩主より欧洲留學を命ぜられ白耳義《ベルギー》に於て法政學を修め」と書かれている。『山口県教育史』では、「小倉衛門介（明治四年白耳義）」となっている。しかし、拙著『幕末明治期の日仏交流――中国地方・四国地方（一）松江――』の「入江文郎」の項に示した通り、小倉衛門介の氏名は「西航備忘録」に記されている。ベルギーに留学したが、フランス語を学んだと思われる。本書には、同人のみならず、スイス、ベルギー等フランス語圏に留学・視察で渡ったと考えられる人物は全て取り上げる。なお、馬屋原二郎の子孫より資料の提供を受けたので、事項で紹介する。）　渡正元「漫游日誌」第三輯に氏名が認められる。　四、A・Bともに帰国年月日の記載なし。『現代防長人物史』に、「明治八年三月帰朝す」とある　六、A・B（小倉衛門太），C，D，F。

二、＊小国磐（『海を越えた日本人名事典』では「こぐに・いわお」、『幕末・明治 海外渡航者総覧』〈第一巻〉では、「おぐにばん」となっているが、「おぐに・いわお」が正しい。子孫より豊富な資料の提供を受けたので、詳細は「特集」として別記する。） 一、不明 二、一九〇一（明治三十四）年二月二日死亡 三、一八七〇（明治三）年渡仏 四、一八八〇（明治十三）年十一月帰国 五、陸軍少将・従四位勲五等。『山口県教育史』に「小国磐（明治三年佛）」と記載あり、渡正元「漫游日誌」第三輯・第四輯に氏名が見出される。本章「特集 小国磐――事績と資料――」で詳細な紹介を行う。 六、A，B（但し、「こぐに」），E，G。

三、小坂千尋（B『海を越えた日本人名事典』、A『幕末・明治 海外渡航者総覧』〈第一巻〉等では、「こさか」となっているが、「おざか」が正しい。小坂狷二著『小坂千尋小傳』の複写提供を安岡明男氏より受けたので、別記紹介する。） 一、一八五一（嘉永三）年十二月二十三日生 二、一八九一（明治二十四）年十一月七日死亡 三、一八七〇（明治三）年十月渡仏 四、一八七八（明治十一）年八月二十二日帰国 その後、一八八四（明治十七）年二月十六日渡欧 四、一八八五（明治十八）年一月二十五日帰国 五、陸軍歩兵中佐、正六位勲五等『山口県教育史』に「小坂勇熊（明治三年佛）」と記載あり。渡正元「漫游日誌」第三輯・第四輯に氏名が認められる。 六、A，B，E，G。

四、＊柏村庸之丞 一、一八四九（嘉永二）年生 二、不明 三、一八七〇（明治三）年渡仏 四、一八七三（明治六）年帰国（『山口県教育史』に柏村庸之丞の名は見出されないが、入江文郎「留学生名簿」、渡正元「漫游日誌」には、柏村庸之丞の氏名が見出される） 後、一八八〇（明治十三）年渡独。一八八四（明治十七）年帰国（柏村庸の名が明治十三年三月十三日から明治十七年三月三日まで駐独日本大使館付武官として見出される。陸軍少佐であった。）

五、不明　六、A，B。

五、＊国司政輔　一、不明　二、不明　三、一八七〇（明治三）年渡仏（この人物の名は、『山口県教育史』に「國司政輔（明治三年 佛）とあり、入江文郎「留学生名簿」に記載されているが、年齢十七歳しか分からない。また、渡正元「漫游日誌」には、氏名が認められない）四、不明　五、不明　六、A，B。

六、＊光妙寺三郎　一、一八四九（嘉永二）年八月生　二、一八九三（明治二十六）年九月二十八日死亡　三、一八七〇（明治三）年十一月渡仏（『山口県教育史』では、「光妙寺三郎（明治五年 獨）」となっているが、『幕末・明治海外渡航者総覧』〈第一巻〉、『海を越えた日本人名事典』では、「一八七〇年、フランス」とある）四、一八七八（明治十一）年帰国　五、第一回帝国議会議員　六、A，B，D。

七、＊楢崎頼三　一、一八四五（弘化二）年五月十五日生（『幕末・明治 海外渡航者総覧』〈第二巻〉では、一八四六となっている。『明治過去帳』では、「弘化三年生る」とある）二、一八七五（明治八）年二月十七日パリで死亡　三、一八七〇（明治三）年十月渡仏（『海を越えた日本人名事典』では一八七一年渡仏となっている。『明治過去帳』では、「四年兵部省より佛國留學命ぜられ」とある。『近世防長人名辞典』、『幕末・明治 海外渡航者総覧』〈第二巻〉では、明治三年である。『山口県教育史』には、渡仏年月日の記載はない。入江文郎「留学生名簿」では、「石丸三七郎等渡同じく明治三年十一月廿八日佛國着」となっている。但し、渡正元「漫游日誌の」第二輯（西暦一八七〇年三月三日〜一八七一年四月三日）には、シャルル・ビュラン引率の兵学寮生徒の名は見当たらない。フランスに到着しても、パリにはすぐに入れなかったと考えられる。）　五、明治四十五年二月二十六日従四位を贈られる。　六、A，B，D，E。

八、＊村上四郎　一、一八四六（弘化三）年生　二、不明　三、一八七〇（明治三）年渡仏、『山口県教育史』に、「村上四郎（明治三年佛）」とある。　四、不明　五、不明　六、A，B。

九、＊毛利藤内　一、一八四九（嘉永二）年一月十日生　二、一八八五（明治十八）年五月二十三日死亡　三、一八七〇（明治三）年十月渡仏、『山口県教育史』に、「毛利藤内（明治三年 佛）」とある。入江文郎「西航備忘録」に氏名記載あり。　四、一八七四（明治七）年八月帰国　五、第百十銀行頭取、贈正四位（元長門藩家老）　六、A，B，E。

一〇、＊吉武彦十郎　一、不明　二、不明　三、一八七〇（明治三）年渡仏、『山口県教育史』に「吉武比彦十」の名はあるが、渡航年月日が記載されていない。入江文郎「西航備忘録」に「吉武彦十郎」の氏名は記されている。　五、不明　六、A，B。

一一、＊河内直方　一、不明　二、一八八六（明治十九）年一月死亡？　三、一八七〇（明治三）年渡仏？　一八七一年渡仏（A，B）？　『山口県教育史』では、「河内直方（明治三年佛）」となっている　四、一八七三（明治六）年帰国（A，B）　五、長崎県・新潟県大書記官（B）　五、不明　六、A，B。

一二、＊河内宗一　一、一八四九（嘉永二）年生？　二、不明　三、一八七一（明治四）年十一月十二日渡仏？十二月二十三日渡仏（Ａ）？　岩倉使節団と同行　四、不明　五、不明　六、Ａ，Ｂ。

一三、＊周布公平　一、一八五〇（嘉永三）年生？　一八五一（嘉永四）年十二月六日生？　二、一九二一（大正十）年二月十五日死亡　三、一八七一（明治四）年渡仏・白　四、一八七六（明治九）年帰国　一八八五（明治十八）年再渡白　一八八五年帰国、『山口県教育史』では、「周布公平（明治四年白耳義《ベルギー》）」となっているが、入江文郎「西航備忘録」に「周布金槌」として記されている。ベルギーでも、フランス語圏の留学である。「自伝」が存在する。別項でそれについて述べる。　五、兵庫県・神奈川県知事を歴任、正三位勲一等・男爵　六、Ａ，Ｂ，Ｃ，Ｄ，Ｆ。

一四、土屋静軒　一、一八三九（天保十）年一月五日生　二、一八九五（明治二十八）年十一月十九日死亡　三、一八七一（明治四）年渡仏・渡米（Ａ）、『山口県教育史』では、「土屋静軒（明治四年佛）」　四、不明　五、山口に山口病院開業　六、Ａ，Ｂ。

一五、＊三刀屋七郎次　一、一八四六（弘化三）年生　二、不明　三、一八七一（明治四）年渡仏、『山口県教育史』に、「三刀屋七郎次（明治四年佛）」とある。　五、不明　六、Ａ，Ｂ。

一六、池田正介　一、一八五五（安政二）年七月七日生　二、一九一四（大正三）年九月十二日死亡　三、一

八七二（明治五）年渡仏　四、一八八〇（明治十三）年帰国、一八九〇（明治十三）年三月再渡仏（「明治廿三年二月六日より、同廿六年二月廿二日迄駐仏日本公使館付陸軍武官」）　一八九四（明治二十七）年帰国　五、陸軍少将、正四位勲二等、功三級。資料として加藤恒忠宛のフランス語で書かれた手紙がある。別項に記す。　六、B，C，D，F，G。

一七、曽禰荒助　一、一八四九（嘉永二）年一月二十八日生　二、一九一〇（明治四十三）年九月十三日死亡　三、一八七二（明治五）年渡仏（『山口県教育史』に「曽根荒助（明治五年佛）」とある）　四、一八七七（明治十）年帰国　一八九三（明治二十六）年再渡仏（パリ駐剳特命全権公使）　一八九七（明治三十）年帰国　五、韓国統監、正二位勲一等・子爵　六、A，B，C，D，E。

一八、＊広虎一　一、不明　二、一九〇六（明治三十九）年一月十六死亡　三、一八七二（明治五）年渡仏（『山口県教育史』に「廣虎一（明治五年佛）」とある）　四、一八七八（明治十一）年八月二十二日帰国　五、陸軍主計監・正四位勲四等功四級　六、A，B，E，G。

一九、＊湯川温作　一、不明　二、一八七九（明治十二）年死亡（A）　三、一八七二（明治五）年渡仏（『山口県教育史』に「湯川温作（明治五年佛）」とある）　入江文郎「留学生名簿D」に氏名がある。　四、不明　五、不明　六、A，B。

二〇、＊渡辺小三郎　一、一八四九（嘉永二）年十二月生　二、不明　三、一八七二（明治五）年渡仏（入江文郎「留学生名簿D」に氏名がある）　四、不明　五、不明　六、A。

二一、井上正一　一、一八五〇（嘉永三）年二月二十五日生（『現代防長人物史』）　二、一九三六（昭和十一）年十月三日死亡　三、一八七五（明治八）年五月渡仏（A）、（B）では明治十年渡仏　四、一八八一（明治十四）年帰国　五、明治二十三年最初の衆議院議員、大審院部長、従三位勲二等・法学博士　六、A，B，C，D。

二二、＊熊野敏三　一、一八五四（安政元）年生　二、一八九九（明治三十二）年十月十六日死亡　三、一八七五（明治八）年八月渡仏（『明治過去帳』）　四、一八八三（明治十六）年七月帰国（『明治過去帳』）　五、東京地方裁判所所属弁護士、正五位勲六等・法学博士　六、A，B，E。

二三、＊黒川勇熊　一、一八五二（嘉永五）年九月九日生　二、一九三一（昭和六）年九月十三日死亡　三、一八七七（明治十）年渡仏（B）？　一八七八（明治十一）年渡仏（A）？　四、一八八一（明治十四）年帰国　五、海軍造船総監、正五位勲三等功四級・工学博士　六、A，B，C，G。

二四、坂井直常　一、不明　二、一八九三（明治二十六）年死亡　三、一八七九（明治十二）年渡仏・独　四、一八八三（明治十六）年帰国　五、陸軍省六等出仕、陸軍一等軍医正、正六位勲四等　六、A，E。

二五、林錬作　一、不明　二、不明　三、一八七九（明治十二）年渡仏　四、不明　五、陸軍軍人　不詳　六、A。

二六、片山東熊　一、一八五四（安政元）年十二月二十日生　二、一九一七（大正六）年十月二十三日死亡　三、一八八一（明治十四）年渡欧　四、一八八四（明治十七）年帰国　一八八六年渡独　一八八九年帰国　五、宮中顧問官・従三位勲一等・工学博士　六、A、B、C、D、F。

二七、寺内正毅　一、一八五二（嘉永五）年二月五日生　二、一九一九（大正八）年十一月七日死亡　三、一八八二（明治十五）年渡仏　四、一八八五（明治十八）年帰国　一八九六年再渡欧　一八九七年帰国　五、元帥、陸軍大将、総理大臣、伯爵、従一位大勲位功一級　六、A、B、C、D、F、G、I伝記『元帥寺内伯爵傳』あり。

二八、高島北海　一、一八五〇（嘉永三）年九月二十六日生　二、一九三一（昭和六）年一月十日死亡（A、B）（『近世防長人名辞典』では十六日）　三、一八八四（明治十七）年渡仏　四、一八八八（明治二十一）年帰国　五、帝国美術展覧会審査員　六、A、B、C、D。

二九、長谷川好道　一、一八五〇（嘉永三）年八月生　二、一九二四（大正四）年一月二十四日死亡　三、一八八五（明治十八）年渡仏（陸軍大佐当時）　四、一八八六（明治十九）年帰国　五、元帥・陸軍大将・伯爵、正二

位勲一等功一級　六、A，C，D，F。

三〇、小宮三保松　一、一八五九（安政六）年一月生　二、一九三五（昭和十）年十二月二十九日死亡　三、一八八六（明治十九）年渡欧　四、一八九〇（明治二十三）年帰国　五、東京始審裁判所検事　六、A。

三一、山根正次　一、一八五七（安政四）年十二月二十三日生（『現代防長人物史』）二、一九二五（大正十四）年八月二十九日死亡　三、一八八七（明治二十）年渡英・仏　四、一八九一（明治二十四）年帰国、一九〇〇年（明治三十三）再渡仏　五、警察医長、衆議院議員（二度）、私立日本医学校創立、正五位勲三等　六、A，C，D。

三二、河北道介　一、一八五〇（嘉永三）年生　二、一九〇七（明治四十）年死亡　三、一八八九（明治二十二）年渡仏　四、不明　五、洋画家　六、B，D。

三三、児玉源太郎　一、一八五二（嘉永五）年二月二十五日生　二、一九〇六（明治三十九）年七月二十三日死亡　三、一八九一（明治二十四）年六月渡独・仏　四、一八九二（明治二十五）年八月帰国　五、陸軍大将、正二位勲一等功一級・子爵（「明治四十年十月二日長男秀雄父の勲功に依り伯爵に陞る」『明治過去帳』）　六、A，C，D，E，I伝記『児玉源太郎』あり。

三四、三吉米熊　一、一八六〇（万延元）年六月十日生　二、不明　三、一八八九（明治二十九）年三月渡欧　四、一八九一（明治三十一）年八月帰国　五、長野県小県郡立蚕業学校長、正五位勲五等　六、A，C。

三五、静間知次　一、一八七六（明治九）年生　二、一九二六（大正十五）年十二月七日死亡　三、一九〇〇（明治三十三）年渡伊（自明治四十三年十二月十日至大正三年三月三十一日駐伊日本大使館付陸軍武官）　四、一九一四（大正三）年帰国　五、陸軍中将、工兵監　六、A，F，G。

三六、末広忠介　一、一八七一（明治四）年十二月十三日生　二、不明　三、一九〇二（明治三十五）年渡独・米（『現代防長人物史』には、「同三十五年八月文部省より海外留學を命ぜられ、同三十六年一月獨逸《ドイツ》、瑞西《スイス》、米國の大學に遊び、又獨、匈、以、瑞（西）、佛、西、英、米各國の鑛山業を視察して」とある）　四、一九〇六（明治三十九）年五月帰国　五、九州帝国大学教授（工学部）、高等官二等、正五位勲四等・工学博士　六、A，C。

三七、長岡春一　一、一八七七（明治十）年一月十六日生　二、一九四九（昭和二十四）年六月三十日死亡　三、一九〇二（明治三十五）年渡仏　四、一九〇六（明治三十九）年帰国　五、大使館参事官、従五位勲四等、「佛國文學博士」、法学博士　六、A，C。

三八、大隅行一　一、一八七三（明治六）年十二月二十七日生　二、不明　三、一九〇五（明治三十八）年渡米・欧　四、一九〇七（明治四十）年帰国　五、住友銀行博多支店支配人　六、A，C。

三九、賀屋隆吉　一、一八七一（明治四）年二月五日生　二、一九四四（昭和十九）年七月十五日死亡　三、一九〇六（明治三十九）年渡独・英・仏　四、一九〇九（明治四十二）年七月帰国　五、京都帝国大学教授（医学部）、従四位勲四等・医学博士、京都市で開業（内科）　六、A、C。

四〇、新村出　一、一八七六（明治九）年十月四日生　二、一九七六（昭和四十二）年八月十七日死亡　三、一九〇七（明治四十）年三月渡独・英・仏　四、一九〇九（明治四十二）年四月帰国　五、京都帝国大学教授（言語学）　六、A。

四一、中山政男　一、一八七三（明治六）年四月五日生（『現代防長人物史』では「十五日生」）　二、不明　三、一九〇九（明治四十二）年六月渡独・仏（『現代防長人物史』には、「同四十二年獨逸國に出張を命ぜられ、伯林《ベルリン》大學に於て研究し、同四十二年帰朝す」となっているが、『大日本博士録』に、「同四十二年六月獨、佛兩國へ差遣せられ」とある。）　四、一九一〇（明治四十三）年十一月帰国　五、大分県立病院長、従五位・医学博士、のち開業（内科）　六、A、C、H。

四二、野村一郎　一、一八六八（明治元）年十一月十九日生　二、不明　三、一九〇九（明治四十二）年十二月渡米・欧　四、一九一一（明治四十四）年三月帰国　五、台湾総督府技師営繕課長、従四位勲四等・工学士　六、A、C、H。

四三、**木村男也**　一、一八八三（明治十六）年二月十日生（『現代防長人物史』では「十四日生」）　二、一九五四（昭和二十九）年六月二十九日死亡　三、一九一一（明治四十四）年渡独・仏　四、一九一五（大正四）年一月帰国　五、東北帝国大学教授（医学部）、正六位・医学博士　六、A、C、H。

四四、**村上宇一**　一、一八七九（明治十二）年十二月生　二、不明　三、一九一一（明治四十四）年渡独・仏（A『幕末・明治　海外渡航者総覧』では、渡航先「ドイツ、フランス」となっているが、『現代防長人物史』では、「獨逸國伯林に留學し」とだけしかない）　四、一九一四（大正三）年帰国　五、京都工藝學校教授、従六位・高等監五等・工学士　六、A、C。

私費留学

一、**毛利親忠**　一、一八五四（安政元）年生　二、一八七八（明治十一）年十月二十日死亡　三、一八七一（明治四）年八月渡欧　四、一八七三（明治六）年十一月帰国　五、不明　六、A、D。

二、**吉村守廉**　一、一八五〇（嘉永三）年生　二、一九〇九（明治四十二）年九月四日死亡　三、一八七二（明治五）年渡仏　四、一八七四（明治七）年帰国　五、陸軍少佐・従五位勲四等　六、A、E。

三、**桂二郎**　一、一八五六（安政三）年十二月二十三日生　二、不明　三、一八七五（明治八）年四月渡独・

仏　四、一八七九（明治十二）年十一月帰国　五、永田金鑛株式会社取締役社長　六、A、C。

四、進経太　一、一八六四（元治元）年生　二、一九三二（昭和七）年十二月二十四日死亡　三、一八八五（明治十八）年渡米・欧　四、一八八八（明治二十二）年帰国　五、石川島造船所取締役兼技師長、大日本電球横浜鉄工所取締役、工学博士　六、A、C、D。

五、中村精男　一、一八五五（安政二）年四月十八日生　二、一九三〇（昭和五）年一月三日死亡　三、一八八六（明治十九）年渡独・仏？　四、一八八九（明治二十二）年帰国、同年再渡欧・一九〇〇年帰国　五、中央気象台長、東京物理学校長、勲四等・理学博士　六、A、B、C、D。

六、河北勘七　一、一八六四（元治元）年七月生（『現代防長人物史』には、「慶應元年生れ」とある）　二、一九三六（昭和十二）年二月五日死亡　三、一八八七（明治二十）年渡白　四、一八九三（明治二十六）年帰国　五、衆議院議員、小野田セメント会社社長、百十四銀行監査役　六、A、C、D。

七、長谷川正五　一、一八七一（明治四）年二月五日生　二、一九三四（昭和九）年五月二日死亡　三、一八九七（明治三十）年三月渡米・欧　四、一八九九（明治三十一）年四月帰国　五、汽車製造株式会社専務取締役、従七位勲五等功五級・工学博士　六、A、C。

八、井原外助　一、一八七四（明治七）年三月生　二、不明　三、一九〇二（明治三十五）年渡米・欧　四、一九〇六（明治三十九）年帰国　五、廣島電燈株式会社専務取締役・工學博士　六、A，C。

九、瀬川秀雄　一、一八七三（明治六）年八月二十二日生　二、一九六九（昭和四十四）年九月二十一日死亡　三、一九〇五（明治三十八）年渡米・欧　四、一九〇七（明治四十）年帰国　五、「學習院教授兼學習院圖書館長、高等官三等、従四位勲六等、文学博士」　六、A，C，I『昭和山口県人物誌』。

三、伝記資料等により滞仏時の記録が見出される山口県出身の訪仏者

本項では、表記のタイトルで、伝記等の史料により、訪仏時の様子を具体的に知ることのできる人物について、「プロフィル」に於てより、若干詳細に述べる。その人達は次の十二名である。

「視察」　一、山縣有朋　二、品川弥二郎　三、伊藤博文　四、木戸孝允
五、山田顕義　六、井上馨　七、三浦梧楼

「留学」　一（八）、馬屋原二郎　二（九）、小坂千尋　三（一〇）、周布公平
四（一一）、寺内正毅　五（一二）、児玉源太郎

訪仏年の順に述べる。

視察

山縣有朋

「プロフィル」の項に記した通り、山縣有朋の渡欧は一八六九（明治二）年である。『公爵山縣有朋傳』には、「公が西郷と共に馬耳塞に著したるは、既に秋を過ぎて冬の初めであった。」と書かれている。渡正元の「漫游日誌」第二輯には、まず、「明治第三庚午二月二日即チ西暦紀元一千八百七十年三月三日也。余英國龍動府《ロンドン》ヨリ佛國把里府《パリ》ニ行ク。」とあり、その二月二日の記事として、「夕七字法朗巴斯《フランス》巴里ガルジュノルド（即チ巴里北方ノ社ナリ）ニ着ス。同刻太田徳三郎同所ニ出迎ヒ呉レ直チニ小車ニ乗シ、ゼオフロイ・マリーノ旅宿ニ到ル。此宿ニ薩ノ西郷信吾・中邨宗賢、長ノ山縣狂介・三堀耕助之諸士滞在也。故ニ同宿ス。」と書かれている。伝記には、このことは記載がないが、「八　當時の留学生と公の通譯者」の項に、「渡六之介」（正元のこと―筆者注）の氏名も、「太田徳三郎」の氏名も記されている。また、「他の歐洲列國を巡遊するに當り、公の為に、首として、通譯の労を執ったものは、中村宗見であった。」と書いてあり、「中村宗見」の氏名も記されている。三堀耕助についてては、「九　公と御堀耕助」の項に詳しい。また、「西郷信吾」についてては、冒頭の引用に、既にその姓が認められるが、「十　帰朝」の項に、「公の歐洲に赴くや、西郷と其行を同うし、西郷は佛京巴里に留まりて、歐洲の文物制度を視察し、公は歐洲列國を巡遊し終りて、其帰程に上るや、亦た西郷と其船を同うした。是れ實に明治三年初夏の交であった。」と往復共に同行であった事が書かれている。なお、

「公の帰程は往年と其の航路を異にして、大西洋を渡り、北米合衆國を横斷して、紐育《ニューヨーク》港より桑港《サンフランシスコ》に出たが、（中略）公の紐育に著した頃は、普佛開戰の報に接し、汽車中の談は、兩國の勝敗問題にて持切りであった。西郷は永く佛國に留まり、文化の外容を目撃していたので、斷然佛國の勝利であると見當を附け、専ら之を主張したが、公は獨逸を巡遊し、普國の戰備侮るべからざるを目撃して、中にも普國軍隊の意気當るべからざるものを認め、『普國の必勝は豫斷することが出来ぬが、傲慢なる佛國は、其失敗を招かんも、未だ知るべからず。』と説き、米國横斷の汽車中にて、普佛勝敗論は相應に火の手を掲げた。」

とある。後年のドイツひいきはこの時すでに始まっていたのかもしれない。それは、兎も角、「公は此の如くにして、太平洋の航海に、又た二十日餘日を費し、横濱に著し、東京に入りたるは、明治三年八月二日であった。」と山縣有朋の欧州視察は締め括られている。なお、山縣は一八八八（明治二十一）年再渡欧、帰国は翌一八八九（明治二十二）年である。

出典『公爵山縣有朋伝』・全三巻（中）《明治百年史叢書》原書房、一九八〇年

品川弥二郎

品川弥二郎は、「プロフィル」で紹介した通り、一八七〇（明治三）年渡仏・独である。まず、村田峰太郎著『品川子爵傳』（大日本圖書株式会社、明治四十三年四月二十八日発行）に依って、渡仏・独の事情を見よう。この書物には、山口県の洋学、お雇い外国人の氏名、慶応の初めより明治の廃藩の頃まで藩命で欧米諸国に派遣され

た者の氏名等が記されている。それ等の点でも貴重であるが、今はそうした事は割愛して、品川弥二郎の渡仏・独に関することだけに絞って引用する。

本書「一一　欧洲行」には、

「明治三年の春、品川君は山口に於ける隊兵暴動鎮撫の事を了りたり、此時君は豫て先師吉田の意志を繼ぎ西洋に航し國家のため志望したる學術を研修せんとの心願を持しければ、ここに官職を辭し、その年八月遂に普佛戦争の状況を見聞すべしとの命を得て、歐洲に赴きたり、初め君は佛國巴里に行き、偶々籠城軍に入りて、暫は城中に留まりしが、彼の開城の後は、直ちに獨逸伯林に赴くこととなれり、この頃は我留学生とても甚だ少なく、青木周蔵、池田謙斎、萩原三圭、長井長義の數人に過ぎざりき。是より以後は、日夜専ら語學讀書にのみ勵みて餘念なかりし、翌四年八月また見學のため、暫時英國に至り諸所を巡訪せり、尋て六年二月、特命全権大使岩倉具視等の一行獨逸に入るや、我公使館員と倶に之を迎へ、諸事に周旋せるもの少なからず、同十二日君は伯林に於て大日本公使館一等書記官事務心得を命ぜられ、七年六月また公使代理を仰付らる、八年三月には外務一等書記官に任ぜられ、遂にその年十月五日を以て帰朝することとなれり。」

パリ入府の事情、帰国の年月日にやや疑念があるものの、品川弥二郎の訪仏については、これに尽きると思われる。

渡正元「漫游日誌」第二輯に拠ると、明治三年十二月二十一日（旧暦、正元によると、十二月朔日が西暦正月二十一日）、「今夜一報アッテ我朝ノ軍務視察ノ諸士官巴里府到着セルヲ告グ。即刻旅宿ニ至リテ面會ス。其官員」とあって、「薩摩　大山弥助・大原令之介、　長門　品川弥二郎・有地品之丞、　土佐　林有造、　肥前　池田弥市・松村文亮」七明の氏名が記されている。

同月二十三日の記事には、「今午後諸士官及諸留学生一統同行冩真局ニ至リ連座ノ贈ヲ冩ス。」とあり、また、

「明治第四未年　西暦千八百七十一年也」、「正月元日　晴　西暦二月二十日也」と書かれた後の「同（正月一筆者注）五日　今朝十字諸士官一同ウエルサイル城ヲ發シテ英國倫敦府ニ發向ス。余等倶ニ同車シテ把里城外エニエール迄至リ蒸氣車ヲ下タリ。夫ヨリ歩ミテ、サンデニー城ノ下トニ至リ午前也。此所ニ同食盃ヲ擧ケテ別ヲ告ク。」と書かれているところから、視察使一行と写真を撮ったり、食事をともにしたりしている事がわかる。別れの席に連なった者は十三名、その人達の名は、大山弥助、品川弥二郎、林有造、池田弥市、大原令之介、有地品之丞、松村文亮、内藤類次郎、前田弘安、岩下長十郎、太田徳三郎、ドイツ人・スナイデルおよび渡六之助（正元）であった。「英國行ノ人、大山・有地・林・池田・松村・大原・前田・岩下・内藤等也。獨逸ニ帰ル人、品川及独逸人スナイデル氏ナリ。」ということで、品川弥二郎はドイツに戻ったのである。

伊藤博文

伊藤博文は周知の通り岩倉使節団の副使の一人として、明治四年十一月十二日（西暦一八七一年十二月二十三日）横浜港を出港した。岩倉使節団については、久米邦武編『特命全権大使　米欧回覧実記』が詳しいが、ここでは著作者・春畝公追頌會『伊藤博文傳』〈上・中・下〉（統正社、昭和十九年二月二十五日三版発行）の「上」を参考として記述する。

上記伝記によると、「大使一行は九日、英国皇太子プリンス・ヲブ・ウエールスよりサントリガム宮に召され。饗宴を賜り種々懇篤なる御言葉を拝した。越えて十五日岩倉大使は、パークス、アレキサンダー、アストン等の接伴官を招きて慰労の宴を催して別を告げ、翌十六日ロンドンを去り、ドーヴァーを経て佛國に向かった。」

とある。「十六日」とは十一月十六日のことであるが、西暦一八七二（明治五）年十二月十六日である。次頁にはこれより詳しく、「大使一行は、十一月十六日佛國カレーに到り、同國政府接伴員アッハー将軍及びシャノアン大佐、同國駐劄中瓣務使鮫島尚信等の出迎を受け、汽車にてパリーに赴き、佛國政府が特に一行の旅宿に充てたる凱旋門前の公館に投宿した。」と記している。尚、この「公館」とは、「プレスブール通り十番地の旧トルコ公使館」のことである。

伝記には日本国が太陰暦を廃し、太陽暦を用いることとなったので、「明治五年十二月三日を以て明治六年一月一日と為す」ことや、「因て、當年十二月三日以後は新暦によるべし」との通告が使節団に駐英大弁務使より電信で来たこと、「大使一行は二十六日を以て大統領チェール（M. Thiers）に謁見することとなり」、その謁見の模様を報じたり、また、明治六年一月一日、「大使一行はヴェルサイユ宮に赴きて、大統領に新年の賀辭を述べた」ことが書かれている。更に、「王宮、寺院、博物館、美術館、孤児院、兵學校、各製造所等を巡覧した」ことが記載されている。しかし、伊藤博文自身に関することは、彼が参事大隈重信、外務卿副島種臣、大蔵大輔井上馨や博文の父親、妻お梅等に送った書簡以外は、特別には書かれていない。なおそうした書翰については、ここでは省略する。

渡正元「漫游日誌」第四輯には、伊藤博文の名は二度出てくる。明治六年半正月二日（西暦一八七三年一月二日）の項に、「今日特命全權大使ノ旅館ニ至リ伊藤大輔ニ會ス」とあるのが、博文についての最初の記事である。次の記事は、同年七月四日、ジュネーヴにて、「今朝大山来ル。大使岩倉公ニ謁シ、伊藤・杉浦人ニ見ユ」である。この二度しか伊藤博文の氏名は「漫游日誌」には出てこないが、フランスとスイスで渡正元が伊藤博文に遇ったのは確実である。

伊藤博文の最初の海外渡航は、一八六三（文久三）年の渡英であり、伝記にかなり詳細にそのことは記されている。また一八八二（明治十五）年三月、西欧各国の憲法、議会制度、政府組織、地方制度の調査・研究のため伊東己代治・西園寺公望等と渡欧するが、ドイツが主要となるので本篇では割愛する。

木戸孝允

著者・木戸公傳記編纂所『松菊木戸公傳』（明治書院、昭和二年九月三十日発行）は、「第七章　全権大使の歐・米差遣」、「第八章　全権大使の歐洲諸國歴訪と、公及び大久保利通の召還」で詳細に岩倉使節団のことを記述している。前項「伊藤博文」と重複することも多いが、木戸孝允のフランス訪問に関することを、同書より以下に抜粋する。

「斯くて大使は英國に對する使命を果したるを以て、將に佛國を訪はんとし、十五日パークス・アレキサンドル及びアストンを招きて告別の宴を催す、宗則（寺島）・清成（吉田）等もまた席に陪す、翌日大使以下英國政府の廻送したる列車に乗じて、ドーバー港に出で、更に汽船に賀す、アレキサンドル・アストン等之を送り、其汽船に登りて告別す、また海岸の砲壘各發砲して大使の還歸するを送る、既にして、ドーバー海峡を横断し、佛國カレーの埠頭に着す、佛國政府の接伴員及び鮫島尚信（中辦務使として佛國政府に駐剳す）等來り迎ふ、是より汽車に乗じて、巴里府のデイスト驛に達し、更に馬車を驅りてレテプレスボルク街の公館に宿泊す、公館内の什器は皆佛國政府の供給する所たり、斯くて、公は利通及び林薫（後ち伯爵）等と倶に巴里府の各地に在る砲臺・老兵院・寺院等を巡視し、二十六日大使に從い大統領ルイ、アトルク、チエールに謁見す。」

太陰暦を太陽暦に改めることも書いてあり、明治六年一月一日ヴエルサイユに行き、大統領を訪問して新年の

「賀辞を陳べた」ことも記されている。また、

「公等は外務省及びヴエルサイユの王宮を始め、ノートルダムの寺院・棄兒院・パレローヤル宮の附近なる大圖書館を巡視し、十日巴里の東郊なる墓地ビットショーモンの公園並にワリコレーの製鐵所を回覽す、公此の旬日の間に於て、閑を以て米國政體書を調査し、尋で随行員久米邦武及び中議員西岡逾明五年正月二十日少議官小室信夫等と倶に海外各國巡視を命ぜらる等と共に佛國政事書をも考[redacted]したり。」

とあって、研鑽これあい努めたことが窺える。なお、ベルギーに赴いた折は二月のことであるが、「二十三日白耳義國留學の周布公平・馬屋原二郎等來りて、公及び利通をワーテルローに誘い、千古の英雄が苦戦したる舊跡を説明す。」とあり、周布公平・馬屋原二郎と邂逅したことが分かる。

木戸孝允には『木戸孝允日記』があり、それには滞欧中に会見した多数に上る邦人名が記されている。富田仁著『岩倉使節団のパリ 山田顕義と木戸孝允 その原点の軌跡』（翰林書房、一九九七年十月第一刷）に、「木戸孝允がパリで接触を持った人物のリスト」が掲載されている。その中に渡六之介の氏名も見出される。しかし、その頻度は僅か一度である。一方、渡正元の「漫游日誌」にも、木戸孝允の名は出てくるが、これも僅か一度である。それも伊藤博文に会った翌日明治六年一月三日、「大使ノ館ニ至リ木戸・大久保ノ副使ニ會フ」とあるのみである。太田徳三郎は頻度九でかなり多いが、渡六之介はあまり印象に残らなかったのであろうか。次項「山田顕義」では、「漫游日誌」がより多く参照されることとなる。

山田顯義

山田顯義も岩倉使節団の理事官として、一八七一（明治四）年十二月二十三日の渡欧である。まずは編集兼発行人・日本大学『山田顯義傳』（昭和三十八年七月三十一日発行）に拠り、その状況を見よう。

「山田顯義・原田一道等兵部省関係者は、二月十七日フランスに渡ったが、大使一行は、安政条約の改訂交渉のため、なおワシントンに滞在することとなった。」

「大久保、伊藤の両使節が東京から委任状を携えてワシントンに帰来したが、条約改正の交渉は打ち切りになったので、大使一行は明治五年六月二十二日ワシントンを発し、二八日ボストンに着き、七月三日同市を発航して渡欧の途に着き、十四日イギリスの首都ロンドンに入港した。山田は大使一行のイギリス到着を聞いて、七月二十一日フランスからロンドンに至り、同市に滞在すること一週日にして帰仏した。」

伝記には『木戸孝允日記』が引用されているが、それは省略する。

「山田はフランスの首都パリを本居として、オランダ、ブルガリア、スイツル、ベルギー等にに主張して、軍制の研究に従ったのである。」

伝記には「預け入れ銀行の破産騒ぎ」等の記述もあるが、それも割愛する。

「十一月十六日、使節一行はロンドンを発し、フランスの首都パリーに至った。当時山田はスイツルにあった。」

「山田は大使一行のフランス入りを聞いて、十一月二十六日本居のパリー宿舎に帰還した。使節一行は約三カ月にわたって、この地に滞留し政府要路と親善を厚くし、各機関、施設などフランス文化を余すところなく視察した。」

「岩倉、木戸、大久保等の大使一行は、明治六年二月十七日パリーを発し、ベルギーのブラッセルに至り、更に二月二十四日同書を発してオランダに到着、三月七日同地を出発、九日ドイツの首都ベルリンを訪問した。」

伝記には大久保が先に帰国することとなった事情の説明があるがそれは省略する。

「岩倉、木戸等の使節一行は、明治六年三月三十日、ロシヤの首都ペテルブルクに到着、（中略）山田は四月三十日福井順道、富永冬樹と共に大使一行を追って、オランダから露都に至った。使節一行は十五日、デンマークへ出発、木戸は帰朝を急ぐため、岩倉に別れて再度ベルリンに入った。山田はなお一週間ロシヤにあって、軍事一般を見学して後、ベルリン駐留中の木戸一行に加わったのである。」

「木戸、山田等の一行は四月二十八日、ベルリンを出発して、二十九日オーストリヤのウイーンに到着した。当時あたかも同市に万国博覧会が開催され、わが日本からも出品されて、駐墺弁理公使佐野常民（後の伯爵）を始め、滞墺中の書記官小松濟治、随行員中井弘（弘蔵）等それぞれ活躍中であった。」

「山田は木戸と相談して五月二日に帰路に着き、富永冬樹と共にフランスのマルセーユに至った。そのころスエズ運河も開通（一八六九年・明治二年）していたこととて、地中海からセーロン島のコロンボ港に出で、印度洋を横断してシンガポールから香港を経て航行四十日、明治六年六月二十四日東京に帰着した。四年十一月横浜を出帆してから、一年八ヶ月振りである。木戸はその後もヨーロッパ各地を巡歴し、山田より一カ月遅れて七月二十三日、岩倉首席全権は更に遅れて、九月十三日の帰朝である。」

次に渡六之介「漫游日誌」により、山田顯義のフランスでの足跡を辿ってみよう。この「日誌」が発見される迄は、三宅守常「理事官山田顯義の欧洲随行員考」（『日本大学精神文化研究所紀要』第一九集、昭和六十三年三月）や富田仁著『岩倉使節団のパリ 山田顯義と木戸孝允 その原点の軌跡』（翰林書房、一九九七年十月第一刷）等でなされているように、専ら『木戸孝允日記』により、フランスに於ける山田の行動が調査されてきたのであるが、それでは不十分の感を免れ難かった。

渡六之介「漫游日誌」第三輯に、山田顕義のパリ着府の記事が認められるのは、明治五年三月十一日（「西暦千八百七十二年四月十八日」）である。その「夜九時半」、六之介は山田顕義に会っている。「対面談話不歇シテ夜ヲ徹シテ夜明ル。」とあるから、大いに語ることがあったのであろう。それより連日のように、「山田」又は「山田少将」の名前は、「漫游日誌」に出てくる。山田のみならず原田一道・岩下長十郎・松村文介・富永冬樹等の名前も頻出する。「漫游日誌」第三輯に山田顕義の名は四十八回出ている。一番は西直八郎の五十一回であるが、山田は二番目である。松村文介は少ないが、富永・岩下・原田は皆頻出度数二〇位までに入っている。同行して見学した所は必ずしも定かでなく、また記載されていても、「動物園」、「劇場」等、必ずしも重要な機関ばかりではない。しかし、「佛國兵部省」、「モンバレリアン塞城」、「イヴリ塞城」、「蒸気機関製造所」、「兵隊病院」、「湾泉城（ヴァンセーヌ城か—筆者注）」外の「夜中大砲的打」等に山田一行と同行しており、また、カピテーヌ・エーナン氏が「兵事伝聞教師」として一行に講義をしていたこと等も了解出来る。更に、七月八日（西暦八月十一日）の記事として、「写真局ニ至リ像ヲ写ス。同行山田少将・太田・余也。」とあったり、七月十五日（八月十八日）「今夕陸軍兵學寮ノ生徒今佛國ニ留学ノ諸名ヲ招會シテ倶ニ夜食ス。其人名　山田少将　原田教授　柏村　小坂　堀江　楢崎　戸次　船越　石丸　野村　小国　安藤　太田　岩下　富永等也。」と書かれていたり、同十六日（八月十九日）「今午後兵學生徒群居ノ写真ヲ写ス。人名　山田・小坂・野村・堀江・楢崎・戸次・船越・太田・岩下・富永・渡、十一名。」という記載もあり、一行（全員でなくとも）と留学生が一緒に食事をしたり、写真を撮ったりしたことが知られる。食事はフランス軍人を招待して行われたこともある。その中にシャヌワーヌ少佐もいた。詳細は「漫游日誌」に直接当たられたい。現在は試みに翻刻したものを百部印刷し、子孫の方々にお渡ししただけだが、将来は関係の方々とご相談の上出版し、多くの人々の利用に供したいと考えている。山田顕義はその後七月二十日（西暦八月二十三日）ロンドンに赴くが、八月一日（西暦九月三日）同地より、パリ帰着。八月三日（九月五日）、「孛漏生《プロシア》別林《ベルリン》ニ發ス。同行山田少将・富永冬樹・太田徳三郎及余等也。」とあって、渡・太田は一行と共にプロシヤへ行くこととなる。

ベルリンでは、「孛漏生兵ノ兵揃」を先ず見学する。「魯西亜《ロシア》帝及墺地利《オーストリア》帝抔別林ニ來會シテ歐州制度ノ會議」があったのである。その後も「戦争操練」を数日引き続いて見学している。ベルリンでも留学生との集会があったが、七十二名と人数が書かれているだけで、集会者の氏名の記載はない。山田少将の一行ほか、青木周蔵、品川弥二郎、桂太郎等当時ベルリンにいた日本人や岩倉使節団のその他の人々、島地黙雷等多数の人々の氏名が記されているが、フランスでの話ではないので、ここではその人達の事は割愛する。■「漫游日誌」第四輯には、山田顕義の名は十四回出てくる。

第四輯は明治五年九月一日（西暦十月三日）の記事から始まっているが、十三日（西暦十月十五日）までドイツに滞在し、ベルリンのカゼルヌ（「砲兵歩兵ノ屯集所」）に行ったり、「魚鳥蛇類ノ博覧処」を見学したり、「騎兵ノ屯集所」を訪れ、また、エッセンのクリップ氏の「機械所」を視察し、ストラスブールで「城郭ノ周囲ヲ巡リ外郭ノ形容ヲ」見た後、山田・富永・太田はスイスに赴いた。渡は一人パリに戻った。その後十月二〇四日の記事に山田の名が見られ、二十五日「山田少将来リテ ホンテンブローノ戸次ヨリ帰ルト云」とある。「戸次正三郎親任」が肺病のため死去したのである。山田はその後二十七日に英国に向け旅立った。山田は十一月一日パリ帰着、四日スイスに戻る。十一月二十九日の記事に「今日辨務使館ヨリ國暦ヲ替テ洋暦ニ改セリ。當年十二月三日ヲ以テ改メテ明治第六正月一日ト改正セラル可キ旨ヲ達セラル」と記されている。そして正月一日の記事として、「巴里府ノ旅宿山田少将ノ宿ニ同居ス」と書かれている。渡六之介はこの頃病気がちである。二月一日「平臥」の六之介の処へ「山田少将来訪。今夜瑞士國ニ帰ルト云。大田徳三郎同行。」五月になって山田少将は帰国することとなり、七日に送別会を行うはずであったが、六之介は病気のため送別会を欠席であった

「漫游日誌」第五輯に山田顕義の名は二度出てくるが、一度は明治七年一月二十六日の記事で、「今日　建（田中建三郎）ノ一書来リ。山田少将諸國ニ等全権公使拝命ノ由ヲ報ス」と書かれている。二度目は三月九日に記事で、「公使館ニ至リ山縣陸軍卿及山田少将ノ書翰ヲ受取。」である。いずれも、山田顕義帰国後の書翰である。また、所謂「漫游日誌」は第五輯で終わっているので、フランスに於ける山田顕義については、「漫游日誌」第四輯で終わり、この「日誌」には帰国後の山田顕義についての記事は別として、もうこれ以上の記載はない。

井上馨

井上馨は一八七六（明治九）年六月渡欧であるが、これより前一八六三（文久三）年渡英している。「伊藤博文」の項でその事は一度言及した。編者・井上馨侯傳記編纂会『世外井上公傳』（原書房、一九九〇年十一月三十日　第二刷）により、この二回の渡航の事情を見よう。

フランス訪問について、伝記には次のように記されている。明治九年十二月末か十年の初頭のことと推察されるが、

「尋で佛蘭西に出て巴里に遊んだ。巴里では十一年に開催される萬國博覧會の準備中であった。公が渡歐前幹旋大いに力めた木戸の洋行は、前節に述べた如く一時中止となったけれども、木戸は決して之を斷念したわけではなかった。機會もあればその素志を達したいと考えていたし、公も亦あれ程盡力したことでもあり、是非實現させたい希望

を持っていた。そこで公はこの萬國博覧會を機會に、我が政府から木戸を派遣することにでもなれば好都合であると思ひ、佛國公使館附二等書記生前田正名の歸朝に託し、一書を木戸に送り、意見を述べて彼の渡歐を勸めた。」

井上馨は明治十年二月五日付書翰でも木戸の渡欧を重ねて要望した。更に、フランス公使館付一等書記生兼松直稠の帰朝にあたっても、長文の書翰で木戸の決意を促した。しかし、木戸孝允は一八七七（明治十）年五月二十六日死亡。井上馨は一八七八（明治十一）年七月十四日帰国。

井上馨の最初の海外渡航は、前述の通り一八六三（文久三）年の渡英である。この時はフランスは全く訪れていない。しかし、伊藤博文にも関係しており、その項でも殆ど触れていないので、ここでは簡略に記しておく。

井上馨、山尾庸三、野村弥吉（後の井上勝）、伊藤博文、遠藤謹助の五名は文久三年五月十二日共にケルスウイック号に乗船し、四十五日を経て上海に到着した。ジアーディン・マヂソン会社の上海支店長ケスウィックは井上等に向かい、どんな目的で英国に渡航するかを問うた。井上は海軍のつもりで「ナビゲーション」と答えた。相手は五人の目的が航海術を学ぶことにあると思い、井上と伊藤はペガサス号、外の三人はホワイト・アッダー号なる共に風帆船に乗り組ませた。「ペガサス號の船長は、ケスウィックの囑託に依って公等二人を以て航海術を學ぶ者と思惟し、水夫同様に使役することとした。」従って、井上と伊藤は非常に苦労して渡英した。ところが、外の三人の船のほうが先に到着しており、二人の「辛苦艱難の状況を談話し、かかる辛苦を嘗めたのも畢竟『ナビゲーション』の一語で彼我の意思に齟齬を生じた為であるとて、共に一生した。」元治元年、下関外船砲撃の報を得て、井上と伊藤は帰国することとなった。他の三人も共に帰国することを望んだが、二人に説得されて残ることとなった。井上、伊藤の二人は三月中旬ロンドンを出発し、六月十日頃横浜に帰着した。遠藤謹助は慶応二年に帰国し、野村弥吉・山尾庸三の二人は明治元年十一月十九日に帰国した。

三浦梧楼

三浦梧楼の自伝『明治反骨中将一代記』（芙蓉書房、昭和五十六年一月三十日発行）に拠り、同人のフランス訪問について記す。

三浦梧楼は一八八四（明治十七）年二月十六日の渡欧である。大山巌陸軍卿に随行して、欧米各国の兵制を視察した。川上操六・桂太郎・鳥尾小弥太・野津道貫等十七名と同行。自伝には、この洋行中、仏国において陸軍卿その他の有力者と折衝した一事がある。

「我輩等の一行が、すでに仏国を立って、独逸へ行った時であった。仏国から大演習を参観するようにとの案内があった。ところが今の事情があるから、大山は行けぬ。もし行ったら、日仏共同の交渉をもちかけられるおそれがある。そこで大山は、『自分が行くと、甚だ困る。君代わって行ってくれぬか』というのである。『よし、それなら行こう』早速日本の代表として、仏国へ出かけて行った。」

この自伝は対話の部分が非常に多い。それだけに状況は生き生きと伝達されるが、引用にはやや不向きなので、以下は要点を纏めて、三浦梧楼自身の言葉も所々引用しながら、簡略して、筆者の表現で記す。三浦梧楼は大演習を見学した後、フランス大統領主催の宴会に出席した。その席上フランスの海軍大臣に、「日本人留学生は陸軍の大学には入れて貰えるが、海軍の大学には入れて貰えぬが何故か」と質問したり、商務大臣に、「日本の駐仏公使が度々貴下を訪問した。しかし一度も会って貰えぬ。何故であるか。」と問い、どちらからも、それは何かの間違いであるとか、取り次ぎが不十分だったのだろうといった弁解を引き出し、その後、日ならずして商務大臣は日本公使に面会し、また、海軍大臣はその翌日事実を取り調べて、当該日本人留学生に海軍大学への入学を許可した。要するに、三浦梧楼の表現をそのまま用いれば、「我輩は仏国が日本を利用せんとする際であるから、この機会をとらえて、あべこべに仏国を利用せんと計ったものである」ということになる。

「それから次の日には、首相に会った。ところが陸軍卿が特別に面会したいということである。（中略）早速通弁を入れて陸軍省を訪問すると、前晩面会した陸軍卿がちゃんと玄関にたっている。ゼネラルカンプノーという老成の政治家である。（中略）向こうは陸軍卿ただ一人、こちらは我輩と通弁の二人である。」

フランス側の通訳は同席していない。そして日本側の通弁とは「小坂という少佐」であった。小坂についてはその子息（小坂狷二）が書いた「小伝（『小坂千尋小傳』）」があるので、別項で述べるが、先の海軍大臣・商務大臣の話も含めて、三浦梧楼自身がフランス語で話したとは考えられないので、恐らく同一通弁即ち小坂少佐が介入したものと思われる。陸軍卿との会談も成功裏に終わった。

その後、外務大臣にも招かれ、条約改正の件を話し合った。三浦梧楼との会談後、「仏国との条約改正に対する態度は、がらりと一変し」、各国よりも、「それはなるべく仏蘭西が先へ立ってやる考えである」ということになったのである。三浦梧楼は「我輩はかねて外国人というものは、こちらが弱みを見せると、どこまでもつけ上がるが、こちらが強く出るときっと弱るとこう思っておった」ので、この度の折衝にも成功したという話である。筆者の考えを付け加えることが許されるならば、その成功には小坂少佐のフランス語の語学力があずかって、大いに力があったと言いたい。小坂千尋《おざか・ちひろ》陸軍少佐は一八七〇（明治三）年の渡仏、一八八〇（明治十三）年の帰国。実に九年間もフランスに留学していたのである。

留学

馬屋原二郎（＝小倉衛門介）

馬屋原二郎の令孫馬屋原毅氏の好意により、筆者は同人の「維新前後 履歴書」のコピーの提供を受けた。しかし、それには幕末・明治初年の所謂志士としての活躍はかなり詳しく書かれているが、目下の調査課題である訪仏時の記録は殆ど記されていない。僅かに下記の記事が見出されるのみである。

「同（明治―筆者注）三年十月頃
一　藩費ヲ以テ海外留學ヲ命セラル
翌四年一月出發米国ニ向ヒ龍動《ロンドン》ヲ経白耳義《ベルギー》ニ至リ此地ニ留學ス
同八年三月
一　歸朝
滞歐中専ラ白耳義ニ留學シ法律ヲ研究ス」

渡正元「漫游日誌」第三輯に小倉衛門介の名が見いだされる。入江文郎「西航備忘録」には、小倉衛門介の名がある。なお、日本大学に馬屋原二郎の蔵書が寄贈されているとのことであるが、筆者未見である。前述馬屋原毅氏宅に、馬屋原二郎死亡・一九一五（大正四）年十一月三日を報ずる各新聞記事の切り抜き三十二枚が残されている。

小坂千尋

小坂千尋については、三男小坂狷二氏により『小坂千尋小傳』（非売品、昭和十五年十月二十八日印刷、昭和十六年十一月三十日再刻、印刷所・名古屋印刷株式会社）が書かれている。裏表紙にローマ字で氏名が記されており、それによって、「おさか・ちはる」と読むべき事が分かる。また、この書は法政大学の安岡明男氏が入手され、筆者は、同氏よりそのコピーの提供を受けた。巻頭の小坂千尋の写真二枚は本章に特集する「小国磐」の資料中にもある。小国資料の写真には何も書かれていないので、氏名が分からなかったが、この『小坂千尋小傳』所載の写真と照合して、その氏名が判明した。この種の調査の意義ある所以の一つであろう。なお、写真といえば、先々項「三浦梧楼」が小坂少佐と共に写っている滞仏時の写真、小坂勇熊（＝小坂千尋）、小国磐、渡六之介（正元）、宇都宮剛（＝船越熊吉）、曽禰荒助、野村小三郎、戸次荘（正カ）三郎、池田正介等パリ日本人留学生が山田顕義と一緒に写っている貴重な写真も本書に収録されている。「明治七年頃か？」とあるが、山田は明治六年には帰国の筈。

この書物には、小坂及び小坂千尋について知られる限りのことが述べられている。しかし本稿では、同人のフランス留学に関することだけを摘記する。

先ず、筆者にとって非常に有り難い情報が記されている。

「同時に（小坂勇熊と同時の意―筆者注）フランス留學を命ぜられた兵學校生徒の中、客死もせず、方向變換もせず、前後して歸朝した者には左の人々がある。

小国　磐　（工兵學科研究、少将の時歿）
宇都宮　剛　（砲兵學科研究、歸朝後数年で歿、當時船越熊吉と稱す）
池田　正介　（歩兵學科研究）」

この記述により、宇都宮剛と船越熊吉が同一人物であることが判明した。『幕末・明治　海外渡航者総覧』にも、『海を越えた日本人名事典』にもこの事は書いていないのである。

小坂勇熊は一八七〇（明治三）年十月にフランスに到着したが、パリには入れなかった。同年七月普仏戦争が突発し、パリ開城はやっと翌年一月二十八日になってからであった。猬二氏は、「パリに入城したとしてもそれはヴェルサイユ宮の媾和が成立した翌一八七一（明治四）年三月七日以後の事であろう。」と推測している。渡正元「漫游日誌」第三輯に「小阪」の名が初めて出て来るのは、明治五年七月九日（旧暦）のことである。七月十六日、山田顯義等と共に写真を撮っており、先述の写真の人名が殆ど一致する。但し、池田正介の名はない。上述の写真はこの時写したものかも知れない。

小坂勇熊は、

「パリ五大中學の一たるサン・ルイ中學 Lycée St. Louis に入学して、歩兵士官學校の入學に必要な一般普通學の學習を始めた。」

この時代の資料である筆記ノート等の写真が本書に掲載されている。小坂千尋の子孫の所在が分かり、こうした資料が現在も保管されているか調査したいものである。

「勇熊はかくて研學の功成り、明治五年（一八七二年）十一月サン・シール士官學校 Ecole spécial militare de St. Cry に入學を許可され在籍することとなった。（中略）明治七年（一八七四年）八月サンシール士官學校卒業、佛國陸軍の規定により聯隊付となった。同校卒業の報告により此の年十月十五日附を以て本国政府から」陸軍少尉の「辞令が到着。それ以来フランスの軍服を脱いで皇軍陸軍少尉の軍服を着けることとなった（勇熊二十四歳）。」

「翌明治八年（一八七五年）一月、陸軍大學校（参謀士官學校）にに入學が許可せられ、所期の参謀學科を専修すること三星霜、明治十年（一八七七年）十二月目出度同校を卒業（中略）本国政府から十二月二十二日附を以て」陸軍中尉「なる辭令が送致された（二十七歳）。」

その時の辞令に「小坂千尋」の氏名が記されている。「勇熊」改め「千尋」となったと思われる。

小坂千尋中尉は、「その後、パリ外廓堡砦、フランス東北邊彊防禦線、ノルマンディー沿海要塞の巡回見學に半歳を過ごし、明治十一年（一八七八年）六月三十日佛國出發、八月二十二日、九年振りで祖国の土を踏んだのであった。」

小坂千尋中尉は、帰国後すぐに陸軍士官学校の教官に任命された。次項「特集」で述べる小国磐は翌年の帰国であるが、彼も陸軍士官学校の教官となる。それまではフランス人将校が教官であった。因みに陸軍士官学校は明治七年八月二十七日の設立で、校長は三浦梧楼中将であった。

明治十六年四月二日、陸軍大学校が開校されたが、小坂千尋はそれに先立つ三月十五日、陸軍大学校教授に補せられた。小坂は陸軍参謀大尉となっていた。

「陸軍大學校には校長なく、幹事が校務を主催していたもので、幹事には歩兵大佐岡本兵四郎が補せられた。」

明治十七（一八八四）年一月二十一日、小坂千尋は陸軍少佐に昇任。

「同月二十三日陸軍卿大山巌欧洲差遣随行を仰せ付けられた。大山卿は既に前年出發されているようであるから、恐らくは陸軍大學校開校の都合で後れたものと思われる。此の年開かれた。フランス陸軍第十七軍團秋季機動演習に士官學校長三浦梧楼中将（大山陸軍卿随行）、原田中尉と共に觀戦している。」

その写真については先に述べているが、「三浦梧楼」の項に言及した通り、小坂少佐は三浦中将の「通弁」として、この時大役を果たしたのである。その事はこの『小坂千尋小傳』には記されていない。

明治十八年十二月二十二日、陸軍大学校第一回卒業式が行われた。この伝記には第一期生及び第二期生の氏名が記されているが省略する。周知の事であろうが、錚々たる人物がいた事、特に本篇及び前篇に関する事として、その中に秋山好古、落合豊三郎がいた事は付け加えておきたい。

明治十八年三月、ドイツ連邦プロイセン国参謀少佐メッケルが招聘された時、小坂少佐は選ばれてメッケルの担当となり、共に日本陸軍の軍制改革に取り組んだ。明治十九年三月十九日発令の臨時陸軍制度審査委員の名簿が『小坂千尋小傳』に掲載されている。その中に本章次々項及び最終項で述べる寺内正毅、児玉源太郎の名がある。寺内は陸軍中佐、児玉は陸軍大佐で、委員長であった。メッケルは明治二十一年三月十七日帰国することとなった。小坂千尋は三年間メッケルの協力者であった。

「明治二十一年十二月監軍山縣有朋中將が軍事視察のため歐米を巡回することとなり、当然千尋はその随行を命ぜられた。」

この時千尋が旅先から妻いゑ宛に出した手紙が『小傳』に載っている。それはここでは省略するが、千尋は後で知らされたが、家では長男辰丸が突然病死し大変であった。その知らせに対する千尋の返書も『小傳』に載せられている。これも省略するが、その返書の末尾に「平佐」のことが書いてあることは特記しておきたい。「平佐」とは平佐是純騎兵大佐の事で、本篇前章「プロフィル」に登場している。千尋と共に渡航していたのである。

小坂千尋は明治二十二年十月帰朝、「十一月陸軍中佐に陞任」。しかし、宿利重一氏著『児玉源太郎』にも述べられている。

「明治二十四年八月二十三日、歐羅巴から歸朝した児玉少将が陸軍次官に任じ、軍務局長に兼補した時、小坂氏は歩兵中佐として軍務局第一軍事課長兼陸軍省参事官てふ要職にあり、新次官を補佐すべき最も責任ある處の地位にあったにかかわらず、俄に類似コレラの為に長逝した。我が陸軍は惜しむべき人材を失ったのである。」

とあるように急死した。

「小国磐が『今日少佐に昇任したのだが、よろこんでくれる人がなくなった』と云って聲を放って泣き出した」

とあるが、フランスに同時期に留学して共に苦労した小国としては、小坂の死は本当に残念であったと思われる。

小坂千尋陸軍中佐の業績は、『小傳』後半に狷二氏がまとめている通り、

「第一期教導時代。陸軍士官學校及びその創設せる陸軍大學校に於ける學生の教訓に當つたのみならず、先輩將校も毎週、土曜日、午後偕成社に彼を招いてその講義を傾聴したものであった。第二期軍制改革時代。佛国式建設と獨乙化改革。第三期軍行政整備、但し未完成。」

ということになるであろう。この後『小傳』は未だ続くが、本項では省略する。なお、昭和十六年現在、編述者・小坂狷二氏は日本車輌製造株式会社取締役技師長であって、名古屋市昭和区山脇町二ノ六在住であった。小坂家には『小傳』編纂時の資料が保存されているかどうか知りたいので、特にここに記す。

周布公平

周布公平には「周布公平ノ記」と題した自伝がある。しかし、これは印刷されたものではなく手書きであり、謄写または複写されて、親類・縁者には配布されたかも分からないが、未公開なものである。周布綾子氏の好意により筆者に貸与されたので、複写させて頂いた。それに依拠して周布公平のベルギー留学について話す。「周布公平ノ記」はその履歴から始まっているが、その部分は省略する。また、渡航についても、横浜出航、渡米の船旅の事から記されているが、そうした事も省略する。ただ、同行者が厩原二郎、河野光太郎の二人であった事、ワシントン号の同船日本人が、児玉淳一郎、村田保、冨田貞二郎、曽谷玄成、海軍の医師・長井某、「筑川ノ國」佐藤某、「肥前人」丹羽隆一郎、村地左市、「日向ノ人」小倉新平と周布公平本人の合計十二人と書いてあることを述べておきたい。

ところで、周布公平・厩原二郎・河野光太郎の三名が、フランスではなくて、ベルギーに行くこととなった理由については次のように記されている。

「ワシントンニ始メテ帝國ノ公使館ヲ置カレテ森有礼氏ガ公使デアッタ。当時普佛戦争ノ後デ、佛蘭西ニハ内乱カ起ツテ騒擾ヲ極メテ居ツタ。其シテ森氏ノ説ハ佛蘭西ニ行クヨリハ同文同語ナルベルギー國ニ行キテ暫ク学問ワスル方ハ良カロウト忠告ヲセラレテ此事ヲワシントン駐在ノベルギー公使ニ相談セラレタ、公使大イニ同情ヲ表シテ私等に添書モ呉レラレテ直接ニ本國ノ政府ニモ申遣ハサレタノト見ヘル。森氏ノ説ニ従フテ方向ヲ轉ジテベルギー國ブラッセル市ニ行ク事ト致シタ」

（なお、本「自伝」には句読点は打ってないので、筆者が補った。以下同様）

このような理由で、周布公平は

「厩原、河野、長井ノ三名ト英國ロンドンヲ発し、ドバ港ヨリパードカレーナル英佛海峡ヲ渡ッテベルギー國オーステン港ニ上陸シテ、直チニブラッセル市ニ到着ヲ致シタ。宿ヲ取ッテ第一ニ外務省ニ厩原、河野ト與ニ罷越シテ外務次官ランヘルモン氏ニ面会ヲシテワシントンヨリ所持セシ該國公使ノ書簡ヲ差出シテ吾等留学ノ目的ヲ申出テ万般ノ世話ノ依頼ヲ致シタ」

この後まだ詳細且つ興味ある記事はまだまだ続くが、あまりにも長くなり過ぎるので省略し、より肝要と思われる記事を引用する。

「私ノ寄寓シタ土地ハサンジョステンヌード区ノリューマルテレージ街ノ四十五番地デアッタ。此内デ明治四年五年六年ト世話ニナッテ居ッタ。（中略）間モナクコンベルバッチト云ヘル人ノ内ニ寄宿ヲ致シテ、此人ハ英國スコットランドノ人デアッテベルギー人ヲ家内トシテベルギーニ入籍シタモノデアル。邪蘇教学校ノ教師デアッタ、為ニ宅ニ於イテ英學ヲ修業スル事ニ便益ヲ以テアッタノデアル。相変ラス学校ニ通学ヲシ宅ニテ稽古ヲ致シテ居ッタガ明治七年ニ突然文部省ヨリ留学ヲ免シテ歸朝ヲ命セラレタノデアル。（中略）明治八年ノ冬、兄ト與ニロンドンノテームス川ヨリ商賣船ニ乗ツテ出発ヲシテ海上六十日計リヲ費ヤシテ、一二月頃ニ横濱ニ歸ツタ。」

この後「自伝」は未だ三分の二程あるが、すべて帰国後のこととなる。山田顯義の推薦で司法省に職を得、フランス語の書物の翻訳に従事し、「ベルギー國志」と云える書物等も翻訳して、ベルギー国を日本に知らしめようとした事等色々興味あることが書いてあるが、本項の目的から逸脱するので以下は省略する。

渡正元「漫游日誌」第三輯に氏名が出てくるし、入江文郎「西航備忘録」の「留学者名簿」にも、「周布金槌」として氏名が残っている。パリにも来ることがあったと考えられる。

周布公平は明治一八年再渡白している。自伝には次のことが記されている。

「明治十八年ベルギー國政府ノ発議テ万國商法會議ヲブラッセル府ニ開設シタ。我政府ヨリ委員トシテ雇独逸人ロエスレル氏副医院トシテ私ト大審院判事長谷川喬ヲ差遣ハサレタ。」

「ベルギー滞在中國王ニ拝謁シタ。大臣、會長等ノ案内ヲ受ケタリ又種々ノ製造場ヲ視察シタリ各國ノ委員ト共ニベルギー政府ノ厚キ待遇ヲ受ケタカ、ロスエルト長谷川ハ長谷川ハ公園ノ傍ノ或上等ノほてるニ止マツタ。私ハ書生時代ニ寄宿シテ居ツタ處ノコンヘルバッチュ先生ノ宅ニ寄宿ワ致シテ再會ノ楽ミヲ得タノテアル。」

「十一月ニロスエハ本國ババリヤニ歸リ、長谷川ハ英吉利ニ渡ッタ。私ハベルリンニ遊ンテ一二週間ヲ費シ再ビブラッセル市ニ歸リ、パリスニ出テ茲ニロエスレルト合同シテ共ニマルセールニ出テ、マルセールカラパリスノ飛脚船ニ乗ッテ十一月下旬カ十二月初旬ニマルセールヲ出帆シテ海路恙ナク翌十九年一月九日ニ歸着シタ。」

この自伝は第二回目の洋行までの記事が約半分の八五ページで、全部では二一〇ページに達する。留学・視察以外に興味ある記事を見いだされるので、後日子孫の方とも相談の上可能であれば交換したと考えている。

寺内正毅

寺内正毅については、『元帥寺内伯爵傳』（編者兼発行者・黒田甲子郎　発行所・元帥寺内伯爵傳記編纂所、大正九年十月十五日発行）がある。その「第六章　洋行時代」よりフランス留学に関する部分を摘記する。

「殿下（閑院宮載仁親王―筆者注）の御學力次第に進ませ給ひて十五年（明治一五年―筆者注）の初秋には最早一通の普通教育を修め佛蘭西語の會話も亦不自由なき迄に御上達あらせられしかば、同九年幼年部を退學して佛京巴里に御留學の内議決定せしが。殿下御留學の補佐役には何人を撰定すべきかに就て宮内省は種々詮考の上伯（寺内伯）を人選する事となり其の内意を傳へられたれば、伯は九月十六日を以て士官學校生徒司令官を免ぜられ、陸軍省總務局出仕に轉職の後同十九日佛國差遣を命ぜられ。（中略）明治十五年十月十四日横濱港より佛國汽船に乗込み」

渡航中の詳細は割愛して、

「佛京巴里に着して後は先ず『オテルコンチナンタール』に到着せられ、（中略）軈て公使館員大山書記官（綱介）の斡旋にて『リユー、ガリデー』に相應しき貸家を求め厨夫使用人を雇入れて心置きなき生活に移れ。」

このところも、やや詳細に過ぎるので若干省略する。

「伯は大山書記官と謀りて先ず仏蘭西語の手解に『リュー、ド、ワイヤール』街なる『ジュリー』氏の経営せる教場に御通學を歡め參らせ稍暫し御勤學あらせられたるが、折しも十六年五月七日伯は田島少佐（應親）の後を襲で佛國公使館附武官を命ぜられたるに拠り。閑院宮殿下補佐の名義は自然解除されたるも新に留學生監督を囑託せられたれば廣き意味に於て宮殿下御留學中の御監督をも包含せり。」

閑院宮のことはかなり多く記されているが、それは省略する。

「伯個人としては巴里駐剳中熱心に語學を研究して交際場裡に最新の智識を求め。佛書を繙きて古今史上に興廢の蹤を討ね。就中軍政、制度及び軍事教育に関する次項は仔細に研鑽を重ねて他日の用に資し。餘暇あれば普佛戦役の跡を探りて七十年の古を偲び。又『ワーテルロー』の丘に上りて英雄の末路を追弔し。駐佛三歳の短日月を以て殆ど斯道の機微に通ずるの心境に達せられたり。」

「大山陸軍卿は有為の將官及び佐尉官相當官を率いて歐米軍事視察の途に上らるる事となり。十七年二月十三日を以て之が随行の諸を指定せられぬ。此の大山陸軍卿の一行は皆鐵中の錚々たる人々にして中將三浦梧楼、少將野津道貫、歩兵大佐川上操六、同桂太郎、會計監督小池正文、軍醫監橋本綱常、歩兵少佐小阪千尋、同志水直、砲兵少佐村井長寛、工兵大佐矢吹秀一、歩兵中尉野島圓蔵、砲兵中尉伊地知幸介、歩兵少尉原田輝太郎、三等軍吏俣賀致正氏の十五名にして二月十六日横濱より佛國汽船『メンザレー』號に搭乗して二十二日香港に寄港し、行々英佛公署の歓待を受け三月三十日伊太利の那伯児港に到着したるが。伯は大山卿一行を出迎せむとて前日巴里を出發し。此夜在伊領事心得伊太利人『ゴイゼッタ』氏と相前後して『グランドホテル』に訪問し茲に佛蘭西巡歴中東道の任務に當る事となれり。尤も伊太利に於ける公私の斡旋は小阪少佐石本大尉之に任じたるが。五月四日一行の巴里に到着せらるるや、伯は蜂須賀公使光妙寺書記官等と駐車場に出迎へて『コンチナンタール』旅館に案内し。又佛國陸軍省に交渉して要塞及び陸軍諸學校諸工場巡歴の便宜を講じ。殊に佛國教官の雇聘に就いては伯の盡力與って多きに居れりとい ふ。（中略）三浦中將は主として佛國陸軍の大演習を見學したり。伯は八月二十三日三浦中將の一行を迎へて佛國演習地に向かひたるが其の終了後一旦巴里に立歸り十月九日ベルリンに板りて大山卿の商議與る。こは佛國陸軍少佐「ベルトー」氏招聘の内議なりしが。」

引用が長くなるので筆者の言葉で途中要約するが、この伝記には三浦「自伝」の小坂少佐「通弁」の話は記されていない。しかし、「獨逸陸軍少佐『メッケル』顧問傭聘の交渉」のことは記録されている。これは桂太郎が「斡旋に努められたり」と書いてある。

この後大山陸軍卿の一行は、オーストリアの首都ウィーン、ハンガリーの首都ブダペストをを訪れた後、再びパリに戻り、ベルトー少佐雇用の契約を成立させ、イギリスの首都ロンドンに渡り、リバプールからアメリカ行きの汽船に搭乗した。寺内中佐はリバプールで大山卿一行と別れフランスに戻ったのである。大山視察団のフランス滞在中、寺内正毅の働きは顕著であった。彼は大山陸軍卿ベルリン滞在中九月十九日、中佐に昇進した。寺内中佐は十八年に帰朝を命じられた。

寺内正毅は明治二十九年再度渡欧、フランスを訪れている。この時寺内正毅は陸軍大佐であったが、伝記の記述は今回は短い。

「二十九年六月二十八日東京を拜辭して再び萬里の鵬程に上り。先ず佛國馬耳塞に上陸して曾て棲み慣れし巴里に行李を解き。同國の陸軍官衙を始めとして砲工學校、士官學校、幼年學校、砲兵工廠、各軍隊等を遍く視察せられたるが會て面識ある佛國諸將は戰勝國將軍の再游を歡迎して連宵盛筵を張り為に調査と迎宴とに忙殺せられて覺えず二三箇月を巴里の視察に費し。」

オーストリア、バルカン半島諸国を視察、ロシア・ドイツなど巡歴した後、「再び巴里に立ち戻り三十年六月十四日を以て海路恙なく歸朝せらる。」とある。

児玉源太郎

児玉源太郎については、宿利重一著『児玉源太郎』（発行所・マツノ書店、一九九三年七月十日発行）を参照する。

「明治十九年三月十九日、臨時陸軍制度審査委員長仰付けられて以来の兒玉少將は、實に多忙であり、苦心も少なくなかった。そこで辛労を國として慰藉するかのようにヨーロッパ巡歴を命ぜられた。時に齢正に四十歳であったが、ヨーロッパを巡歴することには、この人にも青年の頃の感激が蘇ったであろう。大阪の兵学寮に入学した時、友人であった桂太郎は、フランスに留學したいと云う熱望を抑へることが出来ず、疾ありと強硬に唱へ、退寮を許されてフランカに渡航したが、普佛戰ってフランス敗退し、パリーが包圍されてゐたために、ロンドンから俄にベルリンに轉向し、獨逸語を研究して頻りに軍政を研究し、歸朝後に陸軍大尉に任じ、公使館附武官として再びドイツに駐在せるものであり、熱心にドイツ式の軍制に改むべしと唱道し、その目的を達したのである。更に兄弟のように親しかった寺内壽三郎（後の正毅）は、大阪の兵学寮を修了し、任官後にもフランスに留學しようと云う志望に燃ゑ、大尉の頃に非職を自ら願出で、横濱に一ヶ年以上も、熱心にフランス語の研究をつづけたが、後に希望遂げてフランスに遊學し、フランス語に堪能であった。この桂、寺内に遜らず、兒玉少將も青年の日に『ヨーロッパに遊ばん』と憧憬したにかかはらず、任地が先ず大阪、尋で熊本であったがために、その素志を貫くことも可能ではなかったのみか、フランス語を研究しようにも、教師を得ることさえ出来なかった。併し熱望決して冷却せず、窃かに機會を狙ってゐるもののやうであった。」

少し長く引用し過ぎたようであるが、児玉、寺内の関係や、桂のドイツ留学の経緯等も述べられているので、敢えて長文の引用を行った。この後も児玉のフランス語研究熱についての言及はまだまだ続くが、それは途中省略する。

「兒玉將軍は大佐の頃に熱心にフランス人の私塾に通った。友人の桂太郎、寺内正毅に劣らず、ヨーロッパに遊學したいと云う希望があり、大佐となっても此の素志は、猶褪化しなかったので。フランス語の稽古を怠らなかったのであろうが、明治二十四年六月十日、監軍部参謀長として『御用有之歐洲へ差遣サル』の辞令に接した。年少の日から熱望してゐたヨーロッパに向かふこととなったが、十二月二十五日、フランスの汽船に乗って出發した。そしてパリの公使館にゐる舊友の池田少佐―正介―に迎へられたのである。池田少佐も大阪の兵學寮に入学し、兒玉、寺内の兩將軍と『戰友』であったが、任官せざる前にフランスに留學し、サンシール兵校に學び、語學にも、この國の事情にも通じているので、兒玉少將も恃みとしたのであろう。殊に熱心にフランス人の私塾に通ひ、パリに遊學したいと云う希望に燃えたこともあるのである……。勿論、池田氏も舊友の為に斡旋し、東道者たることを辭退しなかったが、パリ到着後も、兒玉少將は一通り視察して後」

慌ただしく

「其國運の華やかに発展しつつあるドイツの軍制を視察する為に」

ベルリンに向かった。児玉源太郎少将の帰国は一八九一（明治二十四）年八月である。

四、特集「小国磐──事績と資料──」

『幕末・明治、海外渡航者総覧　第三巻　検索編』（柏書房、一九九二年三月二十一日発行）によると、山口県からの渡仏者数は四十八名となっている。但し、船越熊吉は広島出身が正しいと思われるので、一名を引くと四十七名となる。上記地方のその他の県からは二十名以上の渡仏者はいないので、山口県が圧倒的に多い。

『山口県教育史　上』[1]に、幕末・明治初期に山口県から渡仏した人の氏名が挙げてある。次の人達である。杉孫七郎、小国磐、周布金槌、毛利藤内、光妙寺三郎、國司政輔、三刀屋七郎次、村上四郎、広虎一、小倉衛門介、曽禰荒助、湯川温作、土屋静軒、小阪勇熊、河内直方、吉武吉十、楢崎頼三等である。明治五、六年頃作成されたと推定される入江文郎の「フランス留学生名簿」に小国磐、周布金槌、毛利藤内、光妙寺三郎、國司政輔、三刀屋七郎次、村上四郎、広虎一、小倉衛門之介、曽禰荒助、湯川温作、土屋静軒、小阪勇熊、河内直方、楢崎頼三等の名前は記されている、吉武の名前も吉十ではないが、「西航備忘録」に似たような名前彦十郎が見いだされる。

上記の人物の内、今回は小国磐についてのその「事績」と「資料」を紹介する。この人物は、上述入江文郎の「留学生名簿」にもその名が記されており、早くから「明治初期のフランス留学生」として知られていたが、これまで詳しく紹介されたことはなかった。最近ご子孫の住所が分かり、子孫の方の協力を得て、筆者が資料を入手できたのである。

事績

小国磐のフランス留学については、西堀昭「仏国留学」（『日本仏学史研究』第四号、昭和四十八年十二月一日、六〜一二頁、〔Ⅱ〕の①）に「第4等生　岩国藩　小国磐（後に陸軍少将）十五歳」として記されていて、彼がシャルル・ビュランに引率されて兵学寮から他の九名の学生と共に明治三年渡仏したことが知られている。

小国磐については、他の幾つかの刊行物にも記載がある。あまり詳細なものはないが、その中で最も詳しいのが『明治過去帳』(2)である。それには次のことが書かれている。

「休職陸軍少将従四位勲五等　山口県士族　旧周防岩国藩士にして明治十三年頃工兵中尉に任じ工兵局御用掛兼士官学校教官海岸防禦取調委員となり従七位に、十五年大尉に昇り陸軍大学校教授に補し正七位に、廿年一月廿五日改正兵語字書審査委員を命ぜられる四月廿八日少佐に任じ十月廿四日陸軍大学教官に遷り廿四年十一月中佐に昇り十二月廿八日正六位に、廿五年五月廿八日勲六等瑞寶章を賜ひ砲工学校教官、工兵會議員等に歴補廿八年四月四日占領地總督部（ママ）工兵部長に補し六月十五日大佐に任ず尋で砲兵學校長に轉じ大學兵學教官故の如し卅三年少将に進み七月十一日休職仰付けられ卅四年二月二日卒す官陸軍少将を以て勳五等に終る君を嚆矢と為す」

生年月日の記載はない。フランス留学の記事もない。

『陸海軍将官人事総覧　陸軍編』(3)には、「小国磐（山口工）明33・4・25少将　28・5・10大佐　仏留学　初任明15・9・29工大尉　明15・12・23陸大教授心得　20・10・24陸大教授　22・6・3兼砲工校教官　28・5・10占領地総督府工兵部長　29・4・1工兵第二方面本署長　30・9・28築城本部員　32・6・15砲工校長　33・

7・11休職　34・2・2歿」とある。生年月日の記載はない。フランス留学のことは記されている。
『幕末・明治 海外渡航者総覧 第一巻 人物情報編』[4]には、小国磐は、「姓名（漢字）小国磐、姓名（かな）おぐにばん、生年月日 不明、出身教育機関 その他の高等教育機関、活動分野 陸軍、組織における地位 将官級軍人、施設責任者、渡航時所属機関 陸軍省、渡航時地位 学生、渡航先名 フランス、渡航時期 一八七〇年、帰国時期 一八八〇年十一月、渡航の目的 軍事、渡航形態 公費留学（兵部省より派遣）、出身校名 陸軍兵学寮、出身地 山口県岩国、帰国後勤務先地位 陸軍工兵中尉、死亡年月日 一九〇一（明治三十四年二月二日）、出典／参考文献『大正過去帳』／『公文録』／『太政類典』」とあるが、名前の読み方（ばん）は（いわお）が正しい。また、出典「『大正過去帳』」は間違っていて、『明治過去帳』である。この書物にも生年月日は記されていない。

入江文郎の残した「留学生名簿」にも小国磐の生年月日は書かれていないが、年齢は十七歳と記されている。また、庄司忠著『岩国の人脈』[5]には、死亡時の年齢が四十二歳となっているので、こうした事から、一八五九年生まれと推定される。『海を越えた日本人名事典』[6]には、安政二（一八五五）年頃の生まれと書かれているが、その根拠は『太政類典』であると思われる。なお同書には、「明治三（一八七〇）年、十五歳であったともいうが、フランス公使館護衛陸軍騎兵軍曹で、兵学寮教官のシャルル・ビュランに同行、フランスに官費留学し、十一月二八日からデカルト学校で、軍事学（工兵学）やフランス語を学ぶ。」と記されている。前記西堀昭「仏国留学」、入江文郎「留学生名簿」などが参考資料と考えられる。なお、苗字の読み方「こぐに」は『明治過去帳』に依拠したものと思われるが、上述したように、「おぐに」が正しい。

庄司忠『岩国の人脈』には死亡年齢が記されており、逆算して一八五九年の生まれと推定したが、それだと留学時の年齢が十一歳にしかならない。死亡年齢が間違っている事も有り得る。小国磐の生年月日は一八五五年から一八五九年までのあいだであろうが、依然として、不明のままである。

なお、『岩国の人脈』には、「小国磐は明治初年岩国学校を終へ、フランス、イタリアに於て工兵学を研究して帰国し、小坂千尋と共に陸軍大学校教授として陸軍部内に重きをなし、陸軍砲工学校長として、砲工士官を養成し、又我国最初の工兵監として、我国工兵の基礎を作った。陸軍少将若くして明治三十四年二月二日岩国で死去(四十二歳)」とあり、フランス留学のことは書かれている。年齢「四十二歳」は墓碑に記されているとも述べてある。同書に「菩提寺は瑞相寺であるが、墓は普済寺」とあり、令孫小国静子氏の現住所も載っている。これにより筆者は小国家と連絡が取れ、同家の墓にも詣で、今回報告する数々の資料の提供を受けた。曾孫小国恒代氏のご好意による。従って、本稿は主として上記小国家提供の資料紹介・公表を目的とする。小国磐の実績については、今後の調査により補足していきたい。なお『岩国の人脈』には「我国最初の工兵監」と書かれているが、工兵監のリストに彼の名前は記されていない。同書の典拠を知りたいものである。

小国家の家系図は、前記『岩国の人脈』所載のものを以下資料の項の前に転記させて頂く。小国恒代氏により若干の追補を行って頂いた。

小國家系図

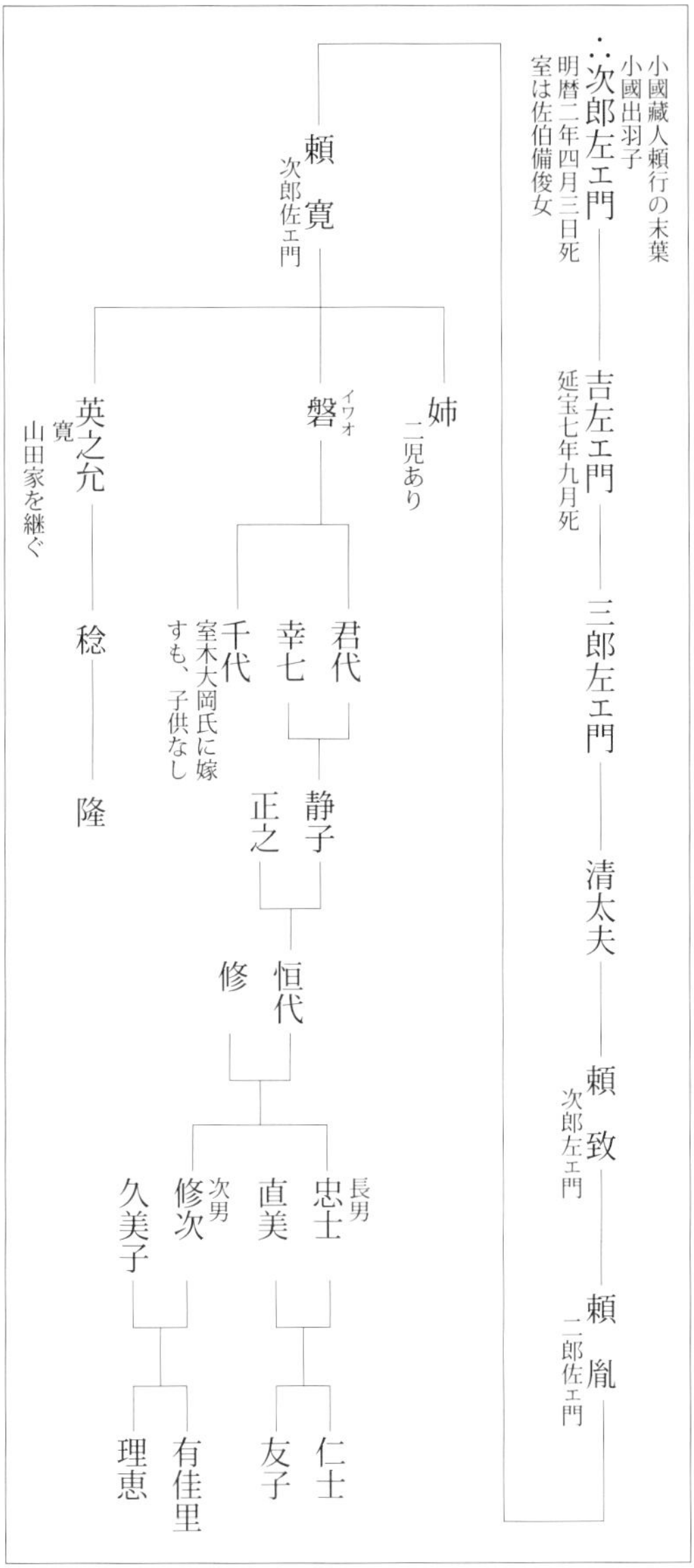

資料

筆者が小国家より貸与された資料は大別すると、次の三種類＝①写真・②書籍・③文書である。写真は更に〔一〕小国磐本人の写真及び家族の写真　〔二〕知人・友人等の写真　〔三〕ヨーロッパの都市の写真に分類される。書籍は（A）和書（B）洋書に分けられる。文書は便宜上（I）通達（II）その他とする。主な物を後掲するが、原物の大きさの都合上写真に撮って縮小したものがあることを予め断っておきたい。また、この他にも未だ若干未整理の資料がある。それ等も他日整理の上、別稿に収録したい。

本篇掲載資料とその説明

①写真の中〔一〕には、小国磐本人の写真七葉と娘二人（君代・千代）が写っている写真一枚がある。殆どの写真の裏に説明が記されているが、磐本人の写真一枚にだけ説明がない。裏面に年齢が記されている磐本人の写真は十五歳、十七歳、十八歳、二十歳のものと、工兵大佐時代のもの二枚である。少将時代の写真は残っていない。

〔二〕は更に〔二の一〕日本人の写真、〔二の二〕西洋人の写真に分類されるが、それ等には更に裏面に説明が有るものとないものの別がある。日本人の写真の中、裏面に氏名が書かれているのは、西園寺望一郎、鮫島尚信、川勝廣道、河上謹一等の写真である。一枚判読困難なものがある。裏面に何の記載もないものも、何かの手掛かりとなることもあろうかと考え、裏表とも掲載しておく。西洋人の写真で氏名記載のあるものは、**Jules Favre, Perret E. Korts, Pierre Berton, Dr. Dumas Chauste** の写真である。もう一枚は男女各一名の写っている物で、**Mr. et Mme d'Espagne** と判読できるが、夫妻の氏名かどうかは不明である。裏面に手掛かりがあるとは思われないものは、顔写真のみ掲載した。

西洋人については、氏名が裏面に記載されていても、何も分かっていない。日本人については、上記四名については判明している。西園寺望一郎（公望）など有名人物については説明の必要がないであろうが、他の三名については『海を越えた日本人名事典』等に拠り、簡略に記しておく。

鮫島尚信　弘化二年三月十日（一八四五）～明治十三年十二月四日（一八八〇）　明治三年外務省設置とともに外務大丞となる。同年十月イギリス、フランス、プロシアの三ヶ国を兼務し、少弁務使としてパリ在勤を命じられる。五年十月弁理公使、六年十一月特命全権公使。この時期、小国磐は鮫島尚信と知り合ったと推測される。尚信は明治十三（一八八〇）年十二月四日パリで死去。墓はパリのモンパルナス墓地にある。なお、名前の読み方は『幕末・明治 海外渡航者総覧』によると、「ひさのぶ」、『海を越えた日本人名事典』によると「なおのぶ」となっている。

川勝廣道　一八三〇～?　幕臣。近江守。一八六六年九月外国奉行。のち外国副総裁、開成所惣奉行。『幕末維新人名事典』[7]に拠る。小国磐との関係は未調査である。

河上謹一　『海を越えた日本人名事典』では生没年不詳であるが、『幕末・明治 海外渡航者総覧』には、「生年月日　一八五六年三月二三日　死亡年月日　一九四五（昭和二十）年七月二一日（八九歳）」と記されている。どちらの出典にもイギリス留学（一八七九年）のことは日付に若干の相違はあるが書かれている。前者には「のち住友銀行の重役となる」とも書かれている。山口県岩国の出身。『岩国の人脈』によると、「謹一は年少にして東都に遊学し、英法を修め、官費留学生として英国に渡り、帰朝後文部省、農商務省、外務省などに相ついで奉仕す。のち官を辞し、財界に身を投じ日本銀行に入る。其後、南満州鉄道ＫＫの監事などを努む。昭和二十年七月三十一日須磨にて没した。」とあり、「住友銀行」ではなく、「日本銀行」となっている。また、死亡の月日に相違はあるが、後者同様、死亡の年は昭和二十年となっている。

〔三〕は紙幅の都合によっては本篇には記載しない、リヨン、ミラノ等の都市の写真であって、資料的価値は不明である。

②書籍の中（A）は砲工学校で使用されたものと考えられるが、冊子となっているものと、もう少し単行本に近い形態のものとに二分される。（B）には、小国磐がフランスで通学していた学校の教科書、陸軍関係の専門書、一般的な会話練習及び雑誌などの区別が認められる。この中で特色あるものは、勉学ノートと思われるChair de Coroquis et Notes, promotion du 1er octobre 1878. Mr Oguni と表に記載のあるもので、中は手書きとなっている。小国磐が通学していた軍の学校に提出したものと考えられる。書籍はこの他多数あったが、虫に食われたり破損が甚だしかったりしたので、焼却したとのことである。

砲工学校についての調査が不十分であるので、小国磐所蔵の砲工学校関係の資料について今回説明ができないのが大変遺憾である。以下に砲工学校について分かっていることを記しておく。この学校は、「陸士を卒業して任官した将校のうち、砲兵・工兵科に属するものは小《ママ》・中尉時代に原則として全員が」進学した学校である。そこで彼等は「術科教育を受けた。第一期生は明治二三年十二月入学、初期には在学期間は二年次いで一年であったが、三一年より普通科、高等科各一年となり、普通科卒業者のうち優秀者（三一～四分の一）は、更に一年高等科で教育を受けることとなった。技術将校としての道を歩む高等科卒業者の一部が員外学生として帝国大学理工学部に派遣され三年間の高等教育を受けた。砲・工兵科将校は必ずしも陸軍大学校へ進まなかったので、砲工学校高等科の優等生は、人事上陸大優等生並の待遇を受け、卒業時には軍刀（八期生以降）を授与された（普通科は時計など）。明27．7．25～28．9．20と37．2．9～39．4．1は閉校した。支那事変以降は普通教育は残ったが、高等教育は学生数を減じ、課程は不規則となった。」（『日本陸海軍総合事典』[8]）。なお、この学校は明治二十二年十二月五日創設である（『明治天皇・御伝記史料　明治軍事史（上巻）』[9]）。小国磐は明治二十二年六月に教官を命じられている。早くからこの学校と関わりがあり、砲工学校の校長となったのは、明治三十二年六月十五日である（『明治百年叢書　歴代顕官録』[10]）。

③文書と書いたが（Ⅰ）は勲記と言った方が正しいであろう。「勲五等雙光旭日章」授章の証書である。また、（Ⅱ）は図面である。本篇に掲載分は掲載の都合上、写真に撮り縮小した。他にも未だ何枚かあるが未整理である。

裏　　　表

磐　十五歳

磐　十七歳

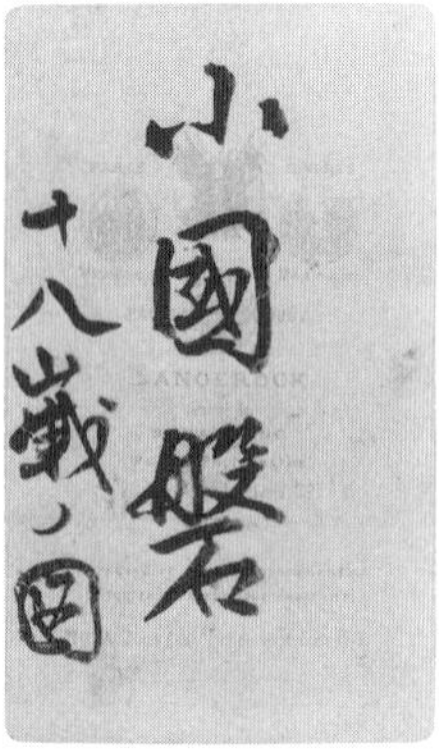

磐　十八歳

裏　　表

磐　二十歳

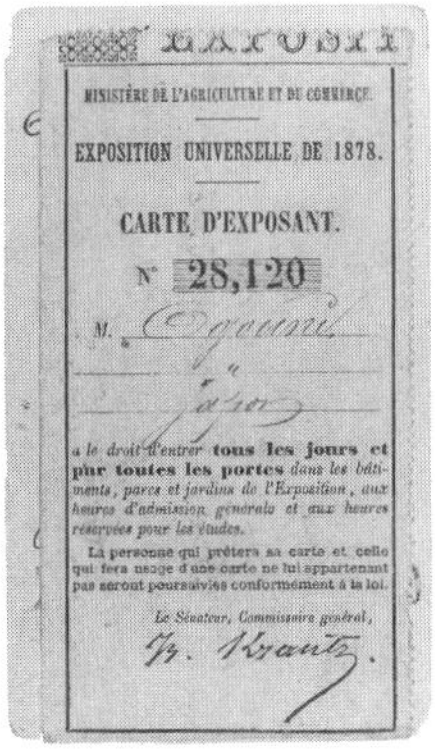

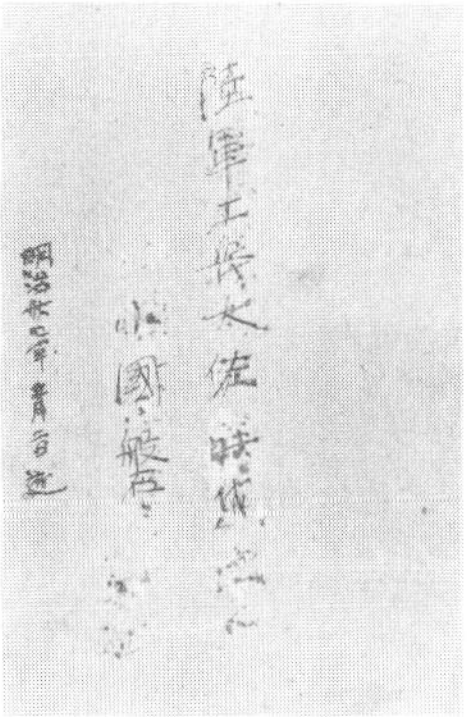

磐　陸軍工兵大佐時代

裏　　　　　　表

君代　十八歳　千代　十一歳

西園寺　望一郎

裏　　　　　表

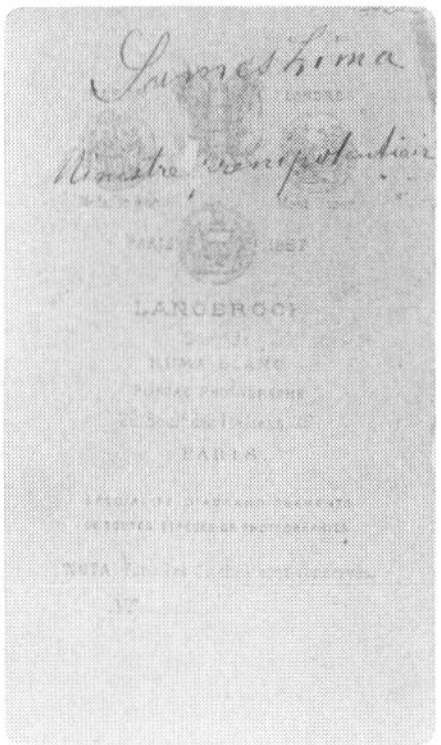
Sameshima

鮫島　尚信

TOOCOKU
東谷製

Photograph
artistisches
ATELIER
von
UTRECHT

裏　　　　　　表

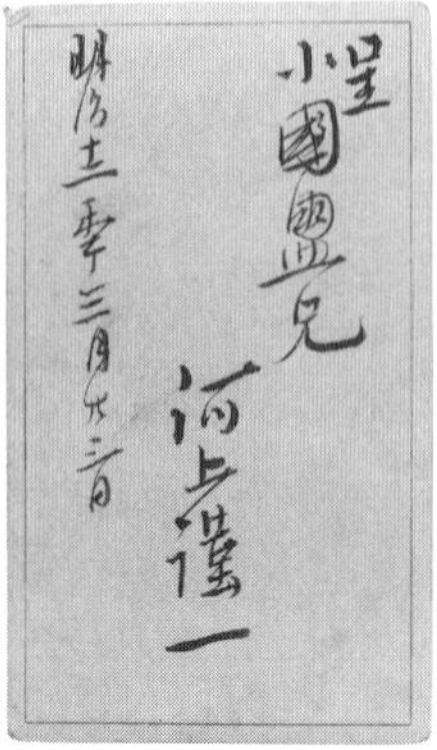
河上謹一

河上謹一

K.OGAWA
TOKIO
JAPAN

Tokio Japan

Atelier Engel
WIEN
VIII. BEZ.
Alserstrasse 27.

Atelier Engel
Wien

裏　　　　表

鈴木真一
横濱高砂町
東京九段坂
Kudanzaka
Tokio and
Masagocho
Yokohama
JAPAN

鈴木　真一

The Negative is preserved for future copies, enlargements or miniatures. Extra copies can be had at reduced prices.
K.OGAWA
TOKIO
JAPAN

裏　　　　表

LANDEROCK
NUMA BLANC
PARIS

横濱本町通
東京九段坂
鈴木真一
S. SUZUKI.
Photographer
Kudanzaka Tokio
AND
Honchodori Yokohama
JAPAN

鈴木真一

裏　　　　表

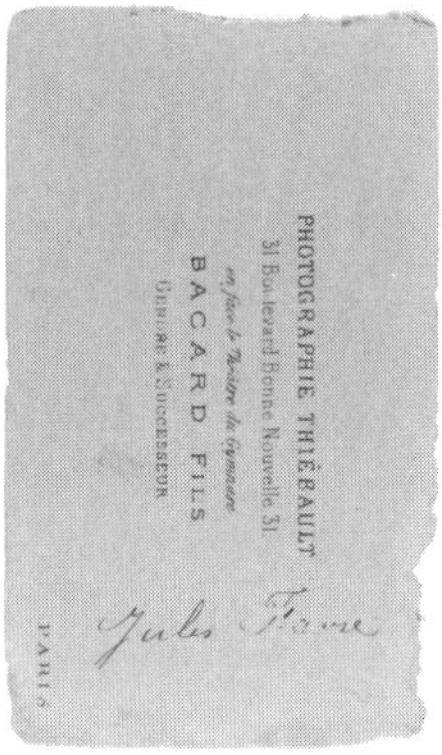

Jules Favre

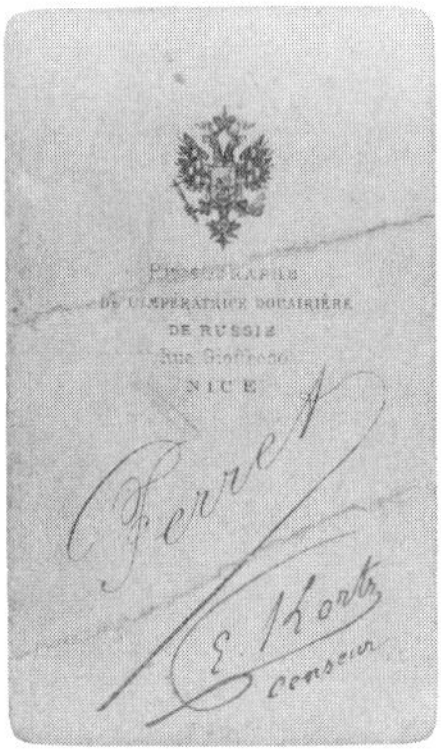

Perret E. Korts

Pierre Berton

裏　　表

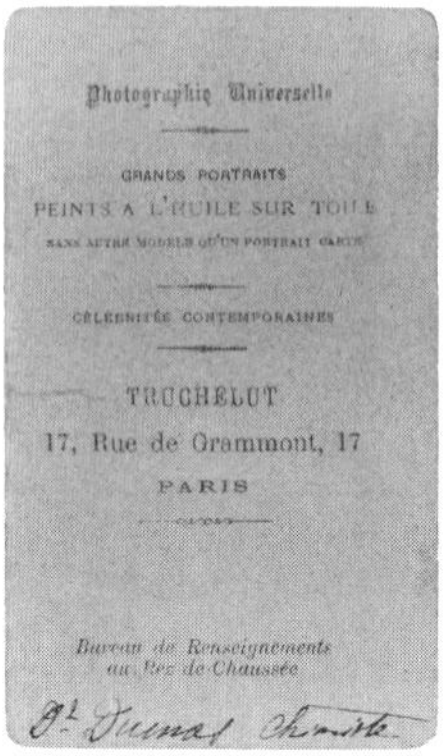

Dr. Dumas Chauste

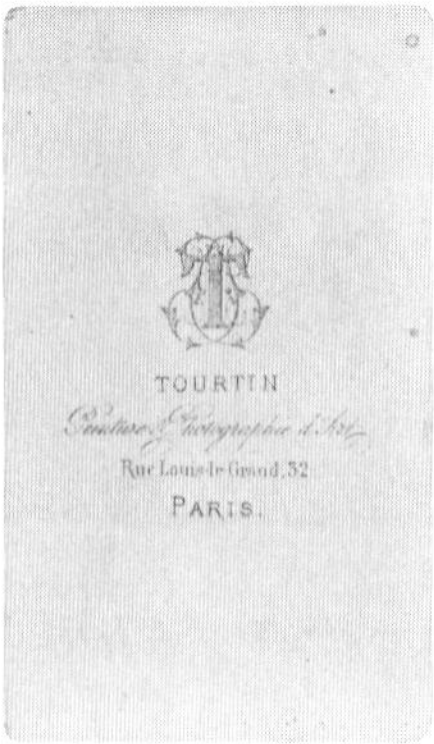

裏　　表

裏なし

ジェノア

ジェノア

裏

ウィーン？

表

ウィーン？

ミラノ

ミラノ

リヨン

リヨン

裏

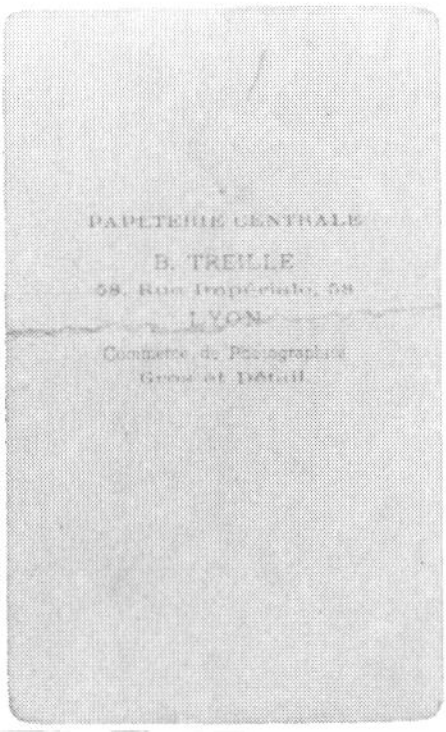

リヨン

表

カテドラル・サン・ジャン（リヨン）

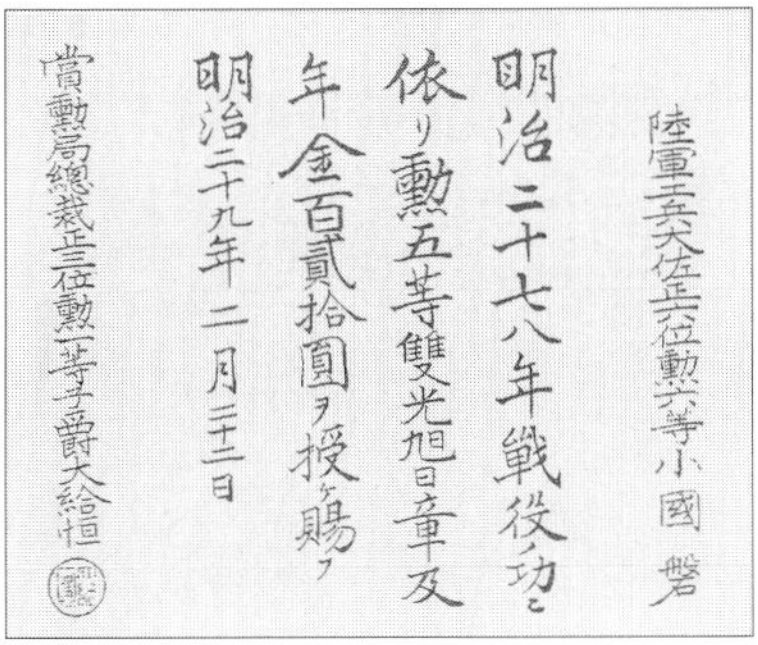

陸軍工兵大佐正六位勲六等小國磐
明治二十七八年戰役ノ功ニ
依リ勲五等雙光旭日章及
年金百貳拾圓ヲ授ケ賜フ
明治二十九年二月二十二日
賞勲局總裁正二位勲一等子爵大給恒

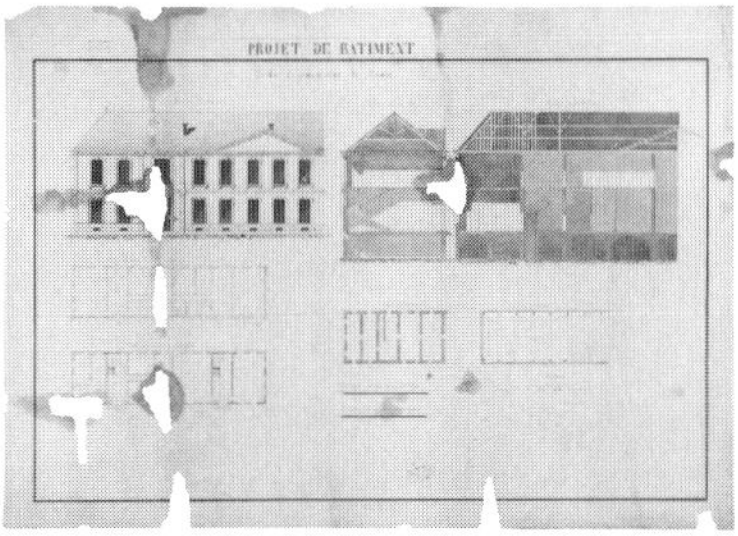

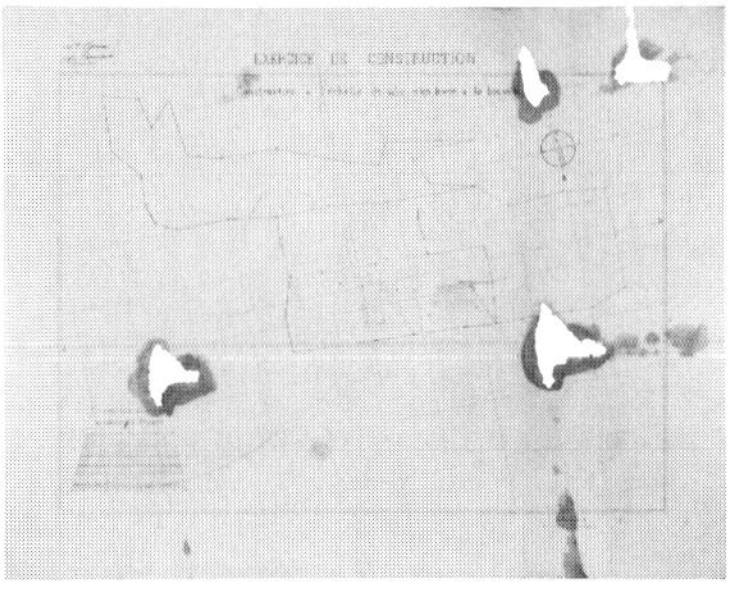

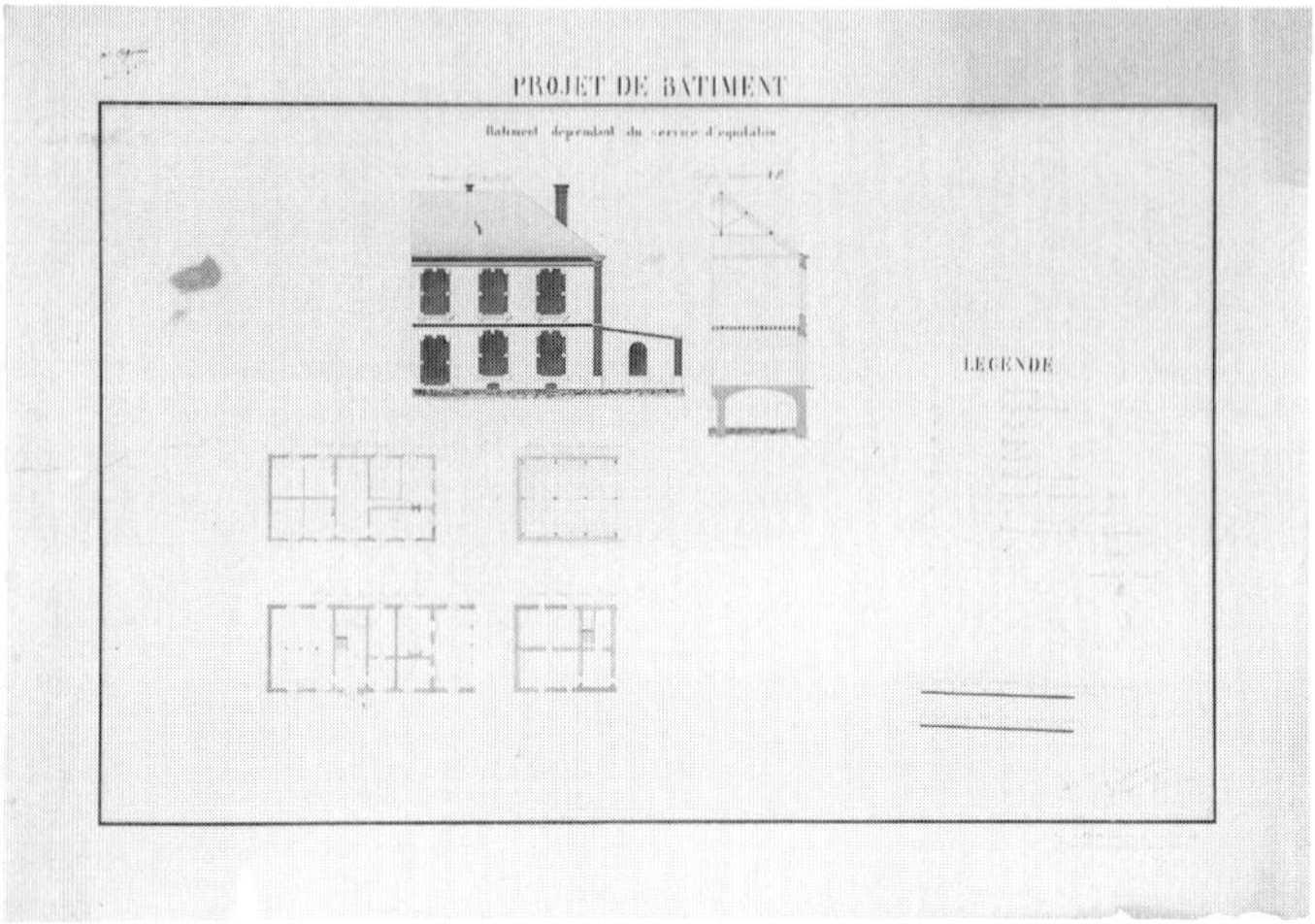
PROJET DE BATIMENT
LEGENDE

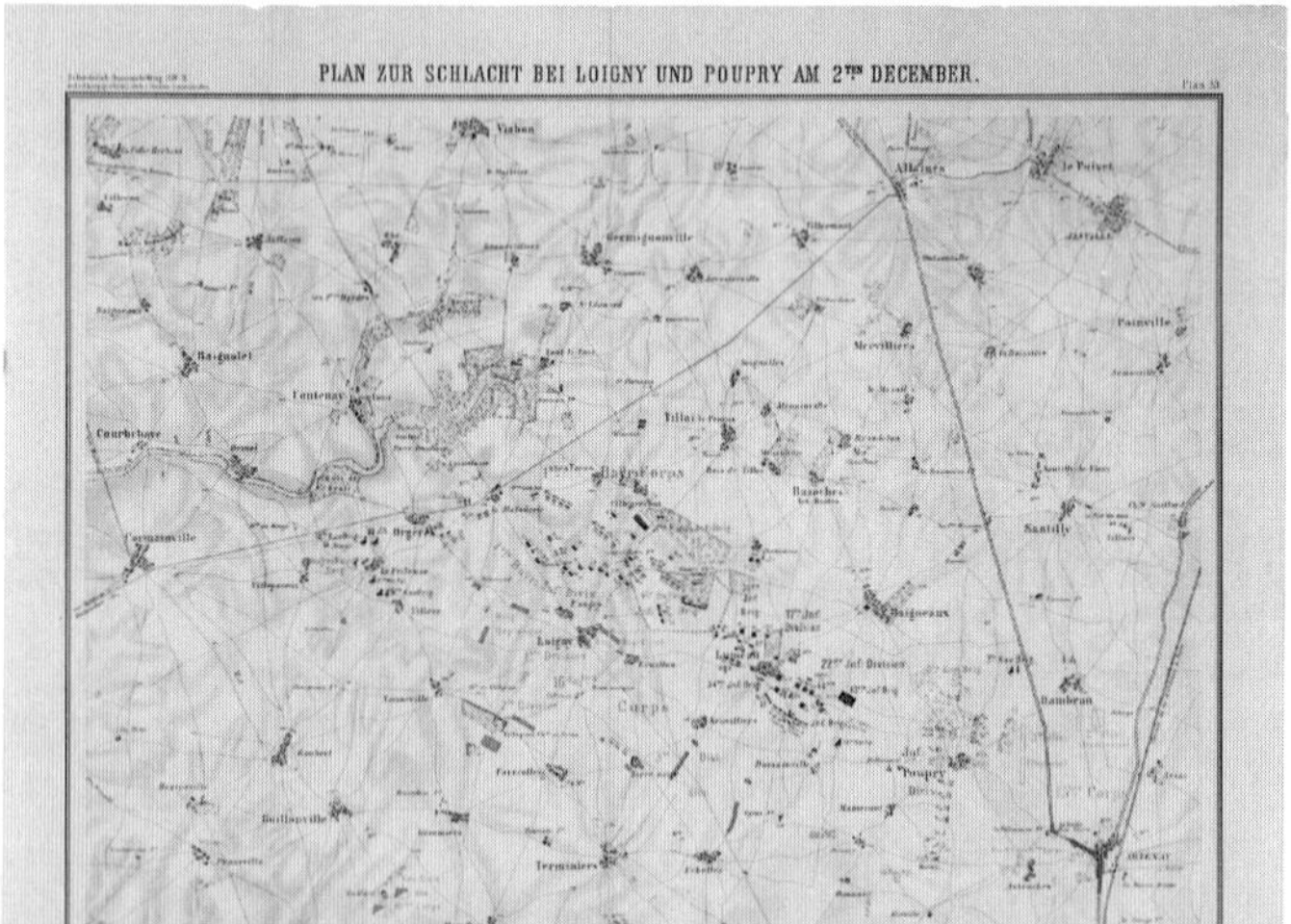
PLAN ZUR SCHLACHT BEI LOIGNY UND POUPRY AM 2TEN DECEMBER.
Vialon
Allaines
le Puiset
Loigny
Poupry
Terminiers
Baigneaux

小国磐氏蔵書リスト

Ⅰ．和書

1．砲工学校　土木教程第四版　道路（鉄道）図案法附面
2．砲工学校　砲兵用務教程第一版　砲台及砲床ノ部附面
3．砲工学校　兵要土木学校教程第一版巻之二附図
4．砲工学校　兵要土木学校教程第二版巻之八附図
5．砲工学校　兵要土木学校教程第三版巻之一附図
6．砲工学校　兵要土木学校教程第三版巻之九附図
7．砲工学校　築城学教程第一版巻之九附図
8．砲工学校　築城学教程第二版巻之二附図
9．砲工学校　築城学教程　要塞編成ノ部　附録附図
10．砲工学校　土木学教程第五版　軍用建築の部附図
11．砲工学校　物理学教程第二版　下巻
12．獨國攻守城砲兵沿革史　巻之六　獨逸休職陸軍中尉ハ、フォン、ミュルレル著
日本要塞砲兵監部譯　明治三十三年五月偕行社蔵版
13．第二版野砲兵戦法論　全普国佐官設爾氏著　日本陸軍砲兵射的学校譯　偕行社蔵版

Ⅱ．勉学ノート

Ecole d'Application de l'Artillerie eu du Génie.　Croquis de fortification.　Chair de Croquis et de Notes.　Promotion du 1er octobre 1878.　Mr Ogouni

Ⅲ．教科書・会話練習書

1．Book of conversations 英佛通話 English and French easy conversations 1873.

2．Chamber's Historical Readers.　Book II.　England to 1327A.D. New Edition. W&R. Chambers London and Edinburgh 1888.

3．Monier. Cours de Topographie.　1^{er}er 2^{e}Leçons.　2^{e}Division.　Topographie 1873-74.

4．Arithmetic designed for the use of schools: to which is added a chater on Decimal Coinage by the right rev. J. W. Colenso.　Lord Bishop of Natal New Edition, thoroughle revised, with the addition of notes and examination papers, and an explanation of the metric system of weights and measures, London: Longmans. Green , and Co. 1876.

5．Ecole d'Application de l'Artillerie et du Génie.　Cours de Mécanique.　Résistance des Matériaux.　2ème Section.　3 Lecons.　Par le Commandant d'Artillerie des Lacombe, professeur.　Réimprimé en Octobre 1878.

6．Ecole d'Application de l'Artillerie et du Génie.　Cours de Construction.　$1^{ére}$ Partie.　Construction en maçonnerie. Leçon 4 et 5.　Habilité des Voutes. (Méthode de M. le Colonel du Génie Seaucellier) Par le Capitanie du Génie Ventre, professeur adjoint, Janvier 1878.

7．Ecole d'Application de l'Artillerie et du Génie.　Coues de Construction.　3e Partie.　Détails relatifs aux bâtiments d'habitation.　1ère, 2e et 3e Leçons.　Par Ventre Capitanie du Gèie, professeur adjoint, Lithographie de l'Ecole d'Application d'Artillerie et du Gènie, avril 1874.

Ⅳ．洋書

1．Les Lois relatives à la guerre selon le droit des gens moderne, le droit public et le droit criminal des pays civilisés par M. Achille Morin, docteur en droit, conseiller à la cour de cassation, chevalier de la légion d'honneur, Auteur du

Répetroire général du Droit criminel du Traité de la Discipline des Cours et Tribunaux, etc., tome second, Paris, Imprimerie et librairie générale de jurisprudence cosse, Marchal et Billard, Imprimeurs-Editures, Librairie de la cour de cassation, place Dauphine, 27. 1872.

2. Metz, Campagne et Négociations par un officier supérieur de l'armée du Rhin Paris, Librairie militaire de J.Dumanie, rue et passage Dauphine, 30. 1872.

3. Metz, Campagne et Négociations par un officier supérieur de l'armée du Rhin Paris, Librairie militaire de J.Dumanie, rue et passage Dauphine, 30. 1872.

Eugène Ténot: Les nouvelles défenses de la France, Paris et ses fortifications 1870-1880, deuxième édition, Bordeaux, Imprimerie G. Gonnouilhou, 11, rue Guiraude, 11. 1880.

4. Eugène Ténot: Les nouvelles défenses de la France, La Frontière 1870-1882, Paris, Imprimerie et Librairie Militaires J.Dumanie, librairie-éditeur, Rue et Passage Dauphine, 30. 1882.

5. Rüstow: L'Art Militaire au XIXe siècle Stratégie —Historie militaire, traduite de l'allemand sur la deuxième éducation (1867) par Savin de Larclause, lieutenant-colonel du 1^{er}lancires, (1792-1815). Tome I, Paris, Librairie militaire. J.Dumanie, Libraire-Editeur de l'Empereur, 30, Rue et Passage Dauphine, 30. 1869.

6. Rüstow: L'Art Militaire au XIXe siècle Stratégie —Historie militaire, traduite de l'allemand sur la deuxième éducation (1867) par Savin de Larclause, lieutenant-colonel du 1er lancires, (1815-1867). Tome II, Paris, Librairie militaire. J. Dumanie, Libraire-Editeur de l'Empereur, 30, Rue et Passage Dauphine, 30. 1869.

7. W. Rüstow : Etudes Stratégiques et Tactiques sur les guerres les plus récentes, traduite de l'allemand par Savin de Larclause, colonel du 14e dragons. Tome premier, Paris, Librairie Militaire de J.Dumanie, Libraire-Editeur, Rue et Passage Dauphine, 30. 1875.

8. Cours de Législation et d'Administration Militaires par M. Eugène Delaperrierre, sous-intendant militaire, professeur à

l'Ecole d'Etat-majour, ancien élève l'Ecole polytechnique. Deuxième Edition. Tome second.—2e partie, Paris, Librairie Militaire de J.Dumanie, Libraire-Editeur, Rue et Passage Dauphine, 30. 1879.

9. Campagne de 1870-1871, Opérations du Corps du Génie Allemand, travail rédigé par ordre supérieur et d'après les documents officels par Adolph Goetze, capitine du Génie prussien, attaché au Comité du Génie et professeur à l'Académie de la guerre, traduit de l'allemand par M.M. Grillon & Fritsch, caputaines de Génie au dépot des fortifications. Tome deuxième avec 9 cartes et 3 figures dans le texte. Paris, Librairie Militaire de J.Dumanie, Libraire-Editeur, Rue et Passage Dauphine, 30. 1874.

10. Campagne de 1870-71, Le Siège de Belfort en 1870-71, rédigé par ordre de l'inspection générale du Corps du Génie, traduit de l'allemand avec l'autorisation de l'auteur et de l'inspection générale du Génie prussien par G. Bodenhorst, Capitaine au régiment d'artillerie belge. Tome II. Breuxelles, Imprimerie et Lithographie E. Guyot, 12, rue Pachéco, 12. 1878.

11. OEuvres complètes de Diderot revues sur les éditions originales comprenant ce qui été publié à divers époques et les manuscrits inédits conservés à la Bibkiothèque de L'Ermitage, notices, notes, table analytique, étude sur Diderot et le mouvement philosophique au XVIIIe siècle par J. Assézat. Tome premier, Paris, Garnier, frères, Libraries-Editeurs, 6, rue des Saints-Pères, 6. 1875.

12. Ecole d'Application de l'Artillerie et du lever. Par A. Lehagre, Chaf de Bataillon du Génie, proffeseur de topographie. Paris, Imprimerie Nationale, M DCCC LXXVI. 1876.

13. Publication de la Rénion des Officiers. Le Service d'Etat-Major par le Colonel Bronsart von Schellendorff, Chef d'Etat-Major du Corps de la Garde, traduit de l'allemand par le Capitaine Weil. Premier volume. Paris, Librairie Militaire de J. Dumanie, Librairie-Editeur, Rue et Passage Daupjine, 30. 1876.

表紙の裏に貼紙があり、「参謀服務　全二冊　フォン、ションドルフ著（小坂氏より買入ノ二十四冊内）」と記載されている。

14. La Nouvelle Revue, Deuxième, Année, Tome cinquième—1er livrasion 1er Juillet 1880 Paris, 23, Boulevard Poissonnière, 23. 1880.

注

（1）『山口県教育史　上』発行者　山口県教育会　印刷所　大同印刷舎　大正十四年三月一日発行　三五〇〜三五三頁。

（2）『明治過去帳』編著者　大植四郎　発行所　東京美術　平成三年四月六日　第四版発行　六一九頁。

（3）『陸海軍将官人事総覧　陸軍編』編者　外山操　発行所　芙蓉書房　一九九三年十一月十五日　第八刷発行　三四頁。

（4）『幕末・明治 海外渡航者総覧　第一巻　人物情報編』編集　手塚晃　発行所　柏書房株式会社　一九九二年三月二十一日　第一刷発行　二三六頁。

（5）『岩国の人脈』著者　庄司忠　発行所　岩国郷土史談会　昭和五十五年八月発行　四三頁。

（6）『海を越えた日本人名事典』編者　富田仁　発行所　日外アソシエーツ株式会社　一九八五年十二月十日　第一版第一刷発行　二五五頁。

（7）『幕末維新人名事典』編者　宮崎十三八／安岡昭男　発行所　新人物往来社　一九九四年二月二十日　第一刷発行　三一三頁。

（8）『日本陸海軍総合事典』編者　秦郁彦　発行所　東京大学出版会　一九九一年十月十五日　初版　六〇六頁。

（9）『明治天皇・御伝記史料　明治軍事史（上巻）』編者　陸軍省　発行所　原書房　昭和五十四年七月三十日　第二刷八二六頁。

（10）『明治百年叢書　歴代顕官録』編者　井尻常吉　発行所　原書房　昭和四十二年五月二十日発行　二三七頁。

五、お雇いフランス人教師・コロゼ

ユネスコ東アジア文化研究センター編『資料 御雇外国人』（昭和五十五年五月一日発行、小学館）によると、「コロゼ　〔国籍〕仏　〔雇主雇期間〕山口藩（四年四月より）　〔職種〕山口藩兵式教師、仏国士官　〔出典〕太二」と書かれている。

『品川子爵傳』（著作者・村田峰次郎　発行兼印刷者・大日本圖書株式会社　明治四十三年四月二十八日発行）には、「昔日和蘭教師の直傳習に得益多かりしを鑑み、各校の學術につき、いづれも本國より良教師を招聘すべきことに決し、海軍學校は英國人ベダルを、洋學寮は獨逸人ドクル、ベルリンを、英學寮は英國人ダルネーを歩兵塾は佛國陸軍士官クルゼーを、獨逸學寮には獨逸人ヒレルを、又岩國學校にては英國人ステーベンを迎へておの々の目的とするの學科を精細に傳習せしめたり」とある。

又、倉沢剛著『幕末教育史の研究　三』に、「一〇　兵式教師としてフランス國士官コロゼを雇入　この外人招聘の計画により、山口藩は兵式教師としてフランス國士官コロゼを雇入れることを決め、明治四年四月、つぎのように太政官の弁官に願いでた。」とあり、「今般当藩兵式為二教師一仏国士官コロゼト申者雇入之儀内々談判仕候処、当人ハ承諾仕候哉ニ相見候付、前件之趣彼国公使へ外務省ヨリ御掛合被二成下一度此段宜　御沙汰奉レ願候

以上

弁官御中　　　　山口藩」が付記されている。

「これに対して弁官は翌五月朱書をもって『願之通』と認可した。ときにコロゼ三十二歳、給料は年四〇〇〇両、月三三三両、期間は二ヵ年の契約であった。」と書かれている。

『来日西洋人名辞典』にコロゼの名は記されていない。また、上記三資料以外に、この山口藩お雇いフランス人教師の事を述べたものを筆者は寡聞にして知らない。従って、不備不十分で甚だ残念ながら本章のこの項はこれで修了せざるを得ない。大方の教示を乞うしだいである。

第二章　広島県

一、広島県出身・渡仏（含渡欧）者の概略

広島県出身で幕末・明治期にフランスに渡った人々は十九名である。山口県と比較して人数が非常に少ない。この中に、A.『幕末・明治　海外渡航者総覧』（全三巻）で渡航先が欧州とのみ記してある、或いはベルギー、スイスと記してあっても、リストに加えてある点では、山口県の場合と同じである。先ず、五十音順で全員の氏名を掲げる。

1、秋山謙蔵　2、秋山正八　3、石藤豊太　4、板倉卓造　5、宇都宮剛（船越熊吉）　6、太田徳三郎　7、金子養三　8、鈴木宗言　9、武田五一　10、田中健三郎　11、頼母木桂吉　12、戸田海一　13、永井建子　14、永井潜　15、中村精一　16、中村孟　17、松井茂　18、村上敬二郎　19、村田俊彦　20、渡六之助

二、広島県出身の渡仏（含渡欧）者のプロフィル

視察

公費視察

一、村上敬二郎　一、一八三五（嘉永六）年九月四日生　二、一九二九（昭和四）年二月十五日死亡　三、一八八七（明治二十）年十月十一日渡米・欧　四、一八八八（明治二十一）年十月十九日帰国（但し、）A.『幕末・明治　海外渡航者総覧』（第二巻）では、一八七一（明治四）年渡英、一八七七（明治七）年帰国、B.『海を越えた日本人名事典』でも、「明治四（一八七一）年海軍兵学寮の留学生として海軍伝習のためイギリスへ赴く」となっている。しかし、本章「特集　渡正元」の項で詳述するように、六之助は一八六九（明治二）年にロンドンで敬二郎に会っている。また、一八七四（明治七）年の「漫游日誌」第五輯に村上敬二郎の氏名は見出される。パリで出会ったと考えられる。　五、男爵、海軍主計総監　六、A、B、G、I『戦前期日本官の制度・組織・人事』

二、秋山謙蔵　一、一八六三（文久三）年三月二十五日生　二、不明　三、一九〇一（明治三十四）年渡欧　四、一九〇二（明治三十五年）帰国　五、帝室林野局産業課長　六、A。

三、鈴木宗言　一、一八六三（文久三）年二月六日生　二、一九二七（昭和二）年二月死亡　三、一九〇一（明治三十四）年渡米・欧　四、一九〇一（明治三十四）年帰国　五、台湾総督府覆審法院長　六、A。

四、松井茂　一、一八六六（慶応二）年九月二十七日生　二、一九四五（昭和二十）年九月九日死亡　三、一九〇一（明治三十四）年四月渡米・欧　四、一九〇二（明治三十五）年四月帰国　五、警視庁第二部長　六、A。

私費視察

一、村田俊彦　一、一八七一（明治四）年八月二日生　二、不明　三、一九〇七（明治四十）年渡米・欧　四、一九〇七（明治四十）年帰国　五、日本興業銀行秘書役　六、A、I『芸備人士之勢力』、『大正人名辞典』

留学

公費留学

一、**太田徳三郎**　一、一八四九（嘉永二）年七月生　二、一九〇四（明治三十七）年九月七日死亡（B.『海を越えた日本人名事典』では九月四日）　三、一八六八（明治元）年渡仏　四、一八七五（明治八）年九月帰国、一八八一（明治十四）年再渡仏・墺・伊、一八八二（明治十五）年四月帰国、一八八六（明治十九）年一月二十二日渡欧（三回目）、一八八七（明治二十）年一月十八日帰国（太田徳三郎は渡正元が渡仏した時、出迎えた同郷人であり、「漫游日誌」に最もしばしば氏名の見出される人々の一人である。「特集　渡正元」の項でもう一度取り上げる）　五、大阪工廠提理　六、A，B，C，G。

二、**渡六之助**（**正元**）　一、一八三九（天保十）年一月二十三日生　二、一九二四（大正十三）年一月二十九日死亡　三、一八七〇（明治三）年渡仏　四、一八七四（明治七）年七月八日帰国（但し、一八六九〈明治二〉年渡英、イギリスよりフランスに渡る）　五、陸軍少佐、元老院議員、貴族院議員、錦鶏間祗候、正三位勲二等。本篇の最大の目的の一つは、渡正元の「漫游日誌」の紹介にある。従って、本章に「特集　渡正元　事績と資料」を掲載し、この人物について詳述する。　六、A，B，D，渡正元著「漫游日誌」。

三、宇都宮剛（船越熊吉）　一、一八五四（嘉永七）年生（B『海を越えた日本人名事典』、「船越熊吉」は、「嘉永五年」の生まれとなっているが、船越熊吉と宇都宮剛は同一人物である。この事は前章「小坂千尋」の項で述べた）二、一八八二（明治十五）年五月十八日死亡　三、一八七〇（明治三）年渡仏（A『幕末・明治　海外渡航者総覧』（第一巻）では、宇都宮剛は一八六九（明治二）年渡仏となっているが、諸般の事情から推察して、船越熊吉（宇都宮剛）は一八七〇（明治三）年の渡仏が正しいと考えられる）四、一八七六（明治九）年帰国　五、陸軍大尉　六、A（宇都宮剛）、B（船越熊吉）、C（宇都宮剛）。

四、中村孟　一、不明　二、不明　三、一八七三（明治六）年渡仏（B『海を越えた日本人名事典』所載の中村孟は「明治四年（一八七一）以前に広島県の県費でイギリスに渡る」とある。しかし、「漫游日誌」により、一八六九（明治二）年に既にイギリスに居たこと、及び一八七二（明治五）年にフランスに転留学した事が判明した。「特集　渡正元事績と資料」でその事に言及する）四、一八七二（明治五）年帰国？　六、B，I，渡正元「漫游日誌」、入江文郎遺品「留学生帰国命令書」。

五、田中建三郎　一、一八四五（弘化二）年生　二、一九〇八（明治四十一）年一月二十八日死亡　三、渡正元「漫游日誌」に、田中健三郎の氏名が見出されるのは、第三輯であるが、その時は書簡が来たという事であった。「漫游日誌」によると健三郎の横濱解纜は明治六（一八七三）年一月七日。マルセへユ着二月十八日。但し、イタリアへ先に行ったためか、パリ到着は同年五月三日である。『明治過去帳』には、「十年書記一等見習を以て浅井保徳と伊國羅馬《ローマ》公使館に在勤」とあるだけで、渡仏年月日も帰国年月日も記載がない。また、公費留学に分類されるべきかどうかも不明である。　四、不明　五、皇后宮亮事務官、従四位勲三等・瑞宝章　六、A，B共に記載なし　E，I，「漫游日誌」。

六、石藤豊太　一、不明　二、不明　三、一八八七（明治二十）年渡仏　四、一八九〇（明治二十三）年帰国　五、海軍大技術（火薬）、日本火薬製造株式会社取締役兼技師長、火薬工業株式会社取締役、工学博士・従五位勲四等　六、A，B，H，I，『明治工業史』。

七、武田五一　一、一八七二（明治五）年十一月二十五日生　二、一九三八（昭和十三）年二月五日死亡　三、一九〇〇（明治三十三）年六月渡英・仏　四、一九〇三（明治三十六）年帰国、一九〇八（明治四十一）年再渡航、一九〇九（明治四十二）年帰国　五、京都高等工芸学校教授、京都帝国大学教授（工学部）、工学博士・正四位勲二等　六、A，H。

八、戸田海市　一、一八七二（明治五）年五月八日生　二、一九二四（大正十三）年三月五日死亡　三、一九〇三（明治三十六）年渡仏　四、一九〇六（明治三十九）七月年帰国　五、京都帝国大学教授（法学部）　六、A，D。

九、永井建子　一、一八六五（慶応元）年九月八日生　二、一九四〇（昭和十五）年三月十三日死亡　三、一九〇三（明治三十六）年渡仏　四、一九〇四（明治三十七）年帰国　五、陸軍学長　六、A。

一〇、**永井潜**　一、一八七六（明治九）年十一月十四日生　二、一九五七（昭和三十二）年五月十七日死亡　三、一九〇三（明治三十六）年渡独・英・仏　四、一九〇六（明治三十九）年九月帰国　五、東京帝国大学教授（医学部）　六、A。

一一、**金子養三**　一、一八八二（明治十五）年六月十一日生　二、一九四一（昭和十六）年十二月二十七日死亡　三、一九一一（明治四十四）年三月渡仏　四、一九一二（明治四十五）年十月帰国　五、海軍少将　六、A，G。

私費留学

一、**中村精一**　一、一八七七（明治十）年十月生　二、一九三七（昭和十二）年八月八日死亡　三、一九〇五（明治三十八）年渡米・欧　四、一九〇七（明治四十）年帰国　五、農商務省出仕　六、A。

二、**頼母木桂吉**　一、一八六七（慶応三）年十月十日生　二、一九四〇（昭和十五）年二月十九日死亡　三、一九〇六（明治三十九）年渡米・欧　一九〇八（明治四十一）年帰国　五、報知新聞社員　六、A。

三、**秋山庄八**　一、一八七七（明治十）年十一月十七日生　二、一九六七（昭和四十二）年二月二十三日死亡　三、一九〇七（明治四十）年渡米・欧　四、一九一〇（明治四十三）年帰国　五、帝国鉄道庁新橋工場長　六、

A、I、『鉄道先人録』。

四、板倉卓造　一、一八七九（明治十二）年十二月九日生　二、一九六三（昭和三十八）年十二月二十三日死亡　三、一九〇七（明治四十）年八月渡英・米・仏　四、一九一〇（明治四十三）年三月帰国　五、慶応大学教授（法学部）　六、A。

三、「漫游日誌」等資料により滞仏時の記録が見出される訪仏者

広島県出身の訪仏者で「伝記」又は「自伝」が編纂されている人物はいない。しかし渡正元「漫游日誌」により、滞仏あるいは訪仏時の記録が認められるものが四人いる。太田徳三郎、中村孟、船越熊吉（宇都宮剛）、村上敬二郎の四人である。以下に「漫游日誌」に依拠して、その四名の記録を明らかにする。

視察

村上敬二郎

渡正元が村上敬二郎にフランスで会った記録は「漫游日誌」第五輯に見出される。しかし敬二郎は正元より前に洋行しており、正元がフランスへ留学する以前、イギリスに先ず渡った時イギリスに滞在していた。従って「漫游日誌」第一輯に敬二郎の名は早期に見出される。しかも頻度は十七度で一番多い。

村上敬二郎の氏名が次に「漫游日誌」に見出されるのは、第五輯・一八七四（明治七）年五月十六日の記事である。「今午後村上敬二郎倫敦府ヨリ来着ス。同氏は今二十一日英船にて帰朝スル筈。今夕中村孟来ル。滞留ス」とある。翌日も敬二郎は中村孟と共に正元の宿に止まったのであろう。「今夕太田徳三郎・中村孟・村上敬二郎抔同伴、市楼ニ夜食ス」とあり、広島出身者で会食をしたと思われる。敬二郎は翌十八日ロンドンに帰っている。

留学

太田徳三郎

太田徳三郎は渡正元がフランスに移動した時、正元を出迎えてくれた人物である。また、山田顕義が岩倉使節団の理事として訪仏した時、正元と共に随員となって各地・各施設を案内した。太田徳三郎の氏名は「漫游日誌」に頻出する。第二輯では前田正名に次いで頻出度第二位、第三輯は九位、第四輯四位、第五輯は二位である。それ以後「漫游日誌」は帰国途中および帰国後の控えとなる。またタイトルも「記事」となる。したがって本項とは無関係となる。

太田徳三郎は既に度々述べている通り、広島県出身で以前から正元とは昵懇《じっこん》の仲であった。従って、正元がイギリスからフランスに移動してきたとき出迎えてくれたのであるが、しばらくは毎月五、六度は会っている。そのうちに普仏戦争が始まり、パリ籠城ということになるが、籠城中も二人はよく行動を共にしている。大山巌等「軍務監察使」が十二月二十一日（西暦一八七一年二月十日）にパリに入ってからしばらくは、太田の名が「漫游日誌」に出てこないが、彼らがフランスを出発してロンドンに向かう日、送別の会食者のなかに太田の名が見出される。第二輯にはそんなわけで太田徳三郎の氏名は前田正名に次いで頻繁に現れるが、第三輯の最初の方では出てこない。それは正元がフランスを脱出して、ベルギー－イギリスに行ったからである。しかし、正元が旧暦五月末フランスに戻ってからは、太田がスイスからパリに出て来たときに会っている。また、山田顕義がパリに来てからは、度々行動を共にしているし、一緒にベルリンへ行っている。第四輯でも第五輯でも太田徳三郎の名はいまだ数多く見出されるが、頻度数の順位はこの二つの輯いずれも中村孟の下位となっている。それは、太田がスイスにいたためと考えられるが、中村孟が医学の研究をしていたからかも知れない。帰国前の正元は体調を崩していたように思われる。

中村孟

中村孟の氏名がフランスで出会った人として「漫游日誌」に疑義なく出現するのは第四輯からである。第三輯では中村としか書かれていないので彼と特定できない。しかし、中村孟も、実は最初はイギリスで正元と会っている。従って、第一輯にもその氏名は見出される。しかもその頻度数での、順位は三位である。正元の再訪英の関係もあって、第三輯にも中村孟の名はあり、第四輯では、中村孟の氏名は大山巌に次いで頻度数は第二位である。中村孟は一八七三（明治六）年一月二十五日フランスにやってきた。「漫游日誌」に「今日中村孟英国ヨリ轉學シテ巴里《パリ》府ニ来ル」と書いてある。そして、同年四月二十八日の項に「平臥。今日中村同寓ノ宿ヲ去ッテ未爾満氏カ校ニ行ク」とあるので、通学する塾も決定した。その後中村孟の名は、正元がパリにいる時はよく見出される。それは、高村孟が医学を研究したことや、正元が、当時体調を崩しよく「病臥」していた事と関係があるかも知れない。それはともかく、彼の氏名は、第五輯では太田徳三郎を抜いて頻度数第一位となっているのである。

船越熊吉（宇都宮剛）

船越熊吉の氏名が確実に「漫游日誌」に認められるのは、その第三輯である。第二輯では苗字だけなので彼と特定できない。第四輯に船越熊吉の氏名は四回出ているが、第三・第五輯では、共に一度しか出てこない。

船越熊吉は渡正元と同様広島県出身である。従って、かなり親近感を持って二人は接していたと想像されるが、それを如実に告げる記事や数字は「漫游日誌」には窺えない。

小坂千尋の項で既に述べたことであるが、船越熊吉と宇都宮剛は同一人物である。これは『小坂千尋小傳』で小坂狷二氏が書き留めておられたので、筆者の注目を惹き、明らかになった。宇都宮剛と名乗った時期のことについては、彼が夭逝したせいもあって、『明治過去帳』に記載の事しか分かっていない。船越熊吉＝宇都宮剛を詳しく告げる資料を求めたく思い、ここに繰り返し述べた次第である。

四、特集「渡正元──事績と資料──」

事績

『国乃礎』（杉本勝二郎篇、華族列伝国乃礎編輯所、明治二十六年十月九日発行）および『大正過去帳』〈物故人名事典〉（編者代表・稲村徹元、東京美術、昭和四十八年五月十五日発行）により、渡正元の事績について、以下略記する。

渡正元は元田中氏、藤原氏の裔である。初め諱は正範、六之助と称した。天保十（一八三九）年正月二十三日、広島松川町に生まれる。父は田中善平政辰。その第三子であった。安政六（一八五九）年渡氏を称した。祖先居城の地名を取ったものである。文久四（一八六四）年頃、大坂で蘭書を山口良哉に学ぶ。慶応二（一八六六）年、開成所教授・林正十郎の門に入り仏学を修める。同窓の門に井上多久馬（毅）がいた。慶応四（一八六八）年頃長崎広運館および出島の外商仏人某等に就いて仏学を修める。目的は外遊にあった。しかし外遊の可能性はほとんどなかったので、大坂に出て山口寛哉の宅に下宿し、仏学を教授して時を待った。たまたま薩摩の朝倉静吾に会い、共に謀って仏学研究所を設け公成館と命名した。

明治元（一八六八）年六月、外国官徴により大阪河口運上所出仕を命ぜられたが、脚気のため辞職した。同年九月会計官より鉱山出仕を命ぜられ、生野銀山に派遣された。明治二（一八六九）年外交の宿志を遂げるため鉱山司を辞した。横浜から英国船に乗船し、ロンドンに行き、英学を学んだ。明治三（一八七〇）年ロンドンを去りフランスのパリに行く。たまたま山縣狂介（有朋）、西郷信吾（従道）、三堀幸助とパリで同宿し、語り合う。六之助は小塾に入学する。

当時フランスはナポレオン三世の帝政末期だった。ドイツ連邦とフランスは、正に一触即発の状態であった。六之助は学資も既に尽きていたので、戦乱がある場合には、観戦日誌を作成し、帰朝の土産にしようと考えていた。従って戦争勃発以来、六之助は戦況を監察し、パリ籠城の一部始終を記録していたのである。

明治四（一八七一）年正月二十八日和睦開城となった時、軍事視察員として大山巌、品川弥二郎、大原令之助、有地品之丞、林有造、池田弥市、松村文亮がパリに入ったので、六之助は彼らを旅宿に訪問した。皆は六之助の籠城惨苦の話を筆記しようとしたが、六之助は自分の記した八冊のノートを彼らに預けた。大山等はこの日誌を携えて帰国し、兵部省に提出、印刷・公表させた。『孛仏戦争日誌』（『法普戦争誌畧』）がそれである。

兵部省は六之助を抜擢して国費留学生とし、仏国歩兵科を専修させた。従って六之助は仏国士官学校予備科を修めた。

明治五（一八七二）年二月、岩倉特命全権大使の一行がパリに入った時、山田顕義理事官（陸軍少将）に随行して、六之助は兵制取り調べに尽力した。また、同年九月仏国士官学校に入学した。アジア人で同校に入学したのは六之助が最初だと言われている。

明治七（一八七四）年帰朝を命ぜられ、六之助は七等出仕として、陸軍参謀局第一分課に入った。この時、林正十郎も同じく七等出仕として同省にあった。戊辰戦争から七年振りの再会であった。同年十二月、六之助は陸軍少佐となった。後、六之助は方向を転じ、明治九（一八七六）年、専任法政官となり名を正元と改めた。明治十（一八七七）年、正元は太政官書記官となり、常に機密の電文を取り扱った。

明治十七（一八八四）年十月参事院議員、翌十八年十二月元老院議員、明治二十三（一八九〇）年貴族院議員に正元は任じられている。又、同年十月錦鶏間祇候を仰せつけられる。明治二十四（一八九一）年三月勲二等瑞宝章を賜る。同年七月依願免本官。明治二十七（一八九四）年五月特旨叙正四位。大正三（一九一四）年『巴里籠城日誌』出版。大正十三（一九二四）年正月二十九日死亡。正三位追贈。

資料

「漫游日誌」

渡正元は『巴里籠城日誌』の著者として知られている。この書の元の題は『法普戦争誌畧』であった。それは、「事績」で述べたとおり、大山巖など普仏戦争の軍事視察使が、普仏戦争当時パリ留学中であった渡正元の記録していた日誌を日本に持ち帰り、明治四（一八七一）年に兵部書から出版したものである。『巴里籠城日誌』は、それを正元自身が大正三（一九一四）年改題して出版したものである。

本篇で紹介する「漫游日誌」は、同じ著者渡正元が、明治二年、英国に渡航した時から同七年帰国するまで記録していた、前者とは異なる日記である。従って時期としては『法普戦争誌畧』（『巴里籠城日誌』）と重なる部分があるが、これとは別に控えていたものである。「漫游日誌」の存在は、筆者が渡正元の令孫赤木千鶴子氏より教示を受けるまで、縁者以外には知られていなかった。

「漫游日誌」は第一輯から第五輯まである。また、第五輯の途中からは、帰国後の記録となっている。そして、「日誌」は全部で第七輯まであるが、第六輯・七輯は「記事」と題されている。帰国後の記事なので、もはや「漫游日誌」とは題されていない。

本篇で紹介するのは、第一輯から第五輯まで、すなわち所謂「漫游日誌」に記録されていること、しかも、主としてフランス滞在中に関わること、就中、渡正元が出会った日本人渡航者の氏名等である。

「漫游日誌」第一輯は、旧暦・明治二年六月六日（実際は七月六日）から同三年二月一日まで、第二輯は明治三年二月二日（西暦一八七〇年三月三日）から同四年二月十四日（西暦一八七一年四月三日）まで、第三輯は明治四年二月十五日（西暦一八七一年四月四日）から同六年十二月三十一日（西暦一八七三年十二月三十一日）まで、第五輯は明治七（一八七四）年一月一日から同年七月八日までの記録が、所謂「漫游日誌」の部分である。その後は「帰朝後ノ記事」となる。初めの方は陰暦による日付であるが、第二輯からは陽暦（西暦）による日付も要所要所に記されている。明治六年一月一日は西暦一八七三年一月一日となっている。

第一輯は明治二年七月五日浪花（浪速）乗船、横浜に赴くところから書き始められている。横浜解纜は七月十九日。香港に向かう。「英国サウサントン港」入港は十月三日（西暦十一月五日）。「日本横浜港解纜シテヨリ英国海門ニ入ル迄海上ニ在ル事總テ六十三日」と正元自身記している。

第二輯は翌年即ち明治三年二月二日（西暦一八七〇年三月三日）「英國龍動府（ロンドン）より仏國把里府（パリ）に行く」記事から、明治四年二月十四日（西暦一八七一年四月三日）迄の事が記されている。この輯に普仏戦争の体験が記載されているのである。

第三輯は明治四年二月十五日（西暦一八七一年四月四日）「白耳義（ベルギー）國から英國倫敦府（ロンドン）に行く」記事から始まって、同五年八月二十日（西暦十月二日）の記事で終わっている。この輯では、主として、山田顕義陸軍少将に随行して、仏独の諸施設・諸機関・視察訪問の事が記されている。

第四輯は明治五年九月一日（西暦一八七二年十月三日）から明治六年十二月三十一日（西暦一八七三年十二月三十一日）迄、西暦十一月四日に、山田少将と別れ、正元はフランスのサン・シール陸軍士官学校に入学する。

第五輯は自明治七（一八七四）年一月一日至明治廿六（一八九三）年十二月三十一日、明治七（一八七四）年七月八日正元日本へ帰国。第六輯及び第七輯は帰国後の記録である。本篇では取り上げない。但し、第七輯の最後の日付は大正四（一九一五）年十月十一日である。

第一輯と第五輯の航海についての記述は他の輯にはない特別重要事項であるが、それを除外すると、五つの輯に共通して特記すべき事は、先ず第一に、渡正元が英・仏・独・白・瑞・墺の欧州各地で出会った邦人の氏名を控えている事である。その数は夥しい。次は各地で彼が見聞した事、より具体的には、博物館・官庁・公共の諸機関・軍事施設・寺院等々について記述している事である。更には彼が特別に記した各地の印象記等である。

そうした諸々の事については、他日この「漫好日誌」を公刊する計画もあるので、その時に譲り、本篇では、先に述べた通り、渡正元が留学中に出会った日本人の氏名と、彼のフランス滞在中の最重要体験である「巴里籠城」及び「山田顕義理事官随行」に的を絞って述べる。

第一輯に氏名が記されている日本人は総計十七名。次の通りである。

一、大野内蔵丞（直輔）　二、遠藤貞一郎　三、神戸滑左衛門　四、三条公恭　五、田口太郎　六、遠野虎介　七、中御門経隆　八、中村宗賢　九、中村孟　十、西川虎之助　十一、福原和勝　十二、不破与四郎　十三、

松井周介　十四、村上敬二郎　十五、毛利元功　十六、矢島左九郎　十七、芳山五郎之助

これ等の人物名を頻度数の多い順に記すと次の通りである。

一、村上敬二郎（17）二、西川虎之助（16）三、中村孟（15）四、遠野虎介（10）五、田口太郎（9）六、松井周介　毛利元功（3）八、大野内蔵丞（2）九、神戸滑左衛門、遠野虎介、中村宗賢、不破与一郎、矢島左九郎、三条公恭、中御門経隆、福原和勝、芳山五郎之助等、各（1）。

渡正元が「英吉利國ノ海内サウサントン港に入港」したのは、明治二年十月三日（西暦一八六九年十一月五日）であったが、その時彼を出迎えてくれたのは、田口太郎であった。既に記した通り、正元が「倫敦」で出会った邦人は十七名であるが、その内五名が広島出身である。彼等は頻出度第一位から第五位を占めている。先の田口太郎自身が広島出身であるが、その他、次の人物が広島出身である。村上敬二郎、西川虎之助、中村孟、遠野虎介、田口太郎の順序である。

大野内蔵丞、遠藤貞一郎、福原和勝、毛利元功、矢島左九郎、芳山五郎之助の六人は山口県の出身。大野、遠藤、毛利の三人は徳山の出身。毛利は徳山藩主であった。

神戸清左衛門の氏名は『海を越えた日本人名事典』にも『幕末・明治海外渡航者総覧』にも見当たらないが、正元は「加賀」と記している。不破与四郎（与一郎カ）は「金沢」の出身となっている。

三条公恭、中御門経隆は京都出身。中村宗賢（宗見カ）は薩摩と記されている。松井周介は「土佐」とあるが、この人物も上記二資料には氏名がない。

第二輯に登場する人物は総計二十七名。第三輯と比較すると非常に少ない。それは、これから詳述するように、普仏戦争の影響である。先ずは、その人達の氏名を記そう。苗字だけしか書かれていないので、特定できな

い人物もいる。他方、第一輯に既出の人物もいる。
一、青木周蔵　二、有地品之丞　三、池田弥市　四、岩下長十郎　五、上野敬介　六、太田徳三郎　七、大原令之助　八、大山弥助（巌）九、岡田（丈太郎ヵ）　十、栗本貞二郎　十一、黒川誠一郎　十二、駒留良蔵　十三、西園寺望一郎（公望）　十四、西郷信吾（従道）十五、品川弥二郎　十六、清水金之助　十七、内藤類次郎　十八、中村宗賢（宗見ヵ）十九、新納次郎四郎　二十、西直八郎　二十一、林有造　二十二、深津（保太郎ヵ）　二十三、前島密　二十四、前田正名　二十五、松村文亮　二十六、三堀（御堀）耕助　二十七、山県狂介（有朋）

第二輯頻出度の順番は以下の通りである。
一、前田正名（75）二、太田徳三郎（65）　三、西郷従道（21）四、岩下長十郎（16）　五、西直八郎（12）　六、清水金之助、新納次郎四郎（11）　八、駒留良蔵（10）　九、山県有朋（9）十、三堀耕助　十一、黒川誠一郎（5）　十一、大山巌（5）　十三、大原令之助（4）　十三、有地品之丞、林有造、上野敬介、前島密（4）　十八、池田弥市、松村文亮、品川弥二郎、内藤類次郎、中村宗見（3）　二十三、青木周蔵、栗本貞一郎（2）　二十五、岡田丈太郎、西園寺公望、深津（保太郎ヵ）等、各（1）

第二輯からが渡正元のフランス留学の記事となる。彼は明治三年二月二日（西暦一八七〇年三月三日）「佛國ノカレー港」に着くが、その時彼を出迎えてくれたのは、太田徳三郎であった。太田も広島出身である。第二輯に登場の人物は二十七名。この地滞在の広島出身者はこの時太田徳三郎只一人。

第二輯で氏名の頻出度が最も高いのは、前田正名である。それに次いで高いのは、太田徳三郎である。頻出度で、彼等と比べられる人物は他に全くない。

岩下長十郎、西直八郎、清水金之助、新納次郎四郎、駒留良蔵、黒川誠一郎等の氏名が比較的頻出度が高いが、実は会った時期が一様でない。それについては、後に詳述する。

西郷信吾（従道）、山縣狂介（有朋、正元はしばしば姓を「山肩」と書いている）、三（御）掘耕助の頻出度がかなり高いのは、「事績」に述べてあるように、この三人が渡正元フランス移動直後に出会った最初の邦人・重要人物であったからである。中村宗賢（宗見）は途中ロシヤに出張したため他の三人より頻出度が少なくなったと思われる。

彼等に次いで頻出度が高いのは、大山巖、大原令之助、有地品之丞、林有造、池田弥市、松村文亮、品川弥二郎である。彼等はパリ開城後に到着した軍事視察使である。上野敬介、前島密は軍事視察使より後のパリ到着である。そうした具体的且つ細かい事は頻出度では表わせない。

簡略して言えば、渡正元は最初の四人即ち西郷、山縣、三掘、中村に会った後、次の七人即ち大山、大原、有地、林、池田、松村、品川以外は、この第二輯の扱っている時期には、あまり多くの日本人に会っていないことになる。それもその筈、この約一年の内真中の数ケ月、パリは包囲されていて、外部からは誰も入って来る事はできなかったと考えられる。渡正元は専ら前田正名や太田徳三郎とパリ市内を視察して廻っていたか、時々はその相手が岩下長十郎、新納次郎四郎となり、そうでなければ、正元は『法曹戦争誌畧』（『巴里籠城日誌』）の原資料となるものを記すのに多忙だったのである。尚、特筆すべき事は、内藤類次郎は軍事視察使とほぼ同時期のパリ入府であるが、西直八郎、上野敬介、前島密等はそれより後、西園寺公望にいたっては、パリ・コミューン直前のパリ入府と思われる事である。後述するように、正元は所謂パリ・コミューンの期間中フランスを離れているので、その間の在パリ邦人の動静については、「漫游日誌」には記述がない。

第二輯は度々述べる通り、明治二年二月二日（西暦一八七〇年三月三日）より明治四年二月十四日（西暦一八七一年四月三日）迄のほぼ一年一ケ月の記録である。この十三ケ月は大きく分けると次の四つの時期となる。最初の時期は二月二日（三月三日）から六月十六日（西暦七月十四日）つまり普仏戦争勃発の日迄である。第二の時期は開戦からナポレオン三世の捕虜となる八月八日（西暦九月三日）迄。第三の時期はいわゆる「巴里籠城」期間。第四がパリ開城後パリ・コミューンの時期を経て、平和回復の時期である。

第一の時期、正元は、事績に記したように、パリ到着当日、二月二日に、西郷、中村、山縣、三掘等に会っている。彼等は皆五月初めにはパリを離れているが、彼等の他に正元がパリで出会った日本人は、前田、太田、岩下、新納、黒川、駒留、清水、栗本、岡田、深津の十名である。

未だあまり色々なところを訪れてはいない。「伝信機局」、「シルク・ナポレオン　ノ見物場」、「ウエルサイル城」「バスチーユ　ノ塔」、「サンヂヤク　ノ塔」、「サンタール　ノ城郭」、「人體解剖造物館（プラス・トロン）」、「ジャルダントプラント」、「トンボウ（第一世那破倫ノ廟堂）」、「写真局」、「セーン河ノ水游場」、「把里府郭外ノ山岳モンモランシ」、「議事院」等である。尚、「水游場」には三度、「モンモランシ」には二度行っている。要するに、平和で安全な滞仏生活であった。

「漫游日誌」六月九日の記事からその後の異変を予言するかのように、「支那」で起こった「支那都府在職佛國領事官及其他在住ノ佛人支那北京ニ於テ支那人ノ為ニ殺害セラルル」新聞記事の事が記される。しかし、その後にそれ以上の重大な変事が記録される事となるのである。

「漫游日誌」六月十六日の記事に、「今日以後佛孛二國間ノ戦闘状態ハ余別ニ二國戦闘中事情畧誌ト号セル日誌アリ。内外ノ情實ニ是ニ書載シテ以テ爰ニ畧ス。今日即西暦七月十四日也。」、更に七月六日にも「今日ヨリ戦闘中ノ事情ヲ書載スルモノ余別ニ法勃戦闘中事情畧誌ト號スルノ日記アリ。之ニ書載スルヲ以テ爰ニ畧ス」と再び断わり書きがあるので、普仏戦争の記録は「漫游日誌」より、『法普戦争誌畧』（『巴里籠城日誌』）の方が特に詳しい。しかし、特に印象深かった事は「漫游日誌」にも書かれているので、『法普戦争誌畧』（『巴里籠城日誌』）との比較も少し行なってみよう。但し、正元も態々断っている事でもあるし、本題でもないので、本篇では、両者の比較は極く簡単に留める。尚、A『法普戦争誌畧』とB『巴里籠城日誌』は内容は全く同一である。ただ表記の仕方に変更があるのみである。例えば、一、Aで「法蘭西國」は、Bでは「佛蘭西國」二、Aで「伯霊」は、Bでは「伯林」三、Aで「是班牙」は、Bでは「西班牙」四、Aで「伝信機」は、Bでは「電信」五、Aで「ラン」は、Bでは「ライン」六、Aで「日誌」は、Bでは「新聞」七、Aで「意太利」は、Bでは「伊太利」八、Aで「両替所」は、Bでは「銀行」九、Aで「銀銭」は、Bでは「銀貨」十、Aで、「一字、二字」等は、Bでは「一時、二時」十一、Aで「変体仮名」は、Bでは「平仮名」十二、Aで「爆丸」は、Bでは「爆弾」十三、Aで「花旗」は、Bでは「米國」十四、Aで「候つ」は、Bでは「挨つ」等々である。文体は全く同一である。

普佛戦争自体、大きく分けると、三つの時期に分割できる。即ち、一、開戦から皇帝ナポレオンの捕虜に至る迄の時期、二、所謂「パリ籠城」（帝制廃止から共和制に移り、それからパリ開城迄）の時期、三、プロシヤ軍のパリ入城後パリ・コミューンを経て後の動乱終了の時期である。

普佛戦争勃発後、「漫游日誌」とは別に『法普戦争誌畧』が記録されはじめたとは言え、実は「漫游日誌」に普佛戦争に関することが全く記されていないのではない。正元にとって印象深かった事件は、この日記にも記録されている。本篇ではそういう記事を幾つか例示した後、「漫游日誌」にしか記されていない正元の動静を、この時期彼と行動を共にした邦人の氏名を挙げて明らかにしよう。

先ず、普佛戦争の発端を述べる文章は、「漫游日誌」にも、『法普戦争誌畧』にも、その「濫觴畧誌」と題されて、両者共に見出される。但し、「漫游日誌」の「其濫觴畧誌」は旧暦六月十二日の記事として書かれているので、プロシヤ王が同王族の世々スペイン国の王位に就かないという約束を蹴ったという事は、この時点では分からなかった。従って、後者『法普戦争誌畧』（『巴里籠城日誌』）中の「然るに其最後に佛帝猶一個條を望んで曰く普の王族は世々西國の王位に立つべからずと。其盟約を定めむと欲し、若し成らざれば継ぐに干戈を以てすべしと言送り、其返答を洋時四十八時間即ち二日の間になす可しと期せり。是れ即ち七月十四日の十二時迄なり。然るに普王今次は此使節を受肯せず、和議を破りて使節を押返し、謁見を許さざりければ、佛帝直ちに兵を挙ぐるに至れるなり。是此戦争濫觴の大畧なり。即ち西洋一千八百七十年第七月十四日即ち我明治第三庚午六月十六日也。」という部分は後者のみにあって、「漫游日誌」にはないのである。尚、『法普戦争誌畧』と『巴里籠城日誌』は、先に述べた通り、文体・内容ともに全く同じであり、漢字・仮名の表記が異なるのみであり、『巴里籠城日誌』の方が、我々の時代のそれに近いので、今後引用は全て『巴里籠城日誌』のみからとする。

この普佛戦争開始の日、即ち一八七〇年七月十四日（明治三年六月十六日）から、同年九月三日（明治三年八月八日）ナポレオン三世が捕虜となる迄は、『法普戦争誌畧』の記事は主として、普佛両軍の動員数とか戦況についてである。「漫游日誌」にもそうした記事は皆無というわけではないが、別に記すと既に宣言済であるので、極く少ない。例えば、六月十七日（西暦七月十五日）の記事に、

同　十七日　晴

今午後水游場ニ牲ク。今日迄佛兵ノ出ル、既ニ十五萬ト云。今夜市街ニ出テ事情観察スルニ人民群集昨夜ニ均シ。

また、やや日付は跳ぶが、

七月朔日　曇　西暦七月二十八日也

今日暖度一昨日以来ニ度降ル（二十壱度・七十壱度）。今日佛蘭西帝那破倫其太子ト倶ニ把里城ヲ進発シテ出陣セリ。然レトモ其行装ヲ秘シテ人敢テ之ヲ知ル能ハス。

など記されている。その他印象深い事であったのか、

同　八日　曇

今午後市街ニ逍遙シ其状態ヲ観察スルニ異聞なし。今夜猶市中ニ出テ見ルニ、所々人民群集物議囂々タリ。今夜市中ノ一大両替店ノ門戸ヲ破砕シ群集ノ人民動乱セリ。此両替店孛漏生國ニ内通シ及多クノ佛金ヲ送輸セシ故也ト云。

同　十日　曇

今日府内會社「フールス」場ニ壁書軍中ノ偽報ヲ出セルノ故ヲ以テ人民動揺。夕刻三千之群集宰相オリピエー氏ノ門ニ蟻附シ動擾セリ。オリピエー氏自ラ出テテ此群徒ヲ説イテ散去セシメタリ。今夜市中ニ出テテ状態ヲ視ルニ途上所々群集評論シテ市中ノ警士数百名出テテ途上ヲ警衛制御ス

及び次の記事等いずれも、両者に見出される。但し、日付は必ずしも同じではない。「漫游日誌」の日付を本篇

では用いている。

同　十六日　晴

今日午後余政府ノ両替局ニ往イテ其状態見聞及所持ノ紙幣ヲ交換センカ為爰ニ到リ見ルニ数萬ノ人民群集シ、彼ノ大イナル両替局取り巻キタル、恰モ梨菓ノ下トニ蟻螻ノ群衆セルカ如シ。此両替局大畧四方一丁幅方面ノ館也。此門前ニ兵隊及市街警固ノ士数百人出張シテ其混迷ヲ制シ非常ヲ警シム。其引換ノ法一萬以上ノ紙幣ヲ換ヘントスルモノ是ヲ表面ノ本門ヨリ入ル。此以下都テ脇ノ小門也。然ルニ一萬弗蘭以下ノ交換ヲ乞フモノ最モ多ク、故ニ脇門ノ方人民蟻附男女其数幾萬頭ワ知ル可カラス。此無数ノ人民各々争フテ進ミ入ラントス。市術警士等強ク制シテ小路ヲ造リ先輩順路ヲ以テ二三十人ツツ入門スル事ヲ得セシム（以下略）。

第二輯の第二の時期、それは普佛戦争としては第一の時期となるが、その時期「漫游日誌」には上記のように、印象深いことで、『法普戦争誌畧』にも共通して記録されている以外は、正元は前田、駒留、黒川、太田、新納、岩下等極く少数の在留邦人に会っているだけである。訪れた場所も、始めは「水游場」が多かったが、後には「馬乗場」が多くなり、それ以外は専ら市街を視察してまわっている。そうして、次の記事にある通り、ナポレオン三世が捕虜となる事件が起こるのである。

同　九日　晴　日曜日（八月九日・西暦九月四日・筆者註）

今朝岩下生来リ同行シテ馬乗場ニ往ク。今朝報告警文ニ昨日戦争佛軍敗続世談城落城彿帝那破倫俘虜ト成リ拾余萬ノ佛兵倶ニ独逸ノ虜ト成レリ。而シテ左翼将帥マクマオン氏深手半死半生。今日其活術ヲ知ラスト云。

今日俳蘭西南臘変換那破倫廃帝新タニ合衆共和制國ト成ル。新撰ノ宰相十一員出頭ス。今午後巴里域外ノ諸塞砦及築城砲臺巡見シ、皈路集議院ニ徒クニ群集数十萬集議院四方ニ蟻附シテ騎歩ノ二兵警衛シテ人近付ク可カラス。夫ヨリ王域内ニ至ルニ又数萬ノ群集人民囂囂タリ。帰路市街ヲ過ツテ情態ヲ視ルニ市人老若男女魔帝共和ヲ祝シテ道路之ヲ歌イ賀スルもの途上ニ盈ツ。

正元にとって、ナポレオン三世を廃して共和制を樹立した事は、考えられない背信行為と思われたようで、『法普戦争誌畧』では大きく取り扱われている。しかし、「漫游日誌」にはその事は書かれていない。長くなるが、正元としては言って置きたい大切な部分であると思われるので、敢えて引用を試みる。

前略。余今度の普佛戦争の来由を尋ぬるに、素より一朝一夕の事に非ず。普の佛に向ひ戦を交へむと謀るの日既に久し。普曩に一千八百六十六年墺に勝ち、土地を擴め兵威を奮ひ、羽翼を四方に伸べ、其勢ひ殆ど欧洲を呑まむとす。加之、佛國に宿怨深く、其兵威を争う事既に年あり。佛帝之を避くると○も、帝既に年高く、加ふるに昨年来自國に難事起り、今春漸く之を鎮む。亦人心昇平の久しきに倦み、兵士の操練固より熟し、武庫倉廩固より充てり。内外の機會此時に如かずと奮發せしものならむ。然も策成らず、其軍敗れ、勝風頻りに普兵の上に生じ、佛兵是が為に吹壓せられ、竟に今日に至れり。而して巴里府の人民、帝を視る事恰も讐敵に均しく、是帝の不幸と言う可し。帝俘虜と成り、國民棄てて助けず、竟に佛國の帝位を去るに至れり。嗟嗟、帝一身の智勇を以て自立し、佛蘭西皇帝の位に登り、外は屢屢隣國に戦争し、勇威を遠近に奮ひ、内は政権を掌中に握り、全國を撫馭し、其威名欧羅巴に奮へる既に十八年、其晩節に至って威名全く地に堕ちたり。惜しい哉。又余病に惟ふに、今欧羅巴各國、就中、英佛普の三國に於ては文明開化強富の盛んなる恐らくは今日宇内の魁と謂つべし。然も其事状情態を観察するに、其人心疎闊軽薄にして、節義なるものは全く無きに近し。我日本の魂を以て視る時は、若し國帝敵の虜となるときは全國民人憤激し、其身を忘れ仇を報ぜむ。然るに人心の開化究まる時は、其節義に疎き斯の如きに至る。憶ふに是随って生ずるの弊ならむ。今や欧羅巴各國の開化青に遺漏なしと○も、敢て嘆ずべきは只此節義を養成し得ざるの弊害なり。而して我が本邦にて最も負ぶべきものは他なし。只此節義のみ。人心開化の地に限り人心軽浮にして節義に疎きは、萬邦皆同じ。嗟、其國に教を立つるもの宜しく爰に注意せずんばある可からず。

そして、暫くは、例によって馬乗場に行く平穏な日が続く。けれども、

同　二十三日　曇　西暦九月十八日
今午後ジャルダントプラント禽獣草木集園場ニ牲ク。今日ヨリ把里城郭ノ出入ヲ一切禁断シ、即チ籠城ト成ル（西暦九月十八日也）。

と第二輯としても普佛戦争としても新たな局面を迎えるのである。
所謂「巴里籠城」中、「漫游日誌」に正元が記録している事柄は大別すると次のような項目となる。
一、プロシヤ軍のパリ砲撃　二、食糧・燃料問題　三、群集の動静　四、正元自身の動静　五、戦争終結

四「正元自身の動静」を除いては、勿論『法普戦争誌客』の方がより詳しい。特に二「食糧・燃料問題」は「巴里籠城」中の窮迫した状況を具体的に物語るものなので、大仏次郎『パリ燃ゆ』上巻にも引用されている。また、ガンベッタの気球脱出、鳩を用いての通信、イタリヤの将軍ガリバルディの活躍などは『法曹戦争誌畧』にしか、記されていない。同書は既に公刊されているのでここには引用しないが、話題性に富む記事は、「漫游日誌」より遙かに重要である。

ところで、先ず、一、プロシヤ軍のパリ砲撃は、次の記事に明らかなように、籠城直後に始まる、

同　二十四日　晴（八月二十四日・西暦九月十九日・筆者註）

今午後北部ノ城郭砲臺築城巡見也。籠城中輕重彈丸ヲ諸城郭ニ運輸スヘキ新鐵道ノ造営スルモノヲ視ル。今朝未明ヨリ東方外塞堡砦ニ戦争始マリ発声ノ爆鳴轟震、終日市中ニ響ケリ。

今夜暮頃ヨリ九字半頃迄砲声ノ響轟絶間ナク殊ニ劇烈ナリ。

この「砲声轟震」の字句は、以後十二月九日（西暦一八七一年一月二十九日）迄「漫游日誌」に記載されない日は希となる。その間弾丸は遂にパリ市内に落下し、多くの無辜の市民を殺傷したのである。

同　二十二日　曇（十一月二十二日・西暦一八七一年一月十二日・筆者註）

今日在室他行セス。今日府内砲声ノ轟震殊ニ烈シ。今日誌中ニ云。或ル一貧院學校中ニ一大弾丸落チテ即座五人ノ童児ヲ殪シ他五小童傷ツク。翌朝均敷此五童児ノ葬礼一時ニ行ハレタリト云。可憐聞者紬ヲ濡サヽルヲ得ス。

しかし、十二月九日（一月十二日）、

前畧　今夜世上静穏。今日二十五日間ノ砲声始メテ歇ンテ市街ニ響轟スルモノナシ。耳底ニ寂然トシテ更ラニ一物ヲ失ヘルカ如シ。又奇ナリ。

という事になり、平和が戻るのである。

二　「食糧・燃料問題」も、早くも九月三日（西暦九月二十七日）

同　三日　晴

今日在室ス。今朝政府市街ニ布令スル書ニ、今日ヨリ府内ノ食糧獣肉牛五百頭、羊四千頭ヲ屠フルト云。其食糧ヲ減セリ。

と記載され、その欠乏はどんどん加速し、閏十月十七日（西暦十二月九日）には、

同　十七日　曇　昨夜雪降

今日在黌他行セス。今夜近市逍遙スルニ無異條。

此程府内ノ食糧獣肉尽ク尽キ塩魚及乾魚ヲ食フ。籠城ノ逼迫又察スヘキ耳。余等牛肉及鶏肉鶏卵ノ類ヲ見サル、既ニ数日也。

府内物價ノ沸騰又人ノ耳目ヲ驚栗セシム。

同　二十七日　曇（西暦十二月十九日・筆者註）

今午後前田カ不快ヲ訪フ。今日府内異聞ノ書載スベキナシ。

此程把里府内貯蔵ノ獣肉缺乏シテ塩漬ノ獣肉塩魚ノ類ヲ配分ス。而シテ市中多クノ犬猫鼠ヲ食フ。此節一鼠ノ價壱弗蘭卜云。即ち我カ壱分金余ニ當ル。其價ノ尊キ未會有也。可驚又可笑。

今日ヨリ市中麺包ノ上品麦類缺乏シ、少シ浅黒キ麺包ヲ食セシム。是麦類ノ下品及餘穀ノ混シタルカ故也。

石炭の欠乏については、日付が前後するが、閏十月四日（西暦十一月二十六日）の記事に、

同　四日　曇　小雨
今日在室。午後太田来リ語ル。暮前ニ帰ル。
今夜市中ニ逍遥ス。此程府内石炭ノ缺乏ヲ以テ道道ノ瓦斯燈殊ニ減少シ、辻衢朦朧店鏖其窓ヲ塞キ市中殊ニ寂寥タリ。而シテ此節ノ瓦斯ノ乏シキニヨッテ府内ノ燈火多ク石脳油（ペトロール）池ヲ用ス。

とあり、また閏二十日にも類似の記事があるが、それは省略する。

三　「群集の動静」としては、日付を遡るが、次の記事等がある。

同　八日　雨（十月八日・西暦十一月一日・筆者註）
今夕市街逍遥。事情ヲ監ルニ、市中所々壁書ノ布令書アリ。曰、滅斯城落城将卒拳テ敵ノ擒ト成ル。宜シク佛國全州ノ人民憤激シテ仇讎ヲ報ス可キ也ト云々。

把里府内ノ拌攪

今日把里府内ノ人民騒擾シテ政府ノ諸官員ヲ黜陟改革センコトヲ計リ、市兵数大隊政事堂オテルドピル館ニ襲来シ、動乱混迷。今夜夜ヲ徹ス。而シテ今日数時間政府ノ諸官員諸市人ノ為ニ幽虜セラレタリ（今日即チ十一月一日也）。
同　十一日　晴（十月十一日・西暦十一月四日・筆者註）
今日政府改革成否ノ問ヒヲ府内二十分街ニ下タシ各市其入冊ヲ以テ其可否ヲ定ム。朝八字ヨリ暮六字まで也。而シテ其衆寡ヲ検點ス。今夜徹夜暁ニ至ル。今午後前田来リ談ス。

同　十二日　晴（十月十二日・西暦十一月五日・筆者註）

今朝日誌ヲ閲スルニ昨朝ヨリ今朝迄ニ右入冊ノ會全く成ッテ其撰挙點検スルニ可ヲ以テ答フルモノ最モ多クシテ終ニ政府各員改革ノ一儀ヲ廃止鎮定セリ（以下畧）。

同　二日　曇　午後小雨（十二月二日・西暦一八七一年一月二十二日・筆者註）

午時前田来リ談ス。夕刻帰ル。

今夕政事堂オテルドピル館ニ市兵襲撃シテ館内ノ守衛兵ト砲發シ一時擾乱。市兵即殪スル者二十人、傷ク者四十餘人。市中大イニ撓拌ス。

今夜警報ヲ聴ト均敷余馳セテ、オテルドピル館ニ至リ其動静ノ形状ヲ視ルニ、争闘既ニ竟ッテ市兵隊多ク街路ヲ警衛シ通行スヘカラス。彼是逍遙群集中鼠抜シ事情観察シテ去ル。時ニ夜九字刻也。

四　「正元の動静」としては、一、視察（市街及び市内各砲台巡見）、訪問（植物園・博物館等）、三、人的交流（在留邦人及びフランス人篤志家）等がある。

一「視察」は、既に紹介・引用した籠城開始直後の八月二十四日（西暦九月十九日）の記事の後、

同　二十六日　晴（八月二十六日。西暦九月二十一日。筆者註）

今朝前田正名来ル。同行シテ蒸気車ニ乗り、西部築城砲臺ヲ巡見セリ。夫ヨリ市街ニ入リジャルダントプラント獣禽集園場ニ過リ今夜同子ノ寓ニ往キ帰黌スル。夜九字過也。

同　五日　晴（九月五日・西暦九月二十九日・筆者註）
今日城郭東部「湾泉」城ノ砲臺及築場ヲ巡見シ、硝薬庫及地雷火ノ造営場ヲ観ル。

煩瑣となるので引用はこれで止めるが、正元はパリの東西南北の砲台を巡見し、市街の至るところを視察している。また、ジャルダン・ド・プラント獣禽集園場・植物園「コンセルヴァトワール・アール・ゼ・メティエ館」の講義局を盛んにおとずれている。特に後者では大砲の講義を聴講したようである。

同　二十四日　晴　夕刻小雨（十月二十四日・西暦十一月十七日・筆者註）
今日終日在室異條ナシ。今夜太田来リ同行シテ、アルゼメチエール館ノ講義局ニ往キ砲駁ノ講義ヲ聞ク。皈饗九字。

在留邦人との交流は例によって、前田、太田の両名と会っている回数が非常に多いが、新納、岩下にも会っている。単独の場合が多いが、前田・太田、前田・岩下、前田・新納、太田・新納といった組み合わせで会っている場合もある。その他の日本人の名は見られない。

特筆すべき事は、コロネル・レスピオー氏なるフランス人と度々会っている事実である。この人物の説明は、「漫游日誌」にはないが、『法普戦争誌畧』一千八百七十年九月四日の項に、

今日、余リユーテナン・コロネル（歩兵中佐）レスヒオー氏に（此人余が知る人也。去る八月六日の戦ひに、其太股に弾丸を受け、治療の為め歸府せり。此人出陣の時、歩兵少佐官にてありしが、此度當官に昇進せり。余と同宿し

てある故、日々親しく語る）問うて曰く「今般佛軍大いに破れ、左翼の将師マクマオン傷き、数萬の死傷及四萬の兵皆俘虜と成り、那破倫も竟に虜に就けり。而して佛國政體を變じ、新たに共和の制度を建つるの布令あり。余按ずるに、國一日も其主なかるべからず。故に今日立つる虚の共和の制度は佛帝の捕虜中假りに設けたるにして、他日此軍畢るの後、帝歸らば必ず以前の如く帝位に置き、立君の政體に復するならむ。然らば今新たに共和政體の名を置かずとも、太子既に軍中に在り。幼年なれども帝位に登るべき國約已に定まれり。然るに何の故に今此令を布けりや（今年五月二十一日布令曰く、那破倫百歳の後は太子帝位に登るべき旨を普く全図に知らしめ、固く其約を結べり）答え、今日の共和制度苛も非議すべからず。那破倫は再び此國に入る可からずと云ふ○問ひ、其理如何む、他日此軍の勝敗相分たば、普國より那破倫を送歸せむ。然らば衆之を如何するや。答、佛人は再び那破倫を國内に入るる事を肯せず。其故は今度の戦争全く帝好んで之を起こせるに在り、然るに其策成らず、其令善からず、其軍敗れ、許多の兵士を失ひ、子弟を殺せり。是衆の恨み憎む所にして、其罪誠に容れざる所也。故に今佛國には其帝位を剥ぎ那破倫を棄てたり。仍て渠今日に於ては一兵士一獨夫に異なる事無し。假令普國許し放つとも、更に佛國に関係せざるなり。渠他邦に去って其居を定むべし。○問、夫れ軍の勝敗は時運にして、英雄も亦能くし難き所なり。佛國の兵素より勇なりといえども、連日の敗報は即ち佛國の不運不幸なりと云ふ可し。又其指揮號令の帝に出るは是其國に主たるの任なれば也。今度の敗衂を取る、必ず帝の罪と云ふべからず。果たして時運か、然らば其臣民として帝を拒み、剰へ俘虜となりたるを棄てて之を助けず、却て其機に乗じ之を放逐するの理あらむや。渠答ふ、佛全國の人民に二種の別ちあり。一方は帝を憎み、又一は帝を佐く。然るに今や二種合して帝を怨罵せり。其華市術に充溢し、實に億兆離心の極、如何むともすべき策なしと云へり。以下略。

この人物は「漫游日誌」にも度々登場している。いささか長文だが、九月二十三日（西暦十月十七日）の記事を引用する。

同二十三日　晴　今朝雨降午歇
今日佛蘭西士官リウテナン、コロネル官レスピオー氏ヨリ招キ、其陣営ニ往キテ中食ヲ倶ニセン事ヲ言送レリ。今朝九字ヨリ小車ニ乗リ軍務官ノ通券ヲ以テ把里ノ城門ヲ出テ Chalanton et ivry 社蘭頓及武利ノ中間ナル陣営ニ至リ、レスピオー氏對面シ宅程中食スルニ同座都テ諸軍官曰、歩兵副総督、歩兵督、歩兵指揮官、醫官、築城官等惣テ七八名ナリ。

食後右歩兵督副將官レスピオー氏余等ヲ誘フテ遙カニ佛軍ノ前英陣頭ニイ至リ独逸軍ノ陣営ノ前頭ニ◯ム。是二國前営ノ距離大畧十丁間也。是地左ルハ社蘭頓、右ハ以武利ノ塞城也。此時右ノ以武利城ヨリ二三發ノ大砲ヲ連發シテ独逸軍ノ前営ニ打込ミタリ。夫ヨリ此辺四方ノ砲臺ヲ巡視シテ後市街中ニ入リ此市中ノ器械所ノ六層ノ一高楼ニ登リ眼下ニ敵味方ノ陣営ヲ望ム。其後レスピオー氏同行其陣営ニ皈リ、夫ヨリ訣別シテ把里府城郭中ニ皈来。黄昏帰寓ス。

また、『法普戦争誌畧』西暦十二月五日の項に、

前略　今夜余が知人なる「リウテナンコロネル」レスピオー氏余が寓する黌に来り、幸に面會を得て、此程の戦闘事情を聴けり。此人此度官一等を登りコロネルとなれり。去る廿九日ムラサケ郷の地に於て劇戦せしが、此時部下の士官兵卒等の死傷虜都て二百八拾人、内カピテーン一名、リウテナン三名、兵卒五拾人、討死兵卒八拾九人、敵の虜と成り其他は都て手負也と語る。

とあるので、この人物はコロネル（歩兵大佐）に昇進した事が分かる。

「漫游日誌」　閏十月十三日（西暦十二月五日）

同　十三日　晴（閏十月十三日・西暦十二月五日・筆者註）

今午後前田力寓ニ往ク。一談後直チニ帰ル。今晩コロネル官レスピオー氏来リ。此間ノ軍談ヲ聴ク。渠ノ部下一百八十人死傷スト云。

コロネル官レスピオー氏とはその後も交流があり、正元がサン＝シール士官学校に入学するのも、この人物と面識があったことが関係すると思われるが、詳細は不明である。

五「戦争集結」については、「漫游日誌」十月十二日（西暦十一月五日・筆者註）に、

前略　一昨日以来、欧州ノ四大強、魯・英・墺・以ノ宰相ウエルサイル城ニ参会和議ヲ計ルト云。佛國ヨリチエール氏出テ會セリ。今日砲声ナシ。後略

とあって、終戦に向け何らかの動きはあったが、

同　十四日　晴（十月十四日・西暦十月七日・筆者註）

今日ウエルサイル城ニ於テ英・魯・墺・以ノ四ケ國全権及独逸全権ビスマルク、佛國ハーブル及チエール等出合シテ休兵和議ヲ計ルノ議、今日全く破レテ破談セリ。後略。

とあって、その後も籠城は続いた。しかし、「漫游日誌」十二月三日（西暦一月二十三日）

前略　今夜日誌ヲ閲スルニ、独逸軍本陣ウェルサイル城ニ各國軍事士官来客タリ。是軍事状態観察ノ為也。内ニ我カ　朝ノ軍務士官九名来リテ軍状監察スト云。余忽然神気我揚心大イニ傾ク。余等之の挨ツテ既ニ久シ。

同　七日　曇（十二月七日・西暦一月二十七日・筆者註）

今日把里府篭城既ニ其食糧尽キ、和議ヲ計ランカ為外務全権昨夕独逸本陣ニ至リ、今日午后猶再ヒ本陣ニ至リテ其事件ヲ談判ス。今夕命ヲ下シテ今夜半ヨリ双方砲發ヲ歇止ス可シト云。

同　八日　曇（十二月八日・西暦一月二十八日。筆者註）

昨夜半ヨリ双方戦闘ヲ止メテ休兵セリ。今朝静穏更ラニ耳ヲ驚カス。

今日ニ軍間ノ解軍弭兵ノ約大畧成ル。外務全権独逸軍本陣ニ往イテ其契約ヲ談ス。今夜世上静穏初メテ砲声ヲ聞カサル夜トナレリ。籠城以来百三十餘日砲声常ニ耳底ニ慣習セリ。今夜寝ヌルニ耳端ノ寂蓼タルヲ覚フ。

ということになって、普佛戦争は終結し、パリ開城となる。しかし、未だ完全な平和は回復しない。

但し、十二月二十一日（西暦二月十日・筆者註）、次の記事が書かれ、全く新たな局面を迎える。

同二十一日　晴（西暦二月十日・筆者註）

今夜一報アツテ我　朝ノ軍務監察使ノ諸士官巴里府到着セルヲ告ク。即刻旅情ニ至リテ面會ス。其官員

薩摩　大山弥助
　　　大原令之助
長門　品川弥二郎

土佐　有地品之丞
　　　林　有造
肥前　池田弥市
　　　松村文亮

右七名也。面會談話数刻。今夜帰宿十二字也。

その後、明治四年正月五日（西暦一八七一年二月四日）軍事視察使達が一旦パリを離れるまで、正元は連日彼等と同行した。煩瑣ではあるが、その内幾つかの記事を紹介しておこう。

同二十三日　曇　（十二月二十三日・西暦二月十二日・筆者註）
今午後諸士官及諸留学生一統同行寫真局ニ至リ連座ノ像ヲ寫ス。今夜旅宿ニ語リテ帰釁七字。
同二十七日　曇　（西暦二月十六日・筆者註）
今午後諸士官ノ旅宿ニ往キ同行シテ「コンセルワトワール」ノ諸器械所ニ至ル。夕刻同行旅宿ニ入リ談話。今夜十一字過ニ帰ル。
同二十九日　晴　（西暦二月十八日・筆者註）
今午後所官員ノ旅宿ニ至リ同行シテ砲礮鋳造機械所及麺包ノ器械所ニ往イテ諸器ヲ視ル。夫ヨリ旅宿ニ帰リテ、今夜帰宿十一字也。
同　二日　晴　（正月二日・西暦二月二十一日・筆者註）
今日終日諸官員ノ旅宿ニ止マリ、今夕佛人白山ノ招キニ応シテ一同同伴ガランドテル ニ牲キ夜食シテ帰ル。今夜又旅宿ニ一泊ス。

同　四日　晴　（西暦二月二十三日。筆者註）

今朝十字諸官員一同巴里府ヲ發シテ、ウエルサイル城ニ至ル。余亦同行シテ午後三字過キ、ウエルサイル　ノ旅宿ニ投ス。今夜均敷旅宿ニ一泊シテ語ル。阿波ノ内藤類次郎士ニ逢フ。

同　五日　曇　（西暦二月二十四日。筆者註）

今朝十字領士官一同ウエルサイル城ヲ發シテ英國倫敦府ニ發向ス。余等倶ニ同車シテ把里城外エニエール迄至リ蒸気車ヲ下タリ。夫ヨリ歩ミテ、サンデニー城ノ下トニ至リ午前也。此所ニ同食盃ヲ拳ケテ別ヲ告ク。大山弥助。品川弥二郎。林有造。池田弥市。大原令之助。有地品之丞。松村文亮。内藤類次郎。前田弘安。岩下長十郎。太田徳三郎。独逸人スナイデル氏ナルモノ都テ十三人。

英國行ノ人

大山・有地・林・池田・松村・大原・前田・岩下・内藤等也。

独逸ニ帰ル人

品川及独逸人スナイデル氏ナリ。

サンデニー城ヨリ蒸気車ニ乗リ太田同行把里府ニ皈ル。夕四字也。

『法曹戦争誌略』の最終記事は西暦一千八百七十一年三月九日（明治四年辛未正月十九日）の正元も出席の軍事裁判糾問局の様子で終わっている。「漫游日誌」では、それは極く簡単に、

同　十九日　晴　（明治四年正月十九日・西暦一八七一年三月九日・筆者註）

今午後軍務裁判局ニ往イテ札間ノ事状ヲ見ル。去年十月三十一日、政府オテルドビル館ニ襲撃乱妨セル市兵悪業ノ巨魁等札明鵡責ノ討論アリ。裁主コロネル官レスピオー氏ナル者之ヲ司トレリ。其所裁今日未ダ果サス。今夕帰黌黄

昏。

しかし、『法曹戦争誌畧』には、その前の「附言」に、

前略　明日我　皇朝軍事視察使の諸公、俳の巴里府を發して英京倫敦府に發向せらるべき報を聞いて、遽に曾て記輯したる所の冊子を行李中より出し、併せて之を總括し、其旅館に至り、諸公に謹んで之を我在　廷の諸賢に呈せむことわ希へばなり。然も余今日筆を棄てて其記輯を畢るものに非ず。此書固より普佛戦争誌略と録せる故を以て、猶続いて之を記輯し、両軍戦争全く終わるの日に至って悉く其冊子を採り、再び之を呈せむ事を冀ふ。

明治四年辛未正月元日夜。佛國巴里府の城北に誌す

安藝　渡　六之介

とあるので、軍事視察使に渡したものは、今日我々が見ているものとは異なっていたと考えられる。

また、「追跋贅言」として『法普戦争誌畧』に書いていることは、正元の法普戦争批評として、是非付け加えたい事だったと考えられるのでここに引用する。しかし、これには詳細な説明がついているのだが、その部分は長くなり過ぎるので、割愛する。

追　放　贅　言

一夕、余仙獨り佛兵敗軍の事跡を妄誌して曰く、佛兵五の失あり。人和を得ずして其軍を擅ままにす。一矢なり。

敵を侮って其兵傲る。二失也。
將帥の選擧を誤りて、其令良からず。三失也。
兵の成算を失して鬬ぐに兵・器倶に乏し。四失也。
間諜を用ひずして、敵の機を察すること能はず。五失なり。

ところで、「漫游日誌」には、明治四年正月元日（西暦一八七一年二月二十日）はもとより、明治四年正月十九日（西暦一八七一年三月九日）以後のことも、毎日の日記なので当然ながら記されている。従って、所謂パリ・コミューンの始まりも記録されているのである。大仏次郎の『パリ燃ゆ』には渡正元の『法普戦争誌畧』への言及及びその書からの引用は上巻にしかない。それは『法普戦争誌畧』には、パリ・コミューンについての記事が一切無いからである。勿論、大仏次郎は「漫游日誌」の存在は知らなかったであろう。また、もし、知り得て、これを読んだとしても参考にはしなかったであろう。正元はパリ・コミューンの発端は記しているが、彼自身日ならずしてパリを離れ、ベルギー経由で英国に赴いたので、有るとは言え、パリ・コミューンについての記事は少ないし、パリを離れたので、正元は事態を自分の目で確かめていない。とは言え、正元がどんな事を記録しているか、やや冗長であるが引用してみよう。

同二十八日　曇霧　（正月二十八日・西暦三月十八日・筆者注・但し、次にある通り、正元は「西暦三月十九日」と記している）

今朝一報ヲ得テ上野敬介及前島密ノ二士府内到着ノ由ヲ聴ク。直チニ旅宿ニ徒イテ午後同行、市街ヲ逍遙ス。今夜十一字帰黌。西氏同行。

把里府内擾乱　西暦三月十九日

頃日巴里府内ノ市兵砲礮ヲ貯蔵シテ、モンマルトウ　ニ集蓄セリ。今朝政府兵隊ヲ出シテ之ヲ擧ケ収メントス。然ルニ市兵収シテ肯ンセス。忽チ拌攪動擾シ、双方砲發シテ死傷其生ニ抗ヲ並フル者若干也。

市兵惣總督ゼネラル官クレマントマ氏及セネラル・ルコント氏市兵ノ為ニ擒ヘラレテ群中ニ射殺セラル。又カピテーン某一名同シク市兵ノ為ニ殺サル。今日府内動乱草木一時ニ動揺ス。此機ニ乗シテ市人佛國ノ一大変革ヲ計ラントス。而シテ続イテ政府ノ諸官員ヲ擧テ屠害センコトヲ計ル。爰ニ於テ政府動揺。今夜密カニ府内ヲ奔ッテ、ウエルサイル城ニ轉遷シ假リニ佛國政府ヲ　ウエルサイル城ニ遷ス。府内拌攪動乱。

同二十九日　快晴　（西暦三月二十日?・筆者）

今午後寫真局ニ至リ同座ニ像ヲ零ス。上野。前島。前田及余。米人萱名。蘭人一名也。都テ六人。

午後蒸気車ニ乗シ、サンタルー城ニ往ク。今夜帰釁十一字。

今日府内動擾。昨夜政府巴里府ヲ脱走シ、ウエルサイル城ニ其政堂ヲ移ス。故ヲ以テ府内ノ人民新タニ人員撰擧シテ立テテ巴里府内ノ假政府ヲ置ク。號ケテ之ヲ「コミテ　サントラール」ト云。其人員都テ三十五名ナリ。此人員戦力シテ、ウエルサイル城ノ政府諸官員ニ抵抗シ更ラニ官員ヲ立テテ政府ヲ一変改革センコトヲ計ル。府内ノ兵隊都テ出テテウエルサイル城ヲ守衛シ、其四方城郭外ニ屯陣シテ其市兵ノ襲撃暴動ニ備フ。府内市中ノ動擾言可カラス。

今巴里府内ヲ鎮拝監督スルモノ此コミテサントラール　ノ人員也。府内ノ権全ク今日之レニ依テ制動セラル。

又ウエルサイル城ノ政府把里府内ヲ脱奔シテ後ボルドウ縣ノ諸議員倶ニ　ウエルサイル　ニ集合シテ暫ク爰ニ遷局シテ佛國全州ノ政事萬機ヲ司トル。今日佛國都府内外二局ノ政府アルカ如ク、而シテ府内ノ人民大イニ其戦闘ノ豫ヲ脩シテ政府ノ各員ヲ駆逐センコトヲ計ル。巴里府内所々ニ假リ臺場ヲ設ケテ動ノ豫備ヲ為ス。府内大イニ動揺ス。

同　八日　晴　昨夜ヨリ風吹ク　（二月八日・西暦三月二十八日・筆者注）

今日在室終日他行セス。今夕西子同伴シテ一書肆ニ往ク。

今日把里府入冊ノ合議成ツテ「コミテ・サントラール」ノ官員□（欠）人ヲ撰擧ス。之ヲ號シテ「コミユン」ト云。之レヲ撰拳入冊スルノ人員巴里府内二百萬口中ヨリ二萬人ノ内壱人ノ代表者ヲ出セリ。今日府内政事館オテルドビル館ノ前ニ於テ數發ノ祝砲ヲ發シテ府内ニ響轟セシム。是即府内コンミユン　ノ諸士官ヲ撰擧シテ府内ノ政権ヲ司トルコトノ慶事ヲ賀スルノ故也ト云。

途中、次の通り西園寺公望のパリ到着の事など記載あって、

同　十日　冷気不歇（二月十日・西暦三月三十日・筆者注）
今午後前田カ寓ヲ訪フ。時に西園寺望一郎（公望・筆者注）殿昨日把里不到着ニ而今日謁見ス。帰路市街ニ逍遙スルニ市中猶群集ノ人民ヲ所々ニ視ル。今日府内平静然レトモ事情甚ダ逼迫シテ勢ヒ政戦ニ及ハントス。物議洶々最モ講ヒスシ。

その後、ベルギー行きが決行される。

同　十一日　曇　（二月十一日・西暦三月三十一日・筆者注）
昨今把里府内外ノ事情逼迫シテ勢最モ迫リ、ウエルサイル城ノ政府ヨリ巴里府諸道ノ鉄道ヲ断ツテ之ヲ囲ミ其食道ヲ断ントスト云。蒸気車ノ出入スルモノ只此部耳。他ハ禁止セリ。今朝以来諸ポスト書翰出入ノ道ヲ一切禁断セリ。
今午後市街ニ一周スルニ異状ヲ不見。
今黄昏前田門前ヲ通ッテ白耳義國ニ往ク旨ヲ告ク。

従って、正元のベルギー行きは、二月十二日（西暦四月一日）であった。ベルギーでは白山（モン・ブラン）氏

宅（居城?）に泊り、「佛國巴里城之動乱」に就いては、新聞を読んでその後の経過も知っているようだが、長くなるので省略する。

尚、日本人・軍事視察使七名のほか、内藤、前田、岩下、太田、西、上野、前島、西園寺等に会っているが、先の引用の通り、西園寺と会ったのは、ベルギー行きの前前日であった。

第三輯記載の人物は百六名をかぞえる。第一輯・第二輯に登場の人物も多い。一方、苗字だけの人物名もある。また、薄名のみで氏名記載が全くなく本篇で取り上げ得なかった者もある。先ず、百六名の氏名を次に記す。五十音順である。

一、青木周蔵（既出）　二、青地（名・不明）　三、浅田逸次　四、天野（名不明）　五、安藤直五郎　六、飯塚納　七、池田（名・不明）　八、石丸三七郎　九、伊東（名・不名）　十、今井（名・不明）　十一、今村和郎　十二、入江文郎　十三、岩崎（名・不明）　十四、岩下長十郎（既出）　十五、上野大蔵大丞　十六、太田徳三郎（既出）　十七、大塚琢造　十八、大東寛蔵　十九、大山弥助（巌・既出）　二十、岡内（重俊?）　二十一、岡田（丈太郎?）　二十二、小国磐　二十三、小倉衛門太（介?）　二十四、小坂千尋　二十五、長田銈太郎　二十六、青美清兵衛　二十七、香川忠武　二十八、柏村庸之丞　二十九、桂太郎　三十、川北義二郎　三十一、兼松（名・不明）　三十二、河内（宗一?　直方?）　三十三、河野（名・不明）　三十四、吉川賢吉　三十五、木戸正二郎　三十六、栗本貞二郎　三十七、黒川（岡?）帯刀　三十八、黒田良助　三十九、古賀護太郎　四十、後藤（常?）　四十一、駒留良蔵（既出）　四十二、小原（名・不明）　四十三、小室（信夫?）　四十四、西園寺公望（既出）　四十五、佐々木高行　四十六、鮫島武之助　四十七、鮫島尚信　四十八、三宮義胤　四

十九、塩田三郎　五十、品川弥二郎（既出）　五十一、島地黙雷　五十二、清水金之助　五十三、周布公平　五十四、高崎正風　五十五、鷹司熙通　五十六、田口太郎（既出）　五十七、田阪虎之助　五十八、田中建三郎　五十九、田中不二磨　六十、戸田三郎　六十一、富永冬樹　六十二、中江得介（兆民）　六十三、中尾雄　六十四、長与（専斎?）　六十五、中村（孟?·既出?）　六十六、楢崎頼三　六十七、西直八郎（既出）　六十八、新納次郎四郎　六十九、西川虎之助（既出）　七十、丹羽（龍之助?）　七十一、野村小三郎　七十二、林源介　七十三、原田一道　七十四、東久世（通禧?）　七十五、福地（鷹次?）　七十六、福原和勝（既出）　七十七、藤井勉三　七十八、伏見三ッノ宮能久　七十九、藤本盤蔵　八十、船越熊吉　八十一、不破与四郎　八十二、古沢辻二郎　八十三、戸次正三郎　八十四、堀江提一郎　八十五、前島密（既出）　八十六、前田正名（既出）　八十七、松井周介（既出）　八十八、松原（旦二郎?）　八十九、水谷（名・不明）　九十、松村準蔵　九十一、松村文亮（既出）　九十二、満（光）田三郎　九十三、三田（戸?）屋七郎次　九十四、南春峰　九十五、南貞助　九十六、村田新八　九十七、毛利（藤内?）　九十八、山縣有朋（既出）　九十九、山縣伊三郎　百、山口（尚芳?）　百一、山城屋和介　百二、山田顕義　百三、山本十介（重輔?）　百四、山本正巳　百五、四辻（名・不明）　百六、米村堅

第三輯の氏名頻出度は二十位迄を記す。登場人物が多いためである。

一、西直八郎（五十一）　二、山田顕義（四十八）　三、楢崎頼三（四十五）　四、堀江提一郎（四十四）　四、鮫島尚信（四十四）　六、戸次正三郎（四十）　七、前田正名（三十七）　八、大山巌（二十二）　九、太田徳三郎（二十）　九、飯塚納（二十）　十一、川北義十郎（十六）　十一、冨永冬樹（十六）　十三、岩下長十郎（十五）

十四、西川虎之助（十四）　十五、西園寺公望（十三）　十五、柏村庸之丞（十三）　十五、南貞助（十三）　十八、原田一道（十二）　十九、野村小三郎（十一）　二十、駒留良蔵（十）、

第三輯には明治四年二月十五日（西暦一八七一年四月四日）から明治五年八月三十日（西暦一八七二年十月一日）までのことが記されている。二月十五日（西暦四月四日）正元は白山（モン・ブラン）氏の居城を辞し、英国・ロンドンに向かう。ロンドン・「ビクトリヤステーション」着は翌日十六日・朝八時半。前島密の旅宿を訪ねている。正元は四月五日（西暦五月二十五日?）ロンドンを去り、フランスに帰る。その間に、前島他田口、西川、福原、不破、中村、南、藤本、音見、鮫島武之助、鮫島少弁務使（鮫島尚信）、青地、古澤、松井、戸田、黒田等に会っている。鮫島は武之助の事ではなく鮫島尚信の場合もあると思われる。ただ「鮫島」とある時は鮫島尚信のこととして計算したので、その頻度数は不正確である。

「漫游日誌」により、正元のフランス帰着の様子を辿ろう。

同　五日　晴　（西暦五月二十五日?・筆者注）

今朝倫敦ビクトリヤ・ステーション　ヨリ蒸気車ニ乗リ十字前ドウバ港ヨリ乗船。午前佛港カレー　ニ着ス。夫ヨリ再ヒ蒸気車ニ乗リ夕五字過アミアン街ニ着シ直チニ旅宿ニ投シ今夜此所ニ一泊ス。

同　六日　晴　暑

今朝五字半刻アミアン街ヨリ蒸気車ニ乗り八字前サンデニー市ニ着ス。

把里城摂戦。今日終日碩礮劇烈ナル報ヲ聞ク。城郭中黒烟二ケ所ニ立ッテ大イニ市中焼亡スルヲ視ル。

把里城四方ノ道路ヲ断ツテ入ル可カラス今夜此所ニ宿ス。今日サンデニー　ノ諸砲臺ヲ一見巡視ス。

正元は四月十三日（西暦五月三十一日・筆者注）までサン・ドニに滞在する。引用文にあるように、パリが戦闘中で「黒烟」が上がっているのを目撃している。「日誌」は日付の点でやや混乱しているとおもわれるが、四月十四日に西暦六月一日という説明が付いている。その日正元はパリに入る。

同　十四日　晴　西暦六月一日也

今朝ヨリ把里城ノ道ヲ開キ入府スル者ヲ許ス。然レトモ府内ヨリ出ルコトヲ免サス。今朝八字サンデニー城街ヲ出テ小馬車ニ乗り把里城ニ帰府シ黌中ニ帰ル。

余把里城入府。早速西生ニ逢ヒ府内動乱中ノ事情ヲ聞クニ、巴里府留学生一統危険ヲ避ケ安全ナルヲ聴イテ相倶ニ賀ス。今午後西生同行。西園寺・前田等ノ学校ヲ訪フニ留守ニシテ不遇。帰路郭街ニ逍遙シテ其損亡焼失ノ迹ヲ巡視ス。曩ニ暴動中ニ途上府内ノ暴徒ニ要セラレテ街中ノ敷石ヲ上ケテ胸壁ヲ築クコトニ役セラレ、之ニ手傳ヒシテ漸ク遁レ去ルコトヲ得クリ。一奇事ナリ。

この後、駒留、前田、堀江、楢崎、戸次、西園寺、栗本、飯塚、新能、鮫島少弁務使、吉川、柏村、塩田、後藤、古賀、松原、等に会う。

太田徳三郎にはには未だ再会していないが、七月一日の日記に広島藩よりの達書があり、徳三郎、六之助両人共陸軍兵学寮生徒に加えられ、国費留学生に採用の旨が記録されている。

七月　一日　晴暑　西暦八月十六日也

前略。其藩太田徳三郎・渡六之介義是迄佛蘭西國エ留学候処、精勉上達ニ付テハ今般陸軍兵學寮生徒ニ加入シ、太田徳三郎義ハ砲兵學科、渡六之介義ハ歩兵學科ニ入レ、其俖佛國ニ於テ修業申付度此旨相達及事　後略。
尚、
同　五日　晴暑　日曜日也　（七月五日・西暦八月二十日・筆者注）
今日午後市中ニ散歩シ入江文郎博士ノ宿ヲ訪フ。同士近日巴里府ニ着セリ。

とある。入江文郎は、『幕末・明治期の日仏交流――中国地方・四国地方篇（一）松江――』で、大きく取り扱った、後に日本人パリ留学生総代となる人物である。文郎が残した留学生名簿に控えられている留学生の氏名はその多くが「漫游日誌」に見い出される。

入江に会った後、正元は大塚、福地、浅田、山口、満（光？）田、静岡藩（六名）及び大垣藩（二名）視察士、川北（英国より来る）、山口藩視察使・藤井、野村、徳島藩視察使・山本正巳、彦根藩視察使・大東、長州・小倉衛門介、岡山藩視察使・香川忠武、田口（英国より来る）、長田、大山巌（巴里府到着）、水谷、中江、戸田、南春峰、山城屋、今村、丹羽、三田（刀？）屋、林等に次々と会った後、いよいよ、三月十一日（西暦一八七二年四月十八日・筆者注）、所謂岩倉使節団理事・山田顕義陸軍少将と会うことになる。

「漫游日誌」の告げるところを示そう。

同　十一日　晴　（三月十一日・西暦四月十八日・筆者注）
今夕肥後の林源介来リ語ル。今夜堀江来リテ山田少将着府ノ旨ヲ告ク。而シテ市ニ差向キノ要用有之由ヲ云。故ニ直チニ出費。山田ノ旅宿ニ至ル。夜九字半刻也。対面談話不歇シテ夜ヲ徹シテ夜明ル。朝五字前ヨリ同食シテ臥ス。
今夜山田ヨリ兵部省ノ御書付ヲ請ル。

書中曰、

今般山田陸軍少将為理事官欧米へ被差遣候ニ就テハ、佛國到着之上其諸国ヲ見テ御用向相勤可申候事
未十二月　兵部省　印章
渡六之介

猶又山縣兵部大輔ヨリノ一書アリ。文色同轍

今般山田陸軍少将同行ノ人
原田一道　岩下長十郎　冨永冬樹　松村文亮

これ以後山田一行と行動を共にする事となる。

次に、山田一行と接触した後に正元が会った邦人の名を記す。これまでに出てきた人名もある。堀江提一郎、駒留良蔵、今村和郎、新納次郎四郎、楢崎頼三、小倉衛門介、満田（光田?）三郎、河野（名・不明）、小室信夫?、川北義二郎（ロンドンより来る）、河内（名・不明）、長与（名・不明）、池田（名・不明）、岩崎（名・不明）、戸次正三郎、山城屋和介、南貞介、宮内大丞（名・不明）、村田新入、毛利藤内?、前田正名、鮫島尚信?　松村準蔵、米村堅、大山巌（スイス国より来る）、西園寺公望、飯塚納、長田銈太郎、太田徳三郎、東久世通禧?　四辻（名・不明）、香川忠武、天野（名・不明）、西直八郎、伏見三ツノ宮能久、小坂千尋、野村小三郎、石丸三七郎、船越熊吉、小国磐、安藤直五郎、兼松（名・不明）、柏村庸之丞。

そして、八月三日（西暦九月五日）、山田顕義、冨永冬樹、太田徳三郎、渡六之介等はプロシヤのベルリンに行く事となる。

その前に、パリで山田少将等と共に正元が訪ねた場所及び「兵事傳聞教師」として説明等の労をとったと思われるフランス人がいた事等を告げる記事を「漫游日誌」から引用しておく。

四月二十三日　晴　（西暦五月二十九日・筆者注）

今午後佛國兵部省ニ至リ Depôt de la guerre ノ局ニ至リ諸機器ヲ視ル。夕刻帰ル。山田・原田・富永・岩下等同行也。

同二十四日　晴　（西暦五月三十日・筆者注）

今午後佛國ノ　カピテーン・エーナン氏来リ談話後、同氏ノ誘引ニテ Hôtel des invalides ニ至リ諸局見聞及諸処築城砲臺ノ横形ヲ見ル。夕刻帰ル。同行山田・原田・楢崎・岩下等也。今夜山城屋和介ノ宅ニ到リ山田同行。

このカピテーン・エーナン氏の「誘引」で、モンバレリアンの塞城、イヴリの塞城、蒸気機関製造所、Val de Grace の兵隊病院、サン・シール陸軍士官学校等を見学している。エーナン氏はまた「兵部の規則」等を「講」じたりもしている。エーナン氏の代わりに、某砲兵中尉が「砲兵の學講授ノ義ヲ佛國陸軍省ヨリ命」ぜられて来たこともある。また、エーニャン氏旅行中はその誘引無しで砲器製造所を見学している。

七月五日　曇　夕刻雨　（西暦八月八日・筆者注）

今朝カピテーン・エーニャン氏来リ講ス。

今夜七字ヨリ湾泉城外ニ於テ夜中大砲的打有之。リウテナン・クールテス氏ノ誘引ニ依テ来リ見ル。諸種ノ大砲ヲ打チ、及相図ノ火及照野砲等ヲ視ル。十一字ニ帰ル。同行山田・原田・太田・富永・河内等也。

という記事もある。

同　十五日　晴　日曜日也　（西暦八月十八日・筆者注）
今夕陸軍兵學寮ノ生徒今佛國ニ留学ノ諸名ヲ招會シテ倶ニ夜食ス。
其人名
山田少将　原田教授　柏村　小坂　堀江　楢崎　戸次　船越　石丸　野村　小国　安藤　太田　岩下　富永等也。
同　十六日　晴　（西暦八月十九日・筆者注）
今午後兵學生徒群居ノ写真ヲ写ス。人名
山田・小坂・小国・野村・堀江・楢崎・戸次・船越・太田・岩下・富永・渡、十一名。
今夜佛郎西陸軍士官ヲ市樓ニ招イテ倶ニ夜食シ、食竟ッテ後一同劇場ニ往ク。其人名
commandant chanoine
intendant　Durand　不来也。
Capitaine d'Etat-major Aignan
Capitaine du Génie Viekkard
lieutenant Courtès
山田少将・原田教授・太田・岩下・富永・渡

長くなるので、その後は省略してベルリン行きの記事に戻る。

八月　三日　曇　（西暦九月五日・筆者注）
今朝鮫島ノ宅ニ往キ談判シ帰ル。今夕佛蘭西國士官ピエオロール氏暇告ニ来ル。
別　林　行
今夜八字巴里府ガルジユノル　ノ蒸気車ニ乗リ孛漏生別林ニ發ス。同行山田少将・富永冬樹・太田徳三郎及余等也。
この「余等」の「等」の中には山田一行以外の人物も含まれていると考えられる。それは、これ以後「漫游日誌」第三輯に出て来る人物名を見れば分かると思われる。従って、以下に山田・富永・太田・渡を除くその人名を次に掲げる。
岩倉具視、青木周蔵、品川弥二郎、田坂虎之助、山縣伊三郎、桂太郎、伏見三ツノ宮能久、田中文部大丞（不二麿）、高崎中議官（正風）、鷹司熙通、山本十（重？）介、嶌地黙雷、駒留良蔵、佐々木司法大輔（高行）、岡内重俊？、伊東（名・不名）、岩崎（名・不名）、黒川（帯刀？）、原田一道。
ベルリンでは先ず「兵揃」を見る。全部を引用すると長くなるので、最初の数行のみに留める。

八月　五日　晴暑　別林ノ暑気ハ巴里ニ一層ス　（西暦九月七日・筆者注）
今日孛漏生兵ノ兵揃アリ。
今般魯西亜帝及墺地利帝抔別林府ニ来合シテ欧州制度ノ合議アリ。故ニ此レビユー兵揃ノ見分アリ。今朝七字出荷馬車ニテ野外調練場ニ至ル。此地別林府外ノ曠野也。此平地ニシテ四方山ヲ不見。
九字過キヨリ三兵四方ヨリ群リ出ル。各々本部ノ兵将衆也。其兵甲ノ上ニ白赤黒ノ毛ヲ冠セリ。赤アリ白アリ黒アリ各々其兵種及其隊伍ノ異ナルヲ表セリ。此三兵諸種ノ兵四方ヨリ其隊伍ヲ揃ヘテ出陣ス。其勢ヒ最モ感セリ。

十字過孛漏生王。魯西亜帝。墺地利帝及孛漏生太子並ニ馬上ニテ前駆一騎後騎数百名皆孛漏生國ノ將帥諸將也ト云。此内各々白羽ノ飾リヲ甲上ニ冠ケリ。此内萌黄色ノ鳥羽ヲ冠セルアリ。此分ハ墺地利將帥後陣ニ列セル者ト云。三帝此三兵列陣ノ中ヲ通行シテ其威儀堂々タリ。孛漏生國ノ女王モ亦随行セリ。

（後　略）

次に「戦争調練」を見る。

同　七日　晴　（西暦九月九日・筆者注）

今朝八字旅宿ヨリ馬車ニ乗リテ今日ノ戦争調練ヲ見ニ往ク。

戦争調練第十字ヨリ始マル。三兵各其位置ニ就キ、先ツ始メニ砲戦ヲ始ム。次ニ先鋒ノ歩兵小銃ヲ連發ス。時々騎兵ヲ左翼ニ巡シ次ニ砲隊之ニ続イテ其敵ノ右脇ヲ討ツ。勢ニ乗シテ中央ノ歩卒進撃ス。先鋒ノ豫備之レニ嗣ク。次ニ後部ノ豫備亦追々進テ入ル。

（中　略）

今日同行ノ人、二馬ノ車四輌、伏見三ツノ宮。山田少將。田中文部大丞。高崎中議官。青木周蔵。品川弥二郎。桂太郎。岩倉公子。鷹司公子。田坂虎之助。山本十介。嶌地黙雷。太田徳三郎。富永冬樹。駒留良蔵。其他二三名。

（後　略）

プロシヤでの案内等説明は、専ら、General major Paris と Ahrens 氏だったようである。

八月　十六日　晴　（西暦九月十八日・筆者注）

今夕五時半ヨリ General major Paris 宅ニ到リ孛漏生兵制ノ問答シテ帰ル。同行山田少將・太田徳三郎。
今夜青木・黒川ノ宅ニ往ク。山田・太田同行。
同　十七日　晴　（西暦九月十九日・筆者注）
今朝十字ヨリ Ahrens 氏ノ誘引ニテ別林ノ諸鋳造、器械処及傳信局ニ往ク。夕刻四字帰ル。山田・原田・太田同行。
同　十八日　晴　（西暦九月二十日・筆者注）
今朝十字ヨリ　ハーレンス同行ニテ別林ノ諸製造局ニ往キ蒸気車機関、蒸気船ノ器械等ヲ見物ス。山田・原田・富永・太田等也。午後市樓ニ同食シ帰ル。今夜 General major Paris ノ宅ニ陸軍制度質問ニ往ク。

「ゼネラル・パリス」の宅には「軍事質問」に旧暦八月二十日も二十一日も行っている。又、ハーレンス（アーレンス？）の「誘引」で「大砲器械処」（旧暦八月二十二日）「射習校」（旧暦八月二十五日）に行っており、見学した物に興味があったのか、図示して長文の記事を書いているが、長くなり過ぎるので割愛する。代わりに、第三輯最後の二日分の短い記事を転載する。

八月二十九日　曇　（西暦十月一日・筆者注）
今朝出荷別林不ノ兵隊屯集所及病院ニ往ク。
今夜六字セネラル・パリノ宅ニ往ク。
同　三十日　晴　西暦十月二日也
今朝写真局ニ往キ像ヲ写ス。山田・太田同行。夫ヨリ別林府ノ禽獣園ニ往ク。

第四輯は自明治五年申九月一日（西暦一八七二年十月三日）至明治六年酉十二月三十一日（西暦一八七三年十二月三十一日）である。

第四輯に登場の人物は六十二名。苗字のみの人物もある。既出の人物が多い。

一、青木周蔵（既出） 二、飯塚納（既出） 三、諫早家崇 四、石丸三七郎（既出） 五、伊藤博文 六、井上毅 七、岩倉具視（既出） 八、岩下長十郎（既出） 九、魚村（名・不名） 十、大久保利通 十一、太田徳三郎（既出） 十二、大原令之助（既出） 十三、大山巌（既出） 十四、小国磐（既出） 十五、小阪千尋（既出） 十六、小田均一郎 十七、小野信太郎 十八、小野政吉 十九、桂太郎（既出） 二十、金子（名・不名） 二十一、河内（名・不名） 二十二、河野（名・不名） 二十三、川村海軍少輔 二十四、木戸孝允 二十五、後藤常？二（既出？） 二十六、西園寺公望（既出） 二十七、佐々木高行（既出） 二十八、佐野常民 二十九、鮫島尚信（既出） 三十、品川弥二郎（既出） 三十一、杉浦弘蔵 三十二、田坂虎之助（既出） 三十三、田中建三郎（既出） 三十四、津田震一郎 三十五、鶴田白曹 三十六、寺島宗則？ 三十七、戸次正三郎（既出） 三十八、富永冬樹 三十九、中井弘？ 四十、中谷（名・不明） 四十一、中村孟（既出） 四十二、中村雄二郎 四十三、中山譲次 四十四、長与専斎？（既出？） 四十五、西直八郎（既出） 四十六、野村小三郎（既出） 四十七、楢崎頼三（既出） 四十八、長谷部仲彦？ 四十九、原田一道（既出） 五十、福田書太郎 五十一、福地源一郎 五十二、船越熊吉（既出） 五十三、堀江提一郎（既出） 五十四、前田正名（既出） 五十五、松浦（名・不明） 五十六、松田正久 五十七、水戸谷？一刀屋？（既出？） 五十八、三輪（名・不明） 五十九、村田新八（既出） 六十、山縣有朋（既出） 六十一、山木（名・不明） 六十二、山田顕義（既出）

第四輯の氏名頻度は次の通りである。
一、大山巌（二十八）二、中村孟（二十五）三、田中建三郎（二十二）四、太田徳三郎（十七）五、井上毅（十四）五、山田顕義（十四）七、村田新八（十一）八、鮫島尚信（九）九、楢崎頼三（七）十、川村純義?（六）十、川北義十郎（六）十二、小坂千尋（五）十二、長与専斎（五）十四、杉浦弘蔵（四）十四、戸次正三郎（四）十四、中山譲次（四）十四、西直八郎（四）十四、船越熊吉（四）十四、松田正久（四）二十、綾部（名・不明・三）二十、石丸三七郎（三）二十、河野（名・不明・三）二十、西園寺公望（三）二十、佐野常民（三）二十、福地源一郎（三）二十六、青木周蔵（二）二十六、飯塚納（二）二十六、伊藤博文（二）二十六、岩倉具視（二）二十六、魚村（名・不明・二）二十六、小国磐（二）二十六、後藤常（二）二十六、富永冬樹（二）二十六、野村小三郎（二）二十六、原田一道（二）二十六、堀江提一郎（二）三十七、諫早家崇、岩下長十郎、大久保利通、大原令之助、小田均一郎、小野信太郎、小野政吉、桂太郎、金子堅太郎?、河内（名・不明）、木戸孝允、佐々木高行、品川弥二郎、田坂虎之助、津田震一郎、鶴田白台、寺島宗則、中井弘二（弘）中谷（名・不明）、中村雄二郎、福田書太郎、前田正名、松浦右近、（三刀屋一刀塵七郎次?）、三輪（名・不明）、山縣有朋、山木（名・不明）等、（各一）。

第四輯に記録されている正元等の行動は、先ずベルリンでの視察と兵制質問の継続である。これは第三輯同様アーレンス誘引による諸機関視察とジエネラル・パリスへの質問で成り立っている。幾つかの例を示す。

九月　一日　晴　西暦十月三日

今朝九字ヨリ孛人 Aharens 誘引シテ、別林ノ casernes 砲兵・歩兵ノ屯集所・往ク。
最初砲兵ノ屯集所ニ往ク。

（中　略）

此砲兵ノ馬屋ニ往ク。

（中　略）

此屯集処ノ主将 le colonel von Welder 氏也。此人出テ熟ニ語ル。次ニ士官一人誘引シテ諸事ヲ講キ明ス。
夫ヨリ歩兵屯集処ニ往ク。一聯隊ノ屯集所也。同ク士官出テ誘引ス。
兵隊衣服ノ製造処ニ至リ其仕法ヲ聞クニ、兵卒ノ服、大上着十ヶ年ヲ用ユ。常衣二ヶ年、股引十四ヶ月間ヲ用ユト云。
夫ヨリ鞜ノ製造処ニ至ル。沓ニ二通リアリ。一種ハ膝下迠ノ半長沓、一ハ短沓屯集処用也ト云。沓ハ用ユルニ期限ナク脩覆シテ用ユト云。

（中　略）

帰路別林府ノ市中ニ魚鳥蛇類ノ博覧処ニ往ク。山田少将・太田徳三郎同行。
今夜六字 General Paris 氏の宅ニ往キ孛国兵制ノ質問ス。

翌日は騎兵の屯集所、衣類諸兵器貯蔵局、兵隊の牢屋に行く。同行は山田少將及び太田。誘引は孛人アレンス。このようにして九月七日までベルリンで過ごし、八日ベルリンを離れ、九日 Essen に行く。クルップ氏の機械所見学の為である。Essen を去った後、ケルン、ストラスプールを経て、山田等と別れ正元はパリに帰る。

同　十三日　朝晴後雨（十月十五日・筆者注）

今朝九字旅宿ヲ立ツ。ステーションニテ双方ニ別ル。
山田・冨永・太田《（ママ）》ハ倶ニ瑞士国へ行ク。余ハ巴里府ニ帰ル。（後　略）

このプロシア旅行（第四輯の初め）中日本人で氏名が記録されているのは、次の人々である。
山田、太田、田坂、永世（長与?）、青木、品川、桂、富永、佐々木（但し不遇）、鮫島尚信。

同　十四日　雨（西暦十月十六日・筆者注）
今朝鮫島ノ宿ニ行キ、佛国外務省ヨリ之入校の駈合状ヲ得、夫ヨリ佛国兵部省ニ至リコロネル・ニュグ氏及カピテーン・エーニヤン氏ニ逢フ。
今夜福地源一郎、英国ヨリ着セル由ニ而面會ニ来レリト云。

正元のサン・シール陸軍士官学校入学試験の日は十月二十五日（西暦十一月二十五日）と決定する。当日記載分を示す。

同　十三日　小雨　今夜始テミソレ降ル（西暦十一月十三日・筆者注）
今朝英難氏ニ往。帰路鮫島ニ往ク。
今日兵学校試験日来ル二十五日兵学校サンシール黌 general commandant ニ見ユ可キ旨、佛國陸軍卿 General Cissey 氏ヨリノ書翰ヲ得ル。
又従英國

特命全権大使ノ巡文状ヲ得ル。書中、

理事官并随行中

兼而被仰付置候理事取調方為相済當年中發程可被度候

但、發程日限被申出次第旅費可相渡候事

申十月　　特命全権大使

使節事務局

前文……

山田陸軍少将　殿

原田兵学大教授　殿

渡　六之介　殿

（中　略）

同二十五日　曇　雨（西暦十一月二十五日・筆者注）

今朝九字蒸氣車ニテ Ecole de St Cyr 陸軍兵學校ニ往キ入校ノ學事試験ニ行ク。十字半過より試験始マリ。夕刻四字過キ相濟ミ帰ル。今夜七時也。

今夜山田少将来リテ ホンテンブローノ戸次ヨリ帰ルト云。

今朝九字過キ戸次正三郎親任死去セリ。肺病也。

同二十六日　曇（西暦十一月二十六日・筆者注）

今朝八字出校。舩越熊吉・野村小三郎ノ二名ヲ誘ヒ、ホンテンブローノ戸次カ死ヲ訪ヒ、其埋葬ヲ送ル。夕刻四字過也。此葬礼ニ會スル者皆兵学寮ノ生徒也。

小阪《（ママ）》・堀江・楢崎・野村・舩越・小國なり西園寺・後藤等會ス。今夜皆ホンテンブローノ旅宿ニ一泊ス。

因に、正元パリ帰来後に逢った邦人名を記す。会葬の兵学寮生徒名も繰り返す。

鮫島尚信、福地源一郎、大原令之助、中村雄二郎、津田震一郎、西園寺公望、楢崎頼三、西直八郎、飯塚納、小阪千尋、船越熊吉、山田顕義、戸次正三郎（死亡）、野村小三郎、小国磐、後藤常?、尚、西洋人（フランス人）は専ら英難（エーニャン）氏に会っている。入学試験の結果は次の日付で記録されている。

同　四日　曇（西暦十二月四日・筆者註）

今夕山田少将瑞士《（スイス）》國ニ帰ルヲ送リテ カル《（ママ、ガール）》 ニ別ル。

今夜佛國兵部省ヨリノ書翰来リ、今次ノ試験相濟直ニ兵學校入校ヲ許サルノ旨ヲ言来ル。

但、學校入校規則書一枚添ヒ来ル。

同　五日　曇（西暦十二月五日・筆者註）

今朝商會ニ往キ入校入費金取入其他用弁シテ帰ル。

今朝甲必丹英難氏ニ往ク。

　兵學校入黌　西暦千八百七十二年十一月五日ナリ。

　（十二月五日の誤記か―筆者註）


渡正元のサン・シール陸軍士官学校入学については、具体的な記録が存在しなかったため不明であったが、この「漫游日誌」の次の記事に詳細な記述がある。やや長いが、全文を掲載する。

同　六日　曇（十一月六日・西暦十二月六日・筆者註）

今朝八字ノ蒸氣車ニテ巴里ヲ出立シ、始メ　ウェルサイル　ニ着シ Receveur General ノ館ニ至リ、入校一ヶ年ノ入費其他諸雑費ノ高ヲ相納ム。夫ヨリ Burean de Police ノ館ニ至リ、其印鑑ヲ取リ直ニ兵學校ニ至ル。General commandant l'Ecole ニ遇ヒ、夫・直チニ兵隊装粧ヲ着服シ兵學校中書局ニ入ル。

3e compagnie

le capitaine, Nicais

le lieutenant, Micheau

右我第三小隊中ノ士官也。

此兵學校中在黌ノ生徒五百五十人

内　　士官生徒　四十五人

　　先輩生徒　百八十五人

　　新入生徒　三百二十人

兵學校學術事業ヲ脩スル時間

○朝五字ノ報ニ起キ、直ニ學局ニ入リ自習ス。或ハ乗馬スルノ日アリ。

○六字半刻、茄萍《コーヒー》ヲ呑ム。直チニ ドルトウール《（ママ、ドルトワール）》臥局ニ登リ、其寢床ヲ脩メ、其衣服ノ金鉛ヲ磨キ、其長鞜ヲ磨キ、七字半刻醫員病者ヲ験スルノ事アリ。八字生徒一大隊並ヒ立ツテ衣装脩整ノ検査アリ。

○八字十五分字ヨリ學所ニ入リ諸科ノ學科其講義アル一字十五分字間各日其学科異ナリ。

○第九字十五分字ヨリ學局ニ入リ自習ス。十一字来迠。

○第十一字半昼食ス。二十分時間。其後十五分時ノ休息アリ。

○二二 gymunastique et escrime 等ノ脩行アリ。一週間大畧二度、或ハ乗馬ノ稽古《（ママ）》アリ。

○第一字ヨリ三字迠兵卒ノ繰練アリ、一週日間四度。其後三字ヨリ後半字間銃貨ノ掃除。休息スルモノ十五分字、此時麵包《パン》及混水ノ酒ヲ出ス。

○三字半刻ヨリ五字半刻迠學局ニ入リ脩業ス。各日其學科ヲ異ニス。或ハ疑問ノ検査アリ。二二十五分時ノ休息アリ。
○五字四十五分時ヨリ七字十五分字迠學局ノ自習、或ハ獨逸學ノ脩業、或ハ□問検査ノ誼アリ。各日異ナリ。
○七字半夜食ス。二十分時間、二二十五分時ノ休息アリ。
○七字十五分時ヨリ八字半迠學局ノ自習。
○八字半刻夜食ス。二十分時間。二二十五分ノ休息アリ。
○夜九字寝床ニ入ル。
但シ、日曜日ハ夜七字半刻ニ臥ス。

その後十一月の終わり頃ずっと士官学校での「脩業」の記事は続く。そして、

同二十九日　日曜日也（西暦十二月二十九日。筆者註）
今午後ハ兵隊行進ナリ。學局ニ自習ス。
今日辨務使館ヨリ國暦ヲ替テ洋暦ニ改セリ。當年十二月三日ヲ以テ改メテ明治第六正月一日ト改正セラル可キ旨ヲ達セラル。

と書かれ、以後太陽暦で日付が示されることとなる、その時、

十二月一日　西暦十二月三十日也
在校脩業。

と記入されている。筆者の計算と合致しないが、正元の記録による十月は三十日しかないためかもしれない。いずれにしても、明治六年正月元日は西暦一八七三年一月一日となって、これ以後は筆者が注を付ける必要はなくなった。又、次の記事には、

明治第六年　酉
正月　一日　西暦一千八百七十三年第一月一日也
巴里府ノ旅宿山田少将ノ宿ニ同居ス。

とあって、未だ山田少将と行動を共にしているが、それはやがて終わり、大山巌と共にオーストリアのウィーンへ行く事となる。尚、この年の始めより「脚気リウマチスム發シ」病臥する事が多くなる。又、中村孟が英国より転学してパリにやって来る。更に、正元の実弟田中建三郎もフランスに来る事となる。正元のフランス滞在も新しい局面を迎えたようである。もう少し山田顕義・田中建三郎関係の記事を引用しよう。

二月　一日　熱ヲ病ンテ平臥ス。
今夕山田少将来訪。今夜瑞士國ニ帰ルト云。太田徳三郎同行。
（中　略）
（五月──筆者注）
同　三日　医来ル。今朝薬湯ニ浴ス。
今夕四字、建三郎伊太利國ヨリ来着ス。

同　四日　日曜
今朝園中散歩。中村・田中、今午後井上来ル。孟《（中村孟カ）》・建《（田中建三郎）》等同車シテ　シヤンゼリゼー　ニ行散歩ス。

今朝原田大教授来ル。今夕井上毅別林ニ發ス。

正月以来病用失費壱千六百九十八フラン。公使館ヨリ借。

（中　略）

同　七日　今朝植物園ニ往ク。

今夜山田少将巴里府ヲ發シ帰朝ノ筈、余今夕旅宿ニ送別スルノ約ヲセシカ不快ニテ不果。


山田少将随行が終わると、その後は大山巌とオーストリア行きとなるが、それ迄クレルモン・フエランの温泉に田中建三郎と行ったようである。その建三郎とも六月五日に別れる。

同　五日　曇時々小雨
今昼十一字二十分字ノ蒸氣ニテ建三郎井多《（ママ）》利國ニ帰ル送リテ Station de elermont ニ別ル（三十三日間同居ス）。午後、温泉入浴ス。
（六月―筆者註）

クレールモン・フエランに、正元は只湯治の為逗留していたのでなく、Capitaine Poinfier なるフランス人士官の「誘引」で、「歩兵屯集所」、「騎兵屯集所」等を見学した。引用は割愛する。正元がクレールモン・フエランを出発してリヨンに向かったのは、六月二十五日であった。正元はリヨンからジユネーヴに行き、大山巌に会った。

（七月―筆者註）

同　二日　曇　小雨　瑞士行。

今朝五字里温ヲ發シ、十二字瑞士國儒俟府《ジュネーブ》ニ着ス。大山ヲ訪フ。他行シテ遇ハス。

同　三日　晴暑

今朝大山ヲ訪フ。市中ニ同行ス。

全権大使儒俟府ニ滞留ニ付旅館ニ行ク。留守ニシテ杉浦弘蔵ニ逢フ。鶴田皓・岩下長十郎、儒俟府ニ滞留ス。其宿ヲ訪フ。

八月一日ジュネーヴ発の筈であったが、正元病気のため出発は同月八日となり、大山と共にジュネーヴを去り、ローザーヌを経てベルヌに滞留する。途中ローザーヌに留学の太田徳三郎と会っている。ベルヌからウィーンに行く予定であったが、正元の病気のため大山のみがオーストリアに出発し、正元はスイスに留まることとなる。

（八月―筆者註）

同　十七日　晴暑　ベルヌヲ去ル。

余不快ニシテ直チニ維也納《ウィーン》府博覧會ニ行コトナラス。

暫時保養センカ為瑞士國ニ留マル。大山ハ直チニ發シテ先キニ維也納出府スヘキコトヲ議シテ此処ニ別ル。今朝九時半刻大山ベルヌヲ去リ、ジュリュック ニ行ク。十時半刻ノ滊車ニテ余ベルヌヲ去リ呂山《ママ》ニ至ル。午後二時呂山《ママ》ニ着シ、宿 Hotel Gibbow

ローザーヌで再び太田徳三郎と会い、「温泉場」に「滞留」。正元がスイスを出発して、ドイツにむかったのは九月十三日、ウィーン到着は同月十五日であった。

（九月―筆者註）
同　十五日　晴　墺地利國《オーストリア》宇院《ウィーン》着府
今朝七時半刻ミュニック ヲ發車シ Sincbach 通リ、夜八時前墺地利國維也納《ウィーン》入府。大山岩《ママ》及獨逸人 Smitz ナル者ステーション迠出テ待ツ。同車シテ投宿。
Musurme Strasse, V^{2}8
今日途中ノ ステーション ヨリ墺地利帝ノ皇妃同車シテ維也納ニ入府ス。

（中　略）

同　十八日　晴
今朝ヨリ博覧會々館内ニ行ク。所々各局見物。夕刻帰ル。
同　十九日　晴
今午後独逸 Wurtemberg 國ノ士官 Lieutenaut per Schmit 氏ナル者ト同行シテ博覧館ニ往キ各局中兵器ヲ轉《ママ》検ス。

（中　略）

同二十一日　曇
今午後博覧會館ニ往ク。今夜建三郎維也納着府シテ来ル。同行散歩シテ中山譲治カ宿ヲ訪フ。

同二十三日　曇
今朝維也納府ノ造兵局兵器博物館ニ往ク。午後博覧館ニ往ク。

獨逸士官 lieutenant Schmit 明日當地退去スル故今夜食事ニ招ク。食後馬劇ニ往ク。大山及スミッツ兄弟同行ス。

（中　略）

同　三十日　今朝医来ル。腹痛全快ス。

今午後墺國弁理公使佐野常民及渡邊浩基二氏来顧セリト云。余留守ニテ會セス。午後公使館ニ往キ佐野・渡邊ヲ訪フ。

（中　略）

十月　一日　晴天
今午後博覧會ニ往ク。今夜佐野公使ノ招キニテ市楼ニ夜食ス。佐野・渡邊・大山・獨人スミッツ・渡邊ノ妻。

「漫游日誌」はほぼ毎日の記録であるが、煩瑣になるので大方の興味を惹きそうな記事のみに止める。正元は十月五日にウィーンを退去し、大山と共にイタリアに行く。

（十月―筆者註）

同　八日　今朝潮湯ニ浴ス。

今朝六時ウェニーズ ニ着ス。宿 Hotel la Luna
今朝建三郎ガル迠迎ニ来ル。同行小舟ニテ投宿ス。今日ウェニース市街・寺院・宮殿等見物ス。今夕惣《ママ》領事中山譲治・三輪・中島等来顧ス。

（中　略）

同　十二日　曇晴　今朝潮湯ニ浴ス。
今朝ヨリ建三郎来リ、小舟ニ乗リ大山共ニ所々見物ス。今夜八時ウェニース ヲ発車ス。建三郎送リ来リテ ガル ニテ別ル。

正元・大山はフローレンスを経由してローマに行く。

同　十五日　晴　羅馬滞留。此地ノ暖度夏ノ如シ。
今朝所々見物ス。午前宿ヲ轉ス。Hotel de Rome
午後羅馬古城ニ入リ士官ノ許可ヲ得、一兵卒余等ヲ誘引シテ城中ヲ見物ス。
夫ヨリ羅馬法王ノ居城宮殿寺院ヲ見物スルニ、其荘厳ノ咸ク大理石ヲ以テ造営セル実ニ目ヲ驚カセリ。殿中院内所々見物シテ夕刻去ル。
羅馬法王宮殿荘厳美麗也。殿中房室壱萬一千室アリ。諸臣従者ノ居室合セテ三萬ニ昇ルト云。

正元はローマの後ナポリを経てボンベイに行く。彼はローマ及びボンベイを訪れて大いに感ずるところがあり、かなり長い感想文を綴っている。機会を見て「漫游日誌」全篇を上梓の予定であるので、本篇ではそれ等の感想文は省略する。ボンベイからナポリ・ローマと遡り、「ゼノワ」・ミラノ・トリノ・モンセニーを通過して、正元・大山はジュネーヴに帰着する。十月二十八日のことである。

（十月―筆者註）

同三十一日　昨夜ヨリ雨
大山来リ同行、市中ニ行ク。
明日余儒佞府発車スルノ故ヲ以テ今夜大山ヨリ離別餞進ノ夜食ニ招カル。市楼ニ晩食ヲ倶ニシテ去ル。
十一月一日　今朝深霧　後快晴
今朝十一時半刻瑞士國儒佞府ヲ発車ス。大山送リ来リテ乗車場ニ別ル。
今夜八時 Bâle 瑞士・獨逸ノ堺ニ至ル。此市ニ一泊ス。宿 Hotel de France

翌日バールを出発、ストラスブールに到着。そこで、「獨逸ウユルタンベルグ　ノ士官 SChlmld、le ler lleulenanl ノ宅ニ行キ」、ストラスプールの市内を見学。翌日、スミット氏の「誘引」で、「濁逸兵屯集所」に行き、その「調練」を見る。その翌日（十月四日）、更に「造兵局及病院、終リニライン河ニ渡セリ一大奇橋ヲ見ニ行ク」又、ストラスプール総裁将 Hartmann 氏が正元に「ストラスブール周囲新築ノ諸砦内外一見ノ許可」をした事を聞いて、五日朝の出発を夜に変更して、その「砦城ニ行、内部諸局ヲ悉ク一見ス。」十一月七日メッスを訪れ、メッスよりパリ帰着。パリで中村孟や鮫島尚信に再会した後、再びパリを離れ、マルセーユ、ツーロンを経てカンヌに行く。その地で、ニースから来た石丸三七郎と会う。正元はカンヌで越年する。十二月三十一日の記事はこの一年の総括であるので、やや長いが次に転載する。

（十二月—執筆者注）
同三十一日　曇天　寒冷也　寒暖計朝室内ニテ九度、昼十度ヲ指ス

佛國南海カンヌ《寛納》越年

余今年正月中旬ヨリ不幸ニ病ニ罹リ寒冷疾リウマチスム足脚ヲ痛ミ行歩甚タ悩ム。続イテ其熱膾［胃］中ニ昇入シ為ニ悩ムコト数週日間。諸醫交ニ来リ。治療其術ヲ招ス。室内ニ平臥シ蹲踞スル数週日間也。故ニ其業ヲ遂クコト能ハス。加フルニ兵学校休暇許容之時日既ニ其期ヲ充チ、再ヒ乞ヒ三度希ツテ其期ヲ延ルモ、顧ミルニ身体疲労衰弱シテ回復ノ期ヲ知ラス。再ヒ兵黌ニ帰入テ其業ヲ取ルヘキノ日甚タ遠シ。又更ニ延期ヲ乞フヘキノ術ナク、遂イニ佛國兵學校士官生徒ノ號ヲ辞スルニ至ル。臥床ヨリ一書ヲ認メテ之ヲ兵學頭ニ達ス。二月六日、佛國陸軍卿裁許シテ陸軍兵學校中外國士官生徒ノ號ヲ解キ去ラシム。爰ニ於テ治療期日ヲ限ラス安ンシテ臥床ニ養フ。然レトモ熱疾全ク去ラス、為ニ室内ニ起臥スル総テ五ヶ月。巴里府在留之諸友交々来リ訪フ。其情一友中村孟アリ。正月下旬英國ヨリ轉學シテ巴里ニ来リ、余ト同居シテ其学業之餘閑余カ病ヲ合テ看ル。其情兄弟ノ如シ。余モ亦随己（ママ）ニ事ヲ依頼ス、為ニ奔走昼夜余ヲ慰ス。四月下旬時氣不順寒冷最モ厳ニシテ朝ニ霰降リ、夕ニ雪フリ、天気朦朧風雨競来ル。余病ヒ少シク癒ントスルニ、此寒冷ニ害身ヲ犯サル。宿熱再發シテ忽チ臥床ニ病ム。医診察シテ神経熱ノ症ト表章（ママ）セリト云。余數月間ノ病弊重襲シテ心動漸々暫時盡セリ。一弟建三郎井多利國ヨリ来リ病ヲ看ル、時ニ五月三日也。且夕療養病ヒ漸々快シ、或ハ馬車ニ乗リ或ハ行歩シテ戸外ニ出ツ。五月二十九日、醫ノ言ニ任セ佛國南部ノ温泉ニ行キ爰ニ留マル一ヶ月。温泉山中ノ新鮮氣大ニ病ヲ慰スヲ覺フ。時ニ建三郎井多利國ニ去ル。今年余墺地利國維也納府博覧會ニ往クヘキ命アリ。時ニ病ヒ治シ少シク氣力加フルヲ覺フ。此機ニ乗シ直チニ温泉ヲ去リ、里温ヲ過キリ瑞士國儒侫府ニ至ル。同処留学大山巌ニ會シ、共ニ命ヲ奉シテ同行、維也納府ニ赴ク。十一月初旬、巴里府ニ帰ル。府内既ニ寒冷宵夕ヲ以テ留マリ凌ク可カラス。去ツテ佛國南海カンヌニ至リ、爰ニ寓居シ海濱ニ新鮮氣ヲ以テ身ヲ養フ數日。終ニ此地ニ此年ヲ越ユルニ至ル。

時ニ明治第六酉年十二月三十一夜

佛國南海一高樓ニ誌ス

「漫游日誌」第五輯は自明治七（西暦一八七四）年一月一日至明治二十六（西暦一八九六）年十二月三十一日迄記録されている。明治七（西暦一八七四）年七月八日に日本に帰ってきている。それ迄が所謂「漫游日誌」の記事という事になる。しかし、第五輯全体が未だ「漫游日誌」と題されており、第六輯と第七輯のみが「記事」と題されるのである。

第五輯に出てくる人物名は次の通りである。帰国直前なので数が少ない。全部で二十九名である。初出人名も少ない。

一、石丸三七郎（既出）　二、入江文郎（既出）　三、今村和郎（既出）　四、榎本武揚　五、太田徳三郎（既出）　六、大山巌（既出）　七、兼松直稠　八、河野光太郎　九、西園寺公望（既出）　十、清水金之助（既出）　十一、佐野常民（既出）　十二、鮫島尚信（既出）　十三、田中建三郎（既出）　十四、中野（名・不明）　十五、中村宗賢（見・既出）　十六、中村孟（既出）　十七、中村博登？　十八、楢崎頼三（既出）　十九、八田（名・不明）　二十、花房義質　二十一、船越熊吉（既出）　二十二、坊城俊章　二十三、堀江提一郎（既出）　二十四、前田正名（既出）　二十五、万里小路通房　二十六、武者小路実世　二十七、村上敬二郎（既出）　二十八、山田顕義（既出）　二十九、吉井友美

第五輯は帰国直前で期間が短いので、頻度は少ない。次の通りである。

一、中村孟（十）二、太田徳三郎（五）三、入江文郎（四）三、大山巌（四）三、楢崎頼三（四）三、村上敬二郎（四）七、石丸三七郎（三）七、西園寺公望（三）七、八田（名・不明・三）七、前田正名（三）七、吉井友美（三）十二、榎本武揚（二）十二、兼松直稠（二）十二、中村宗賢（見・二）十二、山田顕義（二）十二、武者小路実世（二）十二、堀江提一郎（二）十八、今村和郎、小田均一郎、河野光太郎、佐野常民、鮫島尚信、清水金之助、田中建三郎、中野（名・不明）、中村博登?、花房義質、船越熊吉、坊城俊章、万里小路通房、山骸有朋等、各一。

但し、この中には面会したのではなく、書簡を受け取った人物の氏名も入っている。

明治七（西暦一八七四）年一月四日、正元は一旦カンヌを去り、ニースに暫く「滞留」し、その間に楢崎頼三・石丸三七郎と「同行」して、モナコを訪れている。一月十五日再びカンヌに「帰来」。その後もニースに行ったり、カンヌに戻ったりを繰り返し、ニースで石丸三七郎に依頼してあった正元の肖像画を受け取ったり、たまたま当地に来ていた鮫島尚信を宿に訪れたりしている。カンヌを最終的に離れたのは三月四日。ツーロン、マルセーユ、リヨンを経てパリに着いたのは、三月八日であった。

（三月――執筆者注）
同　九日　曇　今夜雨
公使館ニ至リ山縣陸軍卿及山田少将ノ書翰ヲ受取。
今夕カランドオテル　ニ至リ花房義質及中村宗賢ノ諸士ニ逢フ。明日魯國ニ發スト云。

今夜花房ト語リ、夜一時帰宿ス。

三月十一日、中村孟が正元を訪ねてくる。その後、四月十四日迄に、次々と舩越熊吉、中村博登、河野光太郎、八田（名・不明）、入江文郎、堀江提一郎、楢崎頼三等に会う。

（四月―執筆者注）

同　十五日　曇

今夜巴里府公使館ニテ左之通リ帰朝命之示令書ヲ受取ル。

文部省管理之海外留学生徒悉皆今般帰朝被仰付候ニ付、其方ニ於テモ早々帰朝可致此旨相達候事

明治六年十二月廿七日　　陸軍卿 山縣有朋

渡　六之介　殿

（中　略）

同二十三日　晴暑　驟雨アリ

寒暖計同度也、暑氣ヲ催ス

今午後驟雨、強降ス。雷鳴アリ。一時間ニシテ乍晴。

今日公使館ニ至リ帰朝旅費借用ス。

同二十四日　晴

今日ハ少シク冷氣也　寒暖計十六七度ニ在リ

今日従陸軍省帰朝旅費来着ス。故ニ公使館ニ昨日借用ノ金子即刻返納ス。

（中　略）

同二十六日　快晴
寒暖計二十六度。今朝寫眞局ニ至リ像ヲ採ル。
今午後西園寺。武者小路。太田(ママ)等来リ同伴シテ市中逍遙。今夜散贅利税《シャンゼリゼー》ノ踊場ヲ遊行シテ去ル。

五月十日は病気がちで、吉井友美のロンドン出発、大山巌のジュネーヴ帰還等を見送ることが出来なかった。一方、正元自身のフランス出立も次第に迫り、

同　十七日　曇晴
今日中村・村上等ト市中ニ出ル。
今午後西園寺・堀江・楢崎・入江・太田(ママ)・今村其他へ暇乞ニ行。
今夕太田徳三(ママ)郎・中村孟・村上敬二郎抔同伴、市楼ニ夜食ス。
今夜堀江・楢崎・清水等別ヲ告ニ来ル。
同　十八日　曇
今午後乗馬ス。今朝村上倫敦府ニ帰ル。
今夕兼松・直稠来リ市楼ニ別盃ノ夜食ス。
同　十九日　晴　寒暖計二十度
今朝太田徳三郎暇乞ニ来リ、中村等ト共ニ市楼ニ夜《昼》食シテ別ル。
今午後乗馬。今夜食後散歩シテ馬劇場ニ行。中村同伴。

同　二十日　晴天
寒暖計二十二度温度昇ル
今朝西園寺・入江等別ヲ告ニ来ル。

そしていよいよパリを出発し、「法朗西國發去帰朝」となる。

五月二十四日　晴
今朝十時魔留世流《マルセイユ》港解纜。今日船動揺不穏也。朝夕二回食後ニ吐ク。
郵舶ノ名　Donnaï
船将ノ名　Capitaine de Butler

（中　略）

同二十六日　晴
今朝五時井多利國ナップル港入津投錨三時間。〇余佛人某卜同伴シテ上陸シ、ナップル市街一閲ス。（以下一行句点は渡正元自身による）
當港ヨリ萬里小路通房。坊城俊章。武者小路實世ノ三氏乗舩ス。
九時半過同港解纜ス。今日海上平穏。夕刻一陣ノ暴風雨アリ。一時間ニシテ歇ム。

航海の苦労は、第一輯記述のそれと同様であるが、航海の事は本篇では簡略し、五月三十一日スエズ通過、六月一日紅海に入り進行、岡六日アデン着．翌日アデン解績、インド洋に入り、船酔いに大いに苦しみながら、同十六日 Point de Galle 入港。シンガポール着港は同二十三日。サイゴン河口投錨同ニ自由二十六日。七月二日

「香港入津投錨」別船 Janais 号に乗り換え、途中また船酔いの為キニーネなど服用し、横浜に着港は同八日であった事に留める。

正元は帰朝後暫く「横濱十八番 International Hotel ニ投宿滞留」するが、病気の為である。尚、帰国直後、村上敬二郎、田口太郎等と再会している。この後第五輯は未だ毎日記録されているが、帰国後のことなので省略し、本篇に於ける「漫游日誌」の説明は、これで終了とする。

渡家系図（部分）

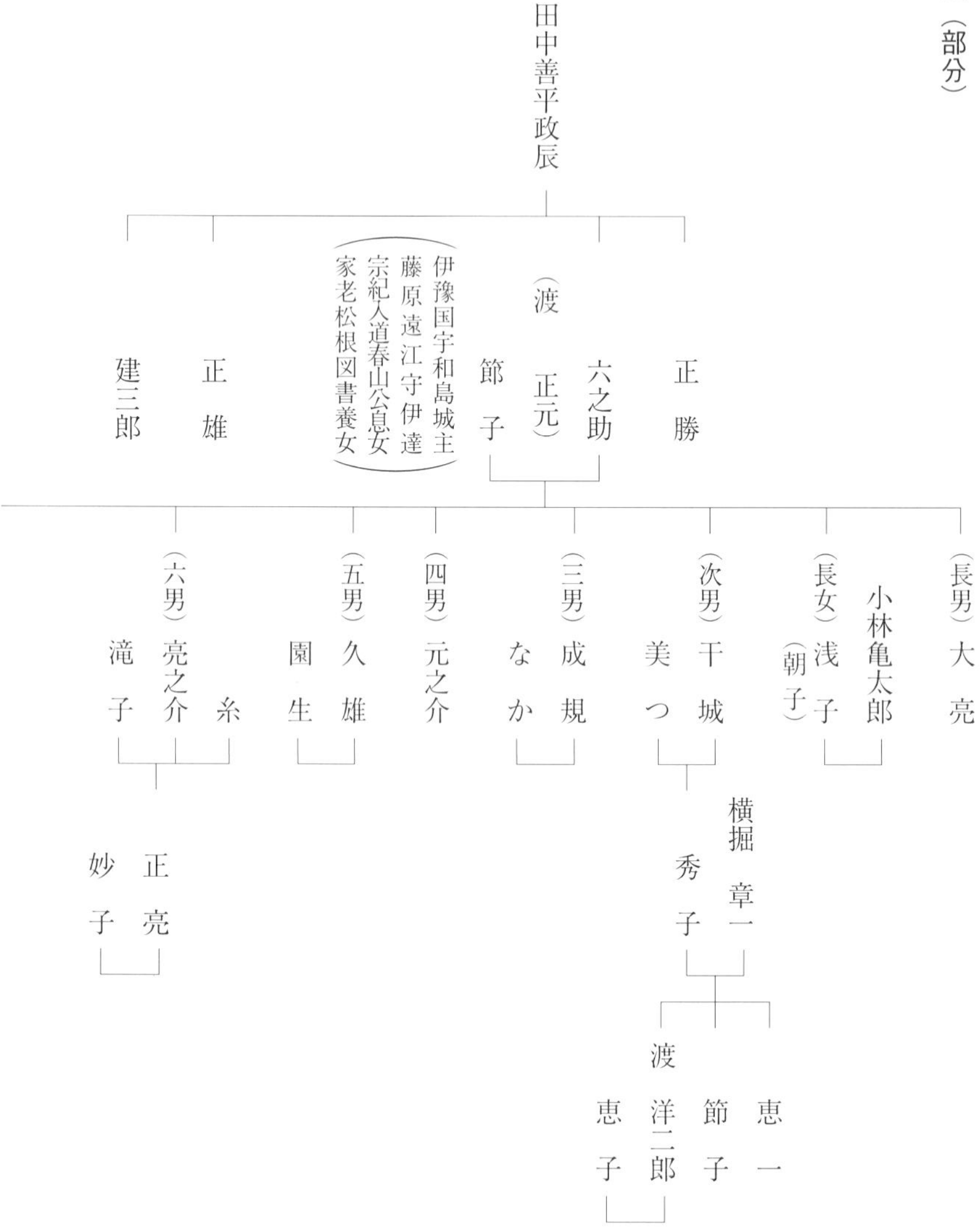

田中善平政辰
正勝
六之助
（渡　正元）
節子
伊豫国宇和島城主
藤原遠江守伊達
宗紀入道春山公息女
家老松根図書養女
正雄
建三郎
（長男）大亮
小林亀太郎
（長女）浅子
（朝子）
（次男）干城
美つ
（三男）成規
なか
（四男）元之介
（五男）久雄
園生
（六男）亮之介
滝子
糸
横掘　章一
秀子
正亮
妙子
恵一
節子
渡　洋二郎
恵子

小池　重
（次女）千代子

（七男）正　順
（真野）千代子

（八男）左　近
満寿子

（九男）正　監
鶴　子

赤木　勝利
千鶴子

注・正元氏の令孫以下のご親族については、この書の資料提供者に限定している。
曽孫渡洋二郎氏のご協力による。

（一）明治２年　正元

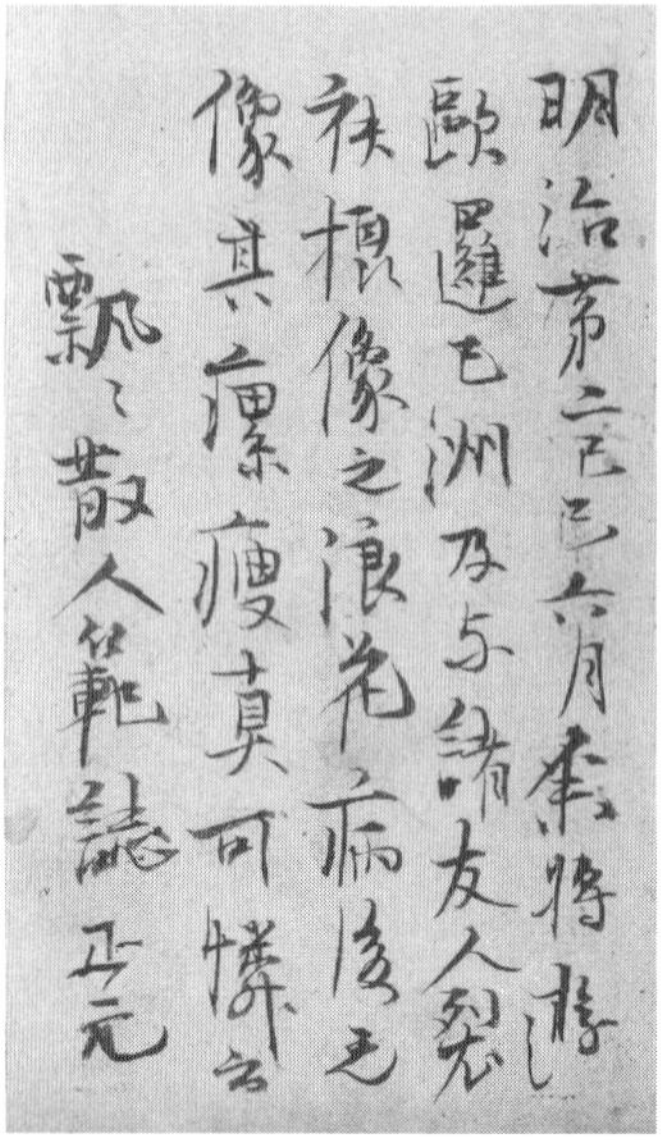

（二）

（三）明治３年　正元

（四）

写真〔渡正亮氏〔渡正元六男亮之介令息〕提供〕説明

（一）渡正元　肖像写真　明治二年　大阪に於て撮影
（二）（一）の裏面。記載の文章は左記の通り解読。
明治第己巳六月、余将《まさ》に
歐邏巴洲に游ばんとす。諸友人と
袂を裂《わか》つに及び、之を浪花《なにわ》に
撮像す。病後之像、其の
癯瘦真に憐む可しと云ふ。
飄々散人範誌正元
（広島大学・中国文学教授・富永一登氏解読）
（三）渡正元・肖像写真　明治三年　仏国・パリに於て撮影
（四）（三）の裏面。記載のフランス語は下記の通り。

ATELIER SPECIAL D'AGRANDISSMENTS
& DE REPRODUCTIONS DE TOUTES ESPECES

PHOTOGRAPHIE
FR MULNIER
BREVETÉ S.G.D.G.
25 Boulevard des Italiens

PARIS

EXPOSITION UNIVERSELLE
1867

Les Clichés étant tous Conservés on peut
toujours obtenir de nouvelles Epreuves
Il suffit d'écrire

渡正元　肖像（渡正亮氏［正元六男　渡亮之介令息］提供）

（一）明治７年　正元

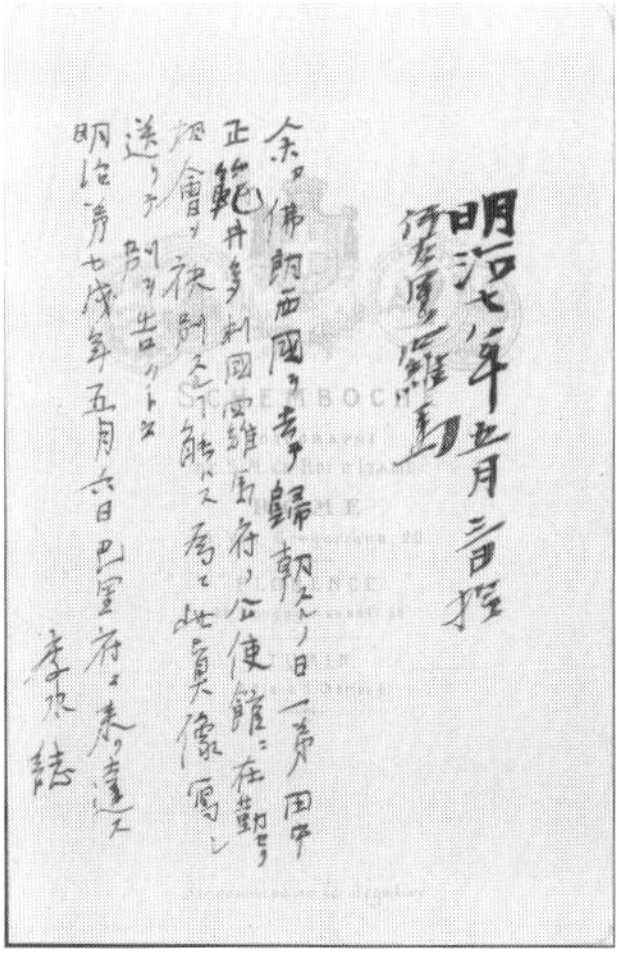

（二）

写真（渡洋二郎氏（渡正元二男干城令孫）提供）説明

（一）渡正元写真　明治七年五月
　　イタリア・ローマにて撮影。
（二）（一）の裏面。正元の書付は左記の通り。
裏面印刷文面は下記に記す。

明治七年五月三日控
伊太里羅馬

余カ佛朗西國ヲ去テ歸朝スルノ日、一弟田中
正範伊太里國馬府ノ公使館ニ在勤セリ。
相會シテ袂別スルコト能ハス。為ニ此眞像寫シ
送リテ別ヲ告クト云。
明治第七戌年五月六日　巴里府ニ来リ達ス
度水　誌

SCHEMBOCHE
PHOTOGRAPHE
....
ROME
....
FLONENCE
....
....
....
....

（一）裏面
「明治四十一年四月三日　神武天皇祭日写之渡正元」（正元自筆）とある。

渡正元　写真
（渡洋二郎氏［正元二男　渡干城令孫］提供）

渡正元　写真
（渡洋二郎氏［正元二男　渡干城令孫］提供）

渡節子（正元夫人）写真
（赤木千鶴子氏［正元九男　渡正監令嬢］提供）

（二）亮之介

（一）渡家一族

（一）渡家一族　写真（赤木千鶴子氏［正元九男　渡正監令嬢］提供）
　　　各人の名前については下図に記載
（二）渡亮之介（正元六男）写真　　　　（渡正亮氏［渡亮之介令息］提供）

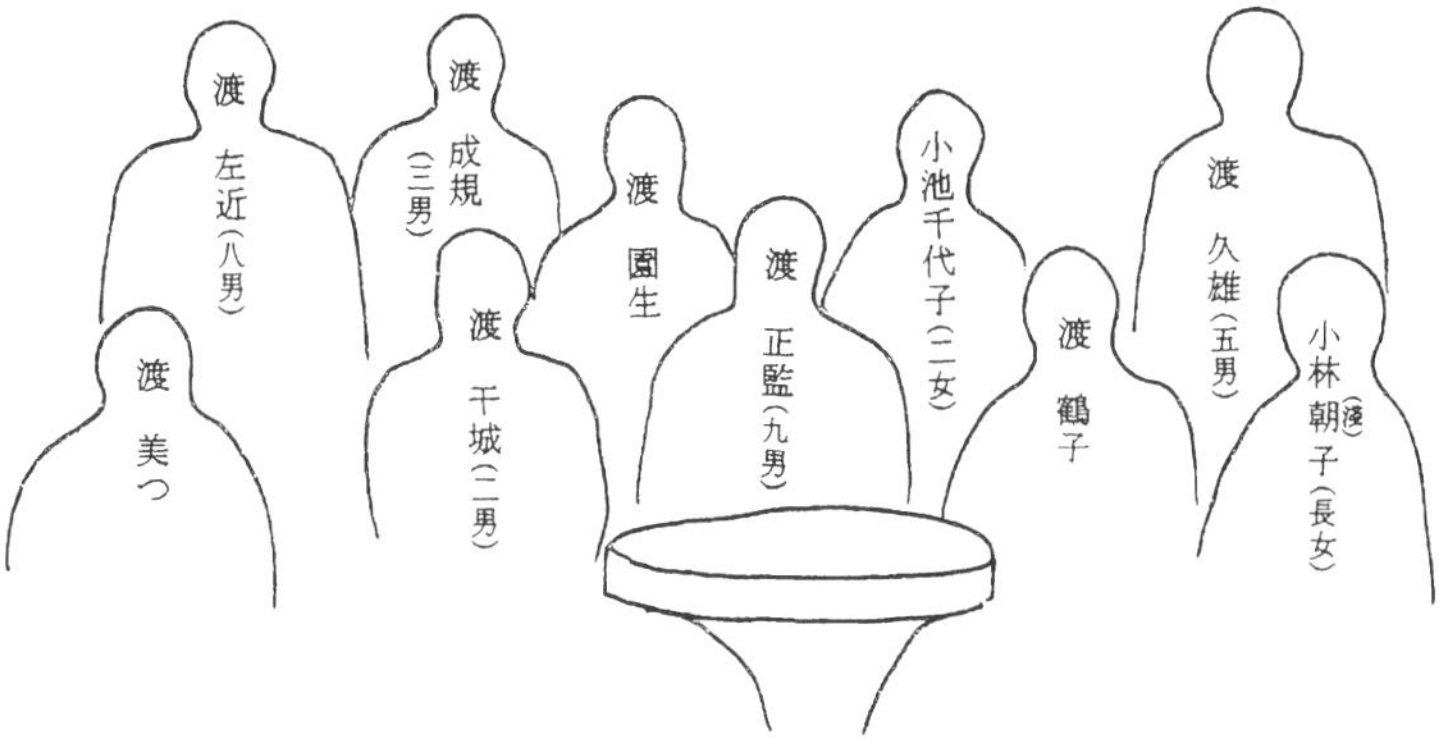

五―一、広島とフランス人

アンドレ・ベルソール著『明治滞在日記』（大久保昭男訳　新人物往来社　一九八九年発行）
第六章「フランス人と日本人の家庭」

上記の書の「訳者あとがき」によると、アンドレ・ベルソールはフランス人で、一八六六年ラヴァルに生まれ、一九四二年パリで死亡したとのことである。彼は一八九七（明治三十）年に来日し、日本国内旅行記を書いた。『日本日夜の記』或いは『日本の昼と夜』というのが直訳であろうが、上記書ではそれを『明治滞在日記』としている。その第六章は「フランス人と日本人の家庭」と題され、広島の日本人とフランス人の夫妻の家庭のことが記されているのである。

その夫妻とはムッシュー・エ・マダム・ニキクの事で、ベルソールは日本人男性の妻となって、広島でひっそりと暮らしているフランス人女性・マダム・ニキタを訪ねたのである。ニキタ氏の名は書いてないが、夫人のプレ・ノンはテレーズである。マダム・ニキタは、著者ベルソールが、彼女に会う前に、次のように考えていたように、不幸な生活を強いられていた。

「私は東京で二人のヨーロッパ人女性と知り合ったが、その一人はドイツ出身、他の一人はイギリス出身であった。その二人とも、右の二つの姿勢の後者（周囲に対して彼女の革命的個人主義を受け入れさせるほどに強いことを示す。筆者注）を押し通すことに成功しているように見えた。二人ともが、かなり高い地位の男性と結婚していた。彼女らは幸運にも、困難を取り除き、不運を和らげることができた。宮廷や社交界では、彼女らの自尊心がそうと望んだ以上に充たされうる地位を占めることができた。さらに、ヨーロッパの外交団と不断の交渉をもち、そこへ気楽に出入りすることができた。（中略）しかし、彼女らが、公的世界や祝祭から離れて暮らし、田舎の沈黙の中で、節倹を強いられ、忘れられ、埋没したように生きることを余儀なくされるのだったら？　しかも、彼女らがフランス女だったら？　私がさまざまの地方で出会った数多くの例で判断した限りでは、アングロ‐サクソンの女性（おそらくドイツ女性も）は環境の変化によりよく耐えることができる。彼女らは、ある地域に到着すると、ティーポット、小さいナフキン、気むずかしいささやかな贅沢、同化を拒む精神、冷たい執拗さ、内面的満足をもって住みつく。そして、周囲すべてにイギリス的雰囲気を作り出す。フランス女性は、異国の影響に適合し、進んで身を委ねる。しかし、異国風土のもつ敵意に抗するすべを知らない。イギリス女性は、いたるところで、征服地の前哨にいるときのように、そのホームの中にいる。フランス女性は、支えられ、励まされ、へつらわれることが必要であり、彼女が混ざり合いたいとひたすら願う新しい祖国があらゆる面で彼女にわらいかけてくれるのでなければならない。」

テレーズ・ニキタは「辛い思いをしましたが、今は以前ほどではありません。いずれ、ぜんぜん苦しまないようになれるでしょう。……それに、私には子供がおります。ただ、自分の子供たちにフランス語を教えることがゆるしてもらえないのです。」と言う。

ムシユー・ニキタは「わたしの子供！それでしたら、子供たちにはいつもフランス語で話すように家内に言ってやって下さい。末の子はパパという言葉さえ言うことができないのですよ。彼女は本当の日本女性になってしまったのですよ！」というが、マダム・ニキタの事を本当には理解していないのである。

この「フランス人と日本人の家庭」に書かれていることは、この翻訳書の「序」で森本英夫氏（当時大阪市立大学教授）が書いているように、「日本という閉鎖的な社会の中で暮らす国際結婚をした日本人男性とフランス人妻との実態を通じて語られる日本人の一人よがりの国際感覚。自分の身内、親族、あるいは上司に対しては献身と自己犠牲を厭わないのに、他人の苦しみや悲惨となるとまったく目をむけようとしない冷たい日本人の感覚。こういった容赦のないベルソールの日本批判は、単に明治時代という過去の一時期の日本に対する批判としてのみ読み取るべきではないであろう。今を生きるわれわれにも十分通じるものである。」

本項はいささか他の項目とは趣を異にし、しかも、実は広島にのみ関係する事ではなく、また、日本人男性の氏名もはっきりしないが、フランス人ベルソールの広島での見聞である事は確実と思われるのでここに記した。尚、部分的引用では、内容を良く理解できないと思われるので、『明治滞在日記』のこの章を是非読んで頂きたい。長すぎるので本項に全部を引用することは敢えてしなかった。

五―二、比治山・陸軍墓地に眠るフランス軍人

一九〇〇（明治三十三）年に勃発した北浦事変の時、広島に送られて来たフランス人兵士については、夙に旧本協会理事・伊東隆夫氏、旧本協会専務理事・中村義男氏が、本協会・会報や他の公刊物で紹介している。本項

では、当協会・現専務理事・原野昇氏が、『仏蘭西学研究』第二十八号（発行人・日本仏学史学会・富田仁　平成十年七月二十五日発行）及び『広島日仏協会五十年史』（編集・「広島日仏協会五十年史」編集委員会　一九九九〈平成十一〉年九月十日発行）に、それぞれ「広島のフランス人墓地」、「比治山フランス人墓地」と題して掲載された業績を、摘記して紹介する。

「西暦一九〇〇年（明治三十三）に中国において義和団の乱がおこった。これをフランス語では La Révolte（または L'Insurrection）des Boxeurs と呼ぶ。義和団（団匪、拳匪とも）が元の時代以来の伝統をもつ拳法を駆使したため、こう呼ばれている。彼らは排外主義を呼号して在外公館や教会を襲い、大公使をはじめ多数の外国人を殺傷し、その破壊活動は猛烈を極めた。これに対し、日本、イギリス、アメリカ、フランス、ロシア、ドイツ、イタリア、オーストリアの諸外国は連合して（八ケ国連合軍）鎮圧に当たった。これを日本では北浦事変と呼んでいる。このときの戦線での戦病者が、病院船「博愛丸」で広島に送達され（七月二十一日宇品港到着）、当時広島市基町にあった陸軍衛戍病院・第三予備病院で加療された。」

原野氏論文はかなり長いので、途中を端折り、本項の目的に合わせて要約すると、次の通りである。

広島に移送されて来たフランス人将兵は約百名であったが、その中広島で死亡したのは、七名であった。その墓碑銘により、その氏名等は原野氏論文で明らかにされている。本項では掲載の都合で後のページに掲げる。又、これ等七名の兵士の墓七基の他に記念碑が一基建てられている。その銘文も後掲する。

尚、記述が前後するが、原野氏によると、当時の広島市長・伴資健の日記には、死亡した七名以外の全治して帰国したフランス人将兵は一九〇〇年八月十八日から十二月二十二日までで五十四名となると書いてあるそうである。十二月二十七日には海軍大尉マルチニーが帰国しているので、五十五名帰国ということになるが、この帰国者の数と七名の死亡者をプラスして当時広島に送られて来たフランス人兵士は少なくとも六十二名はいたことになると、原野氏は述べている。

原野氏論文には、「日仏の友好親善」と題して、本項に取り上げるに相応しい記事があるので、次に引用する。

フランス人傷病兵の広島での治療、および死没者の葬儀・埋葬、墓碑建設を機に、広島では日仏両国民の友好親善が非常に深まった。具体的には、フランス公使館附武官陸軍騎兵少佐コルウヰザノルが来広し、各方面に謝辞を述べたし、入院中のフランス将校の夫人来広もあり、一九〇〇年（明治三十三）八月十日には、両国の盛大な交歓会が開かれた。同年十二月二十七日にマルチニー海軍大尉が帰国するときには、双方より謝礼晩餐会および送別会が開催された。さらに翌一九〇一年（明治三十四）には、フランス東洋艦隊第二分隊の旗艦ダントル・カスドル号（八〇〇〇トン、第二分隊司令官ベール少将以下六百三十余名乗組）が広島を答礼訪問した（十二月十二日、宇品港入港）。その際フランスは、前年の広島市民の好意に謝意を表するため、一〇〇余名の日本人にフランスの勲章を贈り、授与式が翌十二月十三日に同艦上において行なわれた。上記の伴資健広島市長もレジョン・ドヌール勲章を授与されている。なおこのとき上記マルチニー大尉も再度来広している。

本篇で扱う時期のことではないが、このフランス軍艦の広島来訪は太平洋戦争後も復活して、筆者が記憶しているかぎりでも、二度は確実に存在した。『広島日仏協会五十年史』には、一九五五（昭和三十）年二月十六日入港のラ・グラシューズ号しか記録されていないが、同書・山本修氏回想に写真が掲載されているジャンヌ・ダルク号も来航しているし、艦名は失念したが、広島大学フランス人講師・ランツ先生在任の時も軍艦は来ている。筆者もこの時は宮島まで同行した。最近では、フランス海軍フリゲート艦「スュルクフSURCOF」号が、一九九八（平成十）年十月十九日に、呉港に入港している。それは『五十年史』に記録されている。

尚、広島日仏協会の活動は、日仏交流の歴史の上では、今や疎かにできない重要となっている。今後機会があれば、大正・昭和時代の日仏交流について述べる際に報告したい。

比治山のフランス人墓地　　原　野　　昇

1	BOURGLADE Jean	軍曹，海軍第9歩兵連隊／1874年8月20日ボルドー（ジロンド県）生／1900年7月23日広島にて没
2	POSTIC Corentin	海軍兵長，ジャン・バール号操舵部／1869年10月13日ランヴェオック（フイニステール県）生／1900年7月21日宇品の停泊地にて没
3	CAROUR Louis-Marie	砲兵，海軍第1砲兵連隊／1878年8月15日ケルヴィニヤック（モルビアン県）生／1900年7月21日宇品の停泊地にて没
4	DOREL Joseph	ラッパ手，海軍第11連隊／1868年2月18日グルノーブル（イゼール県）生／1900年7月22日広島にて没
5	LEBEAU Jules	軍曹，海軍第9歩兵連隊／1871年7月10日アルトンジュ（エーヌ県）生／1900年8月15日広島にて没
6	COHENDY Fançois	三等兵，海軍第11歩兵連隊／1870年2月2日エダ（ピュイ・ド・ドーム県）生／1900年9月8日広島にて没
7	LELIEVRE Fançois	軍曹，海軍第11歩兵連隊／1870年3月9日アンジェ（メーヌ・エ・ロワール県）生／1900年9月19日広島にて没

正面

A LA MEMOIRE／DES SOLDATS ET MARINS／FRANÇAIS／DU CORPS EXPEDITION^{RE} DE CHINE／DECEDES A HIROSHIMA／EN1900／ET EN RECONNAISSANCE／DU DEVOUEMENT AVEC LEQUEL／LES JAPONAIS／ONT SOIGNES LEURS COMPATRIOTES／LES RESIDENTS FRANÇAIS AU JAPON／ET LE "SOUVENNIRFRANÇAIS" ／ONT CONSACRE CE MONUMENT

1900年に中国に派遣され，広島で斃れたフランス陸海軍の兵士を覚えて，また日本人が我が国民を献身的に介護されたことに謝意を表するため，日本在住フランス人と本国の「スヴニール・フランセ」協会とでこの碑を建立した

側面

HONNEUR AUX BRAVES／MORTS／POUR LA PATRIE

祖国のために斃れた勇士の栄誉を讃えて

背面

殉国忠士之碑

一千九百年北清之役我陸海軍兵傷	一千九百年北清ノ役ニ、我ガ陸海軍ノ兵、傷痍疾病セシモノ
痍疾病託諸廣島病院病院甘諾醤治	緒（これ）ヲ廣島病院二託ス。病院甘諾シテ醫治看護
看護備極懇篤　獲痊瘉矣而其遂不	備極懇篤ニシテ、概（おおむね）痊瘉ヲ獲クタリ。而ルニ其ノ遂ニ
起者若干則皆葬干此焉因与本國崇	起タザル者若干ハ則チ皆此ニ葬ル。因リテ本國ノ崇武仁児
武仁児協會謀茲建斯碑以表我兵殉	（すーぷにーる）協曾ト謀リ、茲ニ斯ノ碑ヲ建テテ以ッテ我ガ兵ノ
國之忠併紀日本帝國人敦于友誼云	殉國ノ忠ヲ表ス。併セテ日本帝國人ノ友誼ニ敦キヲ紀スト云フ。

大日本帝國在留佛國人識

Les tombes de sept militaires français a Hiroshima

Noboru HARANO

1 BOURGLADE Jean	sergent au 9e Régiment d'Infanterie de marine né a BORDEAUX (Gironde) le 20 août 1874 décédé a Hiroshima le 23 juillet 1900
2 POSTIC Corentin	quartier-maître de timonerie. dut [sic] JEAN-BART né à LANVEOC Finistère le 13 octobre 1869 décédé en Fade d'Ujina le 21 juillet 1900
3 CAROUR Louis-Marie	canonnier au 1er Régiment d'Artillerie de marine né à KERVIGNAC Morbihan le 15 aoûut 1878 décédé en rade d'Ujina le 21 juillet 1900
4 DOREL Joseph clairon au 1 le Regiment demarine	né à GRENOBLE Isère le 18 février 1868 décédé a Hiroshima le 22 juillet 1900
5 LEBEAU Jules soldat au 9e Régiment d'Infanterie de marine	né à ARTONGES Aisne le 10juillet 1871 décédé a Hiroshima le 15 août 1900
6 COHENDY François	soldat au 1 le Régiment d'Infanterie de marine né à AYDAT Puy-de-Dôme le 2 février 1870 décédé a Hiroshima le 8 septembre 1900
7 LELIEVRE François	sergent au 1 le Régiment d'Infanterie de marine né à ANGERS Maine-et-Loire le 9 mars 1870 décédé a Hiroshima le 9 septembre 1900

Face

A I.A MEMOIRE
DES SOLDATS ET MARTNS
FRANÇAIS.
DU CORPS EXPEDITIONRE CHINE
DECEDES A HIROSHTMA
EN 1900
ET EN RECOWAISSANCE
DU DEVOUEMENT AVEC LEQUEL
LES JAPONAIS

ONT SOIGNES LEURS COMPATRIOTES
LES RESIDENTS FRANCAIS AU JAPON
ET LE "SOUVENIR FRANÇAIS"
ONT CONSACRE CE MONUMENT

Côté

HONNEUR AUX BRAVES
MORTS
POUR LA PATRIE

第三章　愛媛県

一、愛媛県出身・渡仏（含渡欧）者の概略

標題に該当する者の数は二十一名である。
先の二章に倣い、全員の氏名を五十音順で列挙する。

一、秋山好古　二、池田謙蔵　三、加藤恒忠　四、加茂正雄　五、河野亮蔵　六、金子登　七、桜田助作　八、真田幸民　九、勝田主計　十、末広重雄　十一、末広鉄腸　十二、竹内維彦　十三、田中新太郎　十四、田中泰董　十五、中川八郎　十六、新田長次郎　十七、野中久徴　十八、久松定謨　十九、穂積重遠　二十、増田好造　二十一、皆川治広

この数は山口県の場合と比較するとずっと少ないが、広島県よりは若干多い。愛媛県の場合は、松山市出身の久松定謨・加藤恒忠・秋山好古の三人組が渡仏者の中心となるが、特集は加藤恒忠（拓川）で組む。加藤拓川は著名な俳人・正岡子規の叔父に当たり、拓川の資料は正岡家に保管されている。渡航形態をベースにして、先の二章と同様、全渡仏（渡欧）者のプロフィルを次に掲げる。

二、愛媛県出身の渡仏（含渡欧）者のプロフィル

視察

公費視察

一、**野中久徴**　一、生年月日不明　二、一九〇三（明治三十六）年十二月十日死亡　三、一八七一（明治四）年渡米・欧　四、一八七二（明治五）年帰国　五、仙台始審裁判所検事、愛媛県立松山中学校長・従五位勲六等　六、A、D。

二、**河野亮蔵**　一、一八四〇（天保十一）年六月生　二、一九〇一（明治三十四）年十月死亡　三、一八七五（明治八）年渡航（渡航先「その他？」）　四、一八七五（明治八）年帰国　五、大蔵省租税寮八等出仕　六、A、B、1『北海道人名字彙』。

三、**勝田主計**（A『幕末・明治　海外渡航者総覧』では、「しようだかずえ」となっているが、『明治百年　愛媛の先

覚者たち』では、「かつだしゅけい」）一、一八六九（明治二）年九月十五日生　二、一九四八（昭和二十三）年十月十日死亡　三、一九〇一（明治三十四）年六月（七月）渡欧　四、一九〇三（明治三十六）年三月帰国　五、大蔵省総務局文書課長、大蔵大臣、文部大臣　六、A、1　『愛媛県人名大事典』、『明治青年　愛媛の先覚者たち』。

私費視察

一、真田幸民　一、一八五〇（嘉永三）年生　二、一九〇三（明治三十六）年九月八日死亡　三、一八七一（明治四）年渡欧　四、一八七二（明治五）年一月十八日帰国　五、不明　六、A、D、1『日本人名大事典』。

二、末広鉄腸　一、一八四九（嘉永二）年二月二十一日生　二、一八九六（明治二十九）年二月五日死亡　三、一八八八（明治二十一）年四月渡米・英・仏　四、一八八九（明治二十二）年二月帰国　五、衆議院議員　六、A、D、1　『明治百年愛媛の先覚者たち』。

三、新田長次郎　一、一八五七（安政四）年五月二十九日生　二、一九三六（昭和十一）年七月十七日死亡　三、一八九三（明治二十六）年五月渡米・英・仏　四、一八九三（明治二十六）年十一月帰国（一九〇〇（明治三十三）年再渡仏　同年帰国）五、製革会社経営、松山商科大学（現松山大学）創設　六、A、1　『明治百年　愛媛の先覚者たち』、伝記『至誠　評伝・新田長次郎』、自伝『回顧七十有七年』有り、別項で詳述する。

四、田中泰董　一、一八六二（文久二）年九月九日生　二、一九二六（大正十五）年九月二十一日死亡　三、一八九九（明治三十二）年渡米・欧　四、一八九九（明治三十二）年帰国　五、川崎造船所造船課長　六、A、H。

五、中川八郎　一、一八七七（明治十）年十二月二日生　二、一九二二（大正十一）年八月三日死亡　三、一八九九（明治三十二）年渡仏　一九〇一（明治三十四）年帰国　一九〇三（明治三十六）年再渡仏、一九〇六（明治三十九）年帰国　五、画家　六、A、D。

六、竹内維彦　一、一八七四（明治七）年三月十日生　二、死亡年月日不明　三、一九〇四（明治三十七）年渡欧・濠　四、一九〇五（明治三十八）年帰国　五、久原鉱業株式会社専務取締役、日本鉱業株式糧者取締役社長、工学博士　六、A、H。

留学

公費留学

一、池田謙蔵　一、一八四四（弘化一）年十一月二十日生　二、一九二二（大正十一）年二月二十口（『大日本農会百年史』では二十一日）死亡　三、一八七一（明治四）年渡米・英・仏　四、一八七三（明治六）年帰国（一八七六（明治九）年再渡航、同年帰国）　五、内務省官吏、大日本農会参事　六、A、1　『大日本農会青年史』。

二、秋山好古　一、一八五九（安政六）年一月七日生　二、一九三〇（昭和五）年十一月四日死亡　三、一八八七（明治二十）年七月二十五日渡仏　四、一八九一（明治二十四）年十二月十三日帰国　五、陸軍大将、北予中学校長　六、A、B、G、I　『愛媛の先覚者たち』、『愛媛県人名大事典』、伝記　『秋山好古』有り、私費留学のところに記す久松定謨、加藤恒忠と関連するところが大きい。秋山好古は別に項を設けて述べる所以である。

三、末広重雄　一、一八七四（明治七）年七月八日生　二、一九四六（昭和二十一）年死亡　三、一九〇一（明治三十四）年九月渡独・英・仏　四、一九〇五（明治三十八）年帰国　五、京都帝国大学教授（法学部）　六、A、H、I　『京都大学七十年史』。

四、金子登　一、一八七〇（明治三）年十一月二十三日生　二、死亡年月日不明　三、一九〇三（明治三十六）年七月渡英・仏　四、一九〇五（明治三十八）年八月帰国　五、京都帝国大学教授（工学部）、従二位勲二等　六、A、H。

五、加茂正雄　一、一八七六（明治九）年八月十五日生　二、一九六〇（昭和三十五）年死亡　三、一九〇六（明治三十九）年八月渡米・英・仏・独　四、一九一二（明治四十五）年十月帰国　五、東京帝国大学教授（工学部）六、A、H。

六、皆川治広　一、一八七五（明治八）年三月七日生　二、一九五八（昭和三十三）年三月死亡　三、一九一〇（明治四十三）年渡仏・独・自　四、一九一三（大正二）年帰国　五、大臣官房職員課長　六、A、I『戦前期日本官僚制度の制度・組織・人事』、『帝国大学名鑑』。

七、穂積重遠　一、一八八三（明治十六）年四月十一日生　二、一九五一（昭和二十六）年七月二十九日死亡　三、一九一二（明治四十五）年十月二十四日渡英・独・米・仏　一九一六（大正五）年帰国　五、東京帝国大学教授（法学部）六、A、I『学問の山なみ』。

私費留学

一、増田好造　一、一八五〇（嘉永三）年生　二、死亡年月日不明　三、一八七六（明治九）年四月渡仏　四、一八七六（明治九）年七月三十日帰国　五、住友別子銅山技師　六、A、B。

二、田中新太郎　一、生年月日不明　二、一八八二（明治十五）年死亡　三、一八七七（明治十）年渡米・欧　四、一八八一（明治十四）年帰国　五、製靴業　六、A、I『現代人名辞典』。

三、加藤恒忠　一、一八五九（安政六）年一月二十三日生（『明治百年　愛媛の先覚者たち』では「二十二日」生）二、一九二三（大正十二）年三月二十六日死亡　三、一八八三（明治十六）年十一月渡仏　四、一八八六（明治十九）年帰国？（A、B共に帰国、再渡仏・白の記載なし、『明治青年　愛媛の先覚者たち』には、「二十四年帰国、公使館書記官、外務参事官、大臣秘書官を歴任した。二十五年パリー駐在の書記官となり（中略）三十年帰朝」その後ベルギー公使となり、最終帰国は三十九年と思われる）五、ベルギー公使、衆議院議員、松山市長、貴族院議員、従三位・旭日大綬章追贈　六、A、B、D、I『明治百年　愛媛の先覚者たち』、伝記『加藤拓川』有り（先述の通り、恒忠は俳人・正岡子規の叔父、正岡家に拓川（恒忠）の資料は保管されている。本章では、別に「特集　加藤恒忠事績と資料」を掲載し、この人物について詳述する）。

四、久松定謨　一、一八六七（慶応三）年九月九日生　二、一九四三（昭和十八）年二月（『幕末・明治　海外渡航者総覧』）十九日（『明治百年　愛媛の先覚者たち』）死亡　三、一八八三（明治十六）年渡仏　四、一八九一（明治二十四）年帰国　五、元松山藩主、陸軍中将　六、A、B、G、I　『明治百年　愛媛の先覚者たち』。

五、桜田助作　一、一八六七（慶応三）年八月生　二、死亡年月日不明　三、一八八二（明治十五）年渡白　四、一八八五（明治十八）年帰国（一八八七（明治二十）年渡仏・独・白、一八九二（明治二十五）年帰国）　五、
六、A、I　『日本現今人名辞典』、『大正人名辞典』。

三、伝記等史料により滞仏時の記録が見出される愛媛県出身の訪仏者

本項では標記のタイトルで、伝記等の史料により、訪仏時の様子を具体的に知ることのできる人物について、「プロフィル」に於てより、若干詳細に述べる。その人達は次の五名である。「視察」一、末広鉄腸、二、新田長次郎「留学」一(三)、増田好(芳)造、二(四)、久松定謨、三(五)、秋山好古、四(六)、穂積重遠。このうち、新田長次郎、秋山好古には伝記があるが、他の人々には伝記はない。増田好(芳)造については宮本エイ子氏の最近の調査を大幅に引用する。また、久松定謨についても、秋山好古及び「特集」で述べる加藤恒忠の渡仏と、久松定謨の留学は関係が非常に深いので、資料は殆ど無いに等しいが、若干の言及を試みる。

視察

末広鉄腸

末広鉄腸には海外渡航時のことを記した『唖之旅行』が存在する。これは、鉄腸自身が書いた「唖之旅行自序」に述べられているように、「此書ヤ虚實相半バシ紀行ニモ非ズ小説ニモ非ズ誠ニ取ルニ足ラザル戯文」である。一方、「抑モ余ガ今度海外萬里ノ遊ヲ為スモノハ欧洲ノ政況ヲ視察スルニアリ、其實際ニ見聞セシ所ハ他日一書ヲ著シテ之ヲ世ニ間フベシ」とも同文で述べている。従って、この書は通常の日記等とは別な扱いが必要であると考えられる。しかし、鉄腸自身の訪仏の記録と全く無関係とも思われないので取り敢えず以下に『唖之旅行』の「フランス滞在」に関係する部分のみを示す。

『唖之旅行』は前・後・續の三篇から成っている。「フランス滞在」に関する部分はその「續篇」に見出される。

龍動《ロンドン》に居た主人公「忍」は人に勧められて佛蘭西・獨逸だけでも巡廻する為に、大陸に渡ることとなる。フランス語少々はできるという触れ込みの山崎という日本人と同行だが、早速フランスへ渡る積りが、間違ってベルギーへ往く船に乗り込んでしまう。ベルギーの「オステンド」からパリまでは汽車だと一日かかるということだったが、二人とも地理不案内なので、汽車にのるのも心配だし、ロンドンからパリまでの通し切符をもっているので、欲張り根性をだして、英国に引き返すこととなる。

翌日再び「ドバア」から出船して、今度は無事フランスの「カレー」に到着する。パリ行きの汽車に乗るのも大変な苦労であったが、やっと乗り込んだ車中で、二人はまたも失敗をやらかす。「忍」が尿意を催したのである。ところが、「一三月前佛蘭西へ遊びに来た人に様子を聞いてみたが巴里へ牲く氣車には便所が無い上に停車する場所が少ないので日本人などは随分困ることが多いが何時も多人数同車が無いから夜になれば人の睡っている間を窺ふてソット戸の透き間から遣って仕舞ふのだ」ということであった。しかし、生憎フランス人らしい老人と女性が同車していた。それで、「忍」が一計を案じ、持参していた「ブランデー」をその女性に飲ませ、酔い潰れさせ、その隙に「ブランデー」の空ピンに小便をして、小便は窓から外に捨てる。ところが、自分達も酔い潰れて寝てしまう。汽車がアミアンに着いた後でふたりは目を覚ますが、気が付いた時は「忍」のカバンは無くなっていた。山崎の時計も盗られていた。

パリに到着してからも、失策は続き、当てにしていた迎えは来ていないし、カバンを盗られたので、住所を記した手帳が無いから、友人の下宿に行くこともできない。やっとの思いで馬車を拾い、「グランドオペラ」を名指してそこまで連れて行って貰う。そうして、「グランドオペラ」近辺の「ホテル」にどうにか宿をとるが、失策はまだ続く。二人とも空腹を覚えたので、料理店を捜すが、良く分からないままとあるカフェに入る。カフェの二階で料理が食べられることを知り、二人は空腹を解消することは出来たが、食事代に七十フランも取られる。目標の「電気燈」が消えていたので、宿をとった「ホテル」が分からなくなり、また苦労したが、それも一人の紳士のお陰で見つかり、二人はやっと眠ることが出来た。

翌日「忍」は一人でパリに住んでいる知人の日本人を捜しに行く。これも「カルノウ」と馬車の御者に言っただけなので、大統領カルノウの官邸に連れていかれたりして、一度で目的を達したわけではないが、最終的には「アヴエニヴ・カルノウ町五十館」を尋ねあて、運良く在宅の「朋達」の某に会えた。

「朋達」の案内で凱旋門に登ったり、「パノラマ」を見たりした。この「パノラマ」については、『唖之旅行』に詳しい紹介の文が掲載されているが、紙幅の都合上省略する。

「今度程善き同行のあるまま」、「山崎は豫て大陸漫遊の旅行に出かけ」たので、「忍」は「跡に一人残り愈々心細くなり一日も早くマルセーユに赴き飛脚船に乗り込んで歸國」しようと思ったが、「其内に此地へ在留する人々にも大分知己が出来たれば其の案内にて議院學校を始め諸方の劇場等を見物」した。

そうこうしている内に「忍」は今度は「辰巳」という日本人と同行して帰国することとなる。二人はパリから急行列車でマルセーユへ向かう。

今度も何も失策無しというわけにはゆかず、列車の中で煙草が喫みたくなり、食堂車に行って喫煙したのは良いのだが、コーヒーが飲みたくなったので、「給仕人」を呼ぶつもりで、呼鈴を押したところ、それが非常ベルであった為、「車長」がやって来て、大変なこととなった。

この大失策の為、二人はマルセーユで新聞記者のインタヴューを受ける。二人は新聞社の通信員とも知らず、うかうかと列車内での大失策を喋ってしまったのだったが、この失策がなければ誰も世話をしてくれる者がいないので、宿の「オテル・ド・シエネール」に無事宿泊出来たかどうかも心許ないものであった。

兎に角このようにして、「忍」はどうにかフランスのマルセーユを出港して帰国の途に就く。『唖之旅行』はまだ続くが、関係分の「フランス」旅行記はここ迄である。

『唖之旅行』は「唖之旅行自序」によると、「明治廿一年六月英京龍動キング、ヘンリース、ロードノ下宿屋ノ三階ニ於て　鐵腸居士記ス」とある。『明治　欧米見聞録集成』第十九巻『唖之旅行』前、後、続編　昭和六十二年十二月十日発行を参照した。

新田長次郎

新田長次郎には自伝『回顧　七十有七年』（発行兼編輯人・坂東富夫　印刷所・林欧文堂　昭和十年三月十日挙行非売品）と、伝記・西尾典祐著『至誠　評伝・新田長次郎』（発行者・生田良雄　発行所・中日出版社　平成八年三月十八日発行）が有る。

自伝『回顧　七十有七年』第四章「第一回海外視察旅行」に「単身洋行の事情」等詳細にこの視察旅行ついてのべられている。その内、フランス訪問について、摘記する。

倫敦出發佛國巴里に向ふ　加藤恒忠氏と初對面す

英國に滞在すること二十日にして、二十一日目に倫敦を出費し健闘巴里に向ふ、出費に先立ち長谷川金主五郎氏より、巴里公使館には親友加藤恒忠氏駐紮せるにより、紹介せむとて同氏宛の紹介状を渡さる。時は八月の盛夏にして暑気なかなかに酷し、夜十一時乗船し翌日午前二時頃ドウバー海峡を渡り凡そ一時間半カレーを通過して、佛蘭西に到着し汽車にて巴里に行く。

巴里に於ける日本公使館に着せしは、午前六時過にして館員は未だ出勤せず、伴待所の如き所にて凡そ二時間経過の後長谷川氏よりの紹介状を示し、加藤恒忠氏に面會す。

當時加藤氏は代理公使にして三十二歳の壮年なり、暫く談話を交ゆる内同氏は余の口調にて松山出身なることを察知し、私も松山出身なりと言はれ、母國を距てし遠き海外にて突然同郷人に巡り遭ひて愛郷の念一入に深く急に親密の度を増し、夫より歸朝後加藤氏とは實に刎頸の交を結びしものにして、余が同氏と知りし實情にこの時が始めなり。

而して余は船のマルセーユ出帆まで僅か二週間しか餘日無く、巴里滞在は十日又は十一日間の予定なることを加藤氏に話したるに、同氏は左程短時日の示見察のことなれば良き案内者を周旋すべしとて、當時巴里に於ける日本人通辞中にて第一人者と言われ、日本より高位高官者の巴里に来りし際には、常に通辦の役當替る諏訪秀太郎と云ふ元日本陸軍軍人にして、佛蘭西語に達者なる人を周旋せられ且親切に案内すべき様注意せらる。

旅館も加藤氏の紹介にてメトロホテルに止宿し萬事都合よく、諏訪氏又頗る熱心親切に毎日市内及製革工場に案内し、馬車は約束により朝八時に来り夕方五時まで乗廻はす。諏訪氏は毎夜十一時十二時頃までも余に付添ひて案内し、巴里滞在中は全く気持ち能く満足して十分の示見察を為すことを得たり。

斯くしてマルセーユ發費後三十八日目に長崎に入港し、五月横濱を出費してより七ケ月日の十一月中旬懐かしき故國の風物に接し、翌三十九日日の午後神戸に入港し旅中恙なく歸朝し故國の土を踏む。

伝記『至誠　評伝・新田長次郎』には加藤・諏訪等との出会いは勿論記述されているが、その他、この旅行に要した費用がおそらく五千円はかかっていたと思われる事、これは新田組の出資金よりはるかに大きい金額であった事、しかし、得たものも多かった事が述べられている。

例えば、三井物産との新たな関係が成立し、池辺三山や加藤恒忠と交際するようになった。さらに、イギリス製最新機械を導入し生産力と品質を向上させた。またそれに関連して、作業形態が座業から立働くに改められた。（中略）こうして長次郎の帰朝後、新田組の工場は大きく変化をとげたのであった。

新田長次郎は明治三十三年五月第二回目の洋行を行ない、フランスを訪れた。

日本人船客の多かりしため毎日賑はしく愉快なる航海を續け、海上無事にて佛國マルセーユに上陸し夫より汽車にて巴里に到着、前回加藤恒忠氏の紹介にて通辦の労を執られし諏訪氏を訪問し、同氏經営の諏訪ホテルに投宿す。

第二回目の海外視察の折には、旅行中出会った人物や、雇用した通訳についての感想など、色々興味ある言及があるが、それ等は今回は省略する。又、新田長次郎の子孫・新田宏行氏と連絡がとれ、長次郎が第二回目のこの視察旅行の時収集したパリ万博当時のパリの名所のスライドなどの資料が、北海道幕別町新田の森にある新田本宅内の倉庫に保管されている事などの教示を得ている。それ等は後日機会を見て、別に紹介する。長次郎は同年十一月帰国した。今回の海外視察に関する本人の総括は下記引用の通りである。

今回の洋行は第一回の經験により自分にて歐米事情の知識を有し、且通辦人を同伴せるため視察上便利にして、第一回に比しては更に多大の効果を揚げ得べしと期待せしに、余は全く裏切られて、前回とは殆ど比較し難き程の不成績に終りたり。

長次郎のフランス訪問と直接の関係はないが、彼の第一回と第二回フランス滞在の間・明治三十年に、長次郎が秋山好古と会っていることを特に記して置きたい。好古と長次郎は幼なじみであった。長次郎が第一回目の視察の時パリで世話になった加藤恒忠と秋山好古は矢張り竹馬の友であった。加藤恒忠と秋山好古は次に述べる久松定謨と共に殆ど同時期パリに居た。

好古の方が先に帰国したが、その約一年半後に長次郎がパリに現れたのである。恒忠は長次郎とは少年のグループが異なるためその時が初対面であり、長次郎と好古との関係も知らなかったが、パリで同郷の実業家新田長次郎と会ったことを好古に伝えた。

奇しくも、四国の小都で生まれた長次郎・好古・恒忠の三人は欧州の大都パリで繋がったのである。

以上は伝記『至誠　評伝・新田長次郎』からの引用である。

留学

増田好（芳）造

増田好（芳）造は、明治九年塩野門之助と共に住友からフランスに派遣された。塩野門之助については、『幕末・明治期の日仏交流――中国地方・四国地方篇（一）松江――』の第三章で詳しく述べた。増田好（芳）造については、宮本エイ子「住友、新居浜そしてフランス　もうひとつの旅」（『えひめ雑誌』平成十年二月十日号発行所　愛媛新聞社）に非常に詳しく書かれている。次に要点を転記する。

増田芳造（好造・好蔵）は、ペリーが浦賀へ来航する三年前の嘉永三年（一八五〇）一〇月一七日、父勝蔵のち二代目清兵衛、母於品の二男として西条藩下、新居浜浦で生まれた。（中　略）祖父の代から、いわば先祖伝来の住友傭人である増田家にあって、父や祖父と同じように、二男芳造は一二歳で住友に入る。

明治二年（一八六九）一月に生野鉱山修学、同年六月帰山。内地留学である。住友のホープとしてすでに研修させられていたのだろう。生野では、外国人技師コワニエにも会っているに違いない。六年六月、別子へコワニエが視察に訪れたときも若き傭人として迎え入れただろう。七年（一八七四）三月、ついにラロックがフランスの近代技術を持って別子の銅山へ来た。山中に張りつめた空気が流れた。その十月、増田はラロック随従の任務に当てられ、緊張と充実の日々を送ったことだろう。

ラロックの職責が果たされ契約が切れ帰国した後、採鉱、冶金学研究のため傭員を留学させ、四年後には銅山を洋式鉱業に推転する計画が立てられた。

塩野門之助（一八五三～一九三二）はラロックを迎え入れるときに通訳として雇われたが、鉱山の知識に乏しいため、増田芳造はもう一人の留学生として抜擢されたのだった。両名の旅券が明治九年二月十日付で大阪府から交付された。

増田の風貌は「「眼細き方、鼻低き方、口常体、面円き方、痘痕之有、色白き方、身五尺八寸」と特長を記している。身長は高く、相棒の塩野よりちょうど一尺（三〇センチ）高い。塩野は目が大きく、顛は赤いと書かれている。なんと対照的身体であろうか。」

川崎英太郎氏の『塩野門之助フランス留学時の書簡について』より二人の旅程を辿ってみる。

九年（一八七六）四月五日横浜着。

▽四月一〇日付、塩野・増田連名の広瀬あて手紙末尾「帰国後、この大恩の万分の一でも報うべき決意」を表明。▽四月十一日　早朝午前四時、横浜を出帆　▽四月一八日午前八時半　香港着。二〇日出帆予定　▽五月三一日仏国マルセイユ着直　横浜出発後五一日。インド洋上機関故障修覆のため大風大波のなかに漂流、二七日到着の予定が三一日となる。▽六月一日　パリス府向け出車　▽六月三日　パリス着　▽六月四日　リリエンタール商会（横浜支店）の社長ヒッチに面会　▽六月五日　ラロックに面会。塩野の六月一六日付書簡によれば、増田のみ諸鉱山見学後（二ケ月あまりののち）帰国の予定となる。六月二八日付書簡で、増田は七月四日から五日頃「パリス」出立、リヨン近辺の鉱山巡見。三一日、仏国郵便船アバ号にてマルセイユ出港、帰国の予定。

▽七月一二日付書簡　一〇日増田帰国旅費ならびに両人鉱山巡見費を受け取る。これにより出立を一三日に決したこと。増田は先月中旬より病気のよし。▽七月二七日付書簡　増田の病気は現実の留学に対する責任感からの神経症であること　▽八月六日付書簡　七月三〇日仏国郵便船アバ号にて増田マルセイユ港出帆　▽一〇月二三付書簡　八月二九日付の広瀬宰平の書状が初めて届く。そこで、増田夫人難産死去のことを知る。また増田より横浜無事着の書状も届く。

以上の通り、塩野門之助の書簡によってのみ、増田の半年間の海外生活の一端がうかがえる。最後「増田横浜無事着」と同時に「増田夫人難産死去」が、静と動が谺する運命の蜂火のように響く。

（中　略）

塩野の積極的渡仏に比べ、言葉の不自由な増田は抜擢された受動態での渡仏。見るもの聞くものすべてが新鮮、いや新鮮というのを越えてその衝撃は大きい。塩野より三つ年上の兄気分で、生え抜きの住友人としての責任感、優秀で繊細なお上りさんであればあるほど、会社や日本を背負ってきているその重圧感と、この先どうなるかという不安感のうちに金縛りの状態であったろう。その不安を、癒してくれる家族は遠い。フランスと日本の通信に所要日程約五〇日の時代、異国での孤独感――。想像するだけでもパニックに陥る。

横浜岸壁に着き、いちばん最初に飛び込み、抱きしめてもらいたい妻は難産死去。愛しいものを失った悲哀、不成就の屈辱と無念さ、二重の喪失感。

物事を成就するという道はただ一つ、目的達成。それが果たせなければ負け犬の烙印を押される。「学モシ成ラズンバ、死ストモ帰ラズ」を象徴する白鞘の短刀を餞別に、洋行を命ぜられた若い社員が上司から授受された大正初めのエピソードを、川田順が『住友回想記』で伝えている。渡仏中の増田の留守宅への支給が毎月一〇円であったのが、格別の優遇として羨ましく感じさせていた。それらあまたの視線を、増田は背中に痛いほど受けた。彼が一生胃が悪かったというのも、案外そのあたりに起因するかもしれない。

加寿子（彼女の祖父の弟が増田芳造。彼女は芳造の養女となる。―筆者注）さんから芳造が眠る新居浜の磯浦墓地を聞いていたので、昨夏、彼へのご挨拶のため墓参をした。

フランスへ留学したことを記した墓碑のそばに寄添うように夫人の墓があった。

名は婦知（フジ）、旧松山藩士族、秋山玄微三女、大正八年（一九一九）十一月二五日　卒年六八。

墓石に彫られた妻フジは、増田夫人難産死去の夫人ではない。その夫人が在たという痕跡はない。当時は子供ができてから籍をいれることが普通であったらしく、実家が引き取ったにちがいない。

（中　略）

帰国後の職制は次の通りである。

▽一〇年四月　別子鉱山鋪方採鉱課　▽四月　吹方長製錬課長　▽一一年一〇月　吹方課長　▽一三年一二月二日依願退職二等末家　▽二〇年四月六日　住友再雇用　▽四月九日　別子惣開新田出張所の事務係　▽二二年一〇月西川鉱山出張所次長心得　▽二五年三月二七日　依願退職　▽二六年一月一六日　二等末家。

（後　略）

尚、芳造は「明治三七年（一九〇四）日露戦争勃発前の一月一八日、新居浜で没した。享年五三であった。」増田芳造と共に渡仏し、帰国後鉱山技師として活躍した塩野門之助については、先にも述べたが、拙著『幕末・明治期の日仏交流――中国地方・四国地方篇（一）松江――』で詳述した。その際、増田についても記したかったが、調査不行き届きで果たせなかった。今回、宮本エイ子氏調査・研究のお陰で、ここに補うことが出来たことを喜びたい。尚、増田芳造は塩野門之助と比較すると確かに不運であったが、海外渡航者の中には、増田よりも不運な者の数は少なくないと考えられる。増田は帰国できたが、異国の地で、こと志と異なり病などで倒れ、眠っているものも多いのである。機会をみて、そうした不遇の日本人海外渡航者のことも調査したいと考えていることを付記する。

久松定謨

久松定謨の「伝記」は存在しないと思われる。『海外における公家・大名展』（企画・編集＝霞会館資料展示委員会　発行所＝社団法人・霞会館　霞会館資料第六輯昭和五十五年九月発行）に、同人の留学のことが写真入りで掲載されているので、その部分を摘記する。

フランス共和国陸軍歩兵少尉　久松定謨

慶応三年（一八六七）江戸小石川に生まれる。幼名銀三郎。明治五年、旧伊予松山藩主久松定照の養子となり、家督を相続。東京外国帝学校、築地に住むフランス人・リギョン等に学び、明治十七年（一八八四）、十八歳でフランスに留学。明治二十年サンシールの陸軍士官学校に入学。同二十二年八月二十日卒業し、三十一日付で陸軍歩兵少尉に任官、十一月にツール歩兵第六十六連隊付となる。

明治二十四年（一八九一）に帰国。帰朝後は近衛師団に配属され、フランス語に関し陸軍一といわれ、皇族の渡欧に際しては必ず随行を命じられた。フランス公使館付武官、近衛歩兵第一連隊長、歩兵第五、第一、各々の旅団長を経て陸軍中将で予備役となる。その後、郷里松山で文化事業の育成、歴代の業績をまとめるなどして、昭和十八年、七十七歳で没す。

尚、同書に、久松定謨のフランス共和国陸軍少尉軍服写真、フランス・サンシール士官学校卒業写真、浅野長之・秋山好古・加藤恒忠及び定謨本人の四人が写っている定謨卒業時の記念写真などが掲載されている。秋山好古・加藤恒忠・浅野長之について、簡単な説明がある。

秋山好古

秋山好古については、『伝記』『秋山好古』（發行者・秋山好古大賭博記刊行曾・代表者・櫻井眞滑　奇行所・秋山好

古博記刊行會　昭和十一年十一月一日奇行）が有る。該当書・第三章「佛蘭西留学」より引用して、秋山好古滞仏の事情を明らかにしよう。

秋山將軍の郷里伊豫松山の舊藩主久松伯爵家の當主を定謨と言ひ、將軍よりは八歳の年少であった。幼少の頃より舊會津藩士赤羽操氏に師事してその家塾に寄寓し、嚴格なる教育を受けたが、漸く長ずるに及びて陸軍に出身することに決し、當時帝国陸軍の指導國であった佛蘭西の士官学校に入学するため同國に留學することとなった。そこで愈士官學校に入學した場合に於ける軍事補導役として、松山出身の軍人中より適任者を物色した結果、秋山好古と仙波太郎の両氏が候補者に擧げられ、遂に秋山大尉がその選に替ることとなったのである。

定謨伯は明治十六年、十七歳の時、之も松山出身の加藤恒忠氏に附添はれて佛蘭西に赴いたが、明治二十年愈サンシール士官學校に入学することになったので、將軍の渡佛を必要とするに至った。此の時將軍は大尉を以て東京鎮臺參謀の要職に在り、前途の榮進は洋々として春の海の如く、いとも平らかに開けてゐたのである。だから、官費留學の望みも多く、私費留學は好古大尉に取りては、寧ろ有難迷惑であったかも知れない。

併し好古大尉は舊藩主のためといふので、親父久敬翁と陸軍當局との諒解の下に久松家の希望に應じ、私費留学の名目を以て佛蘭西に赴くこととなった。

従って、秋山好古は、明治二十年七月二十五日横浜を出発、九月五日フランス到着。久松定謨と加藤恒忠に会った。

佛蘭西に於ける好古大尉の行動に就いてはあまり多く傳へられてゐない。サンシール士官學校在学中の定謨伯の輔導に任ずる傍、自身また同校の聴講生となりて大いに軍事の研究を励んだのであるが、郷里への通信に依れば、後には同校附となりて士官官舎を給せられ、一頭の馬と一名の傳令兵とを附せられるなど、佛國の教官と全く同一の待遇を受けるに至ったといふことである。

秋山好古は留学中、明治二十一年、欧州視察の山縣有朋とフランスで逢っている。その時の邂逅が機縁で、好古は明治二十三年一月官費留学を仰せ付けられた。好古はフランス留学中にチフスに罹り、そのため禿頭になったと言われている。

斯かる間に定謨伯はサンシール士官学校二箇年の教程を終へて、ツール聯隊の隊付となられたので、好古大尉も亦ルアン隊付となった。かくて隊附勤務約一年半の後、明治二十四年十二月、好古大尉は、約四年半ぶりで、定謨伯と共に歸朝したのである。

尚、同『停記』には、秋山好古留学中の写真が二枚掲載されている。

穂積重遠

穂積重遠については、穂積重遠著／穂積重行編『欧米留学日記（一九一二〜一九一六）――大正一法学者の出発――』がある。但し、その日記は大正元年十月二十四日からのもので、本篇の表題とは合致しない。参考とした『幕末・明治　海外渡航者総覧』に氏名が見出されたので、本篇に掲載する事となったが、本篇表題からすれば、重遠より、父・陳重や叔父・八束の方が相応しい。しかし、両人はフランスに渡航の記録はない。重遠も留学したのはドイツ及びイギリスであって、フランスではないが、日記にフランス訪問の事は記されている。「パリの休日」と題され、大正三年六月から八月にかけての事である。編者の説明によれば、六月十日に、作家・島崎藤村にカルティエ・ラタンで会っている。また、七月十五日の新聞記事に出ていた事として、「先のナポレオン三世の皇后アンベラトリス・ユージニーが数日前チユイレリー宮の庭で、昔を偲びつつ草花を一本手折ったのを番人にとがめられたという。昨日の帰りに美術館でその若き日の美しい肖像を見たばかり。挿絵の喪服淋しき老婦人に同情を禁じ得ない。」とあり、説明によれば、（「ユージニー」は一八二六年の生まれだからすでに九十歳近い。一九二〇年没。）第一次世界対戦勃発の為、重遠の「パリ日記」は七月二十四日で終わり、八月の初め重遠はロンドンに移動する。

穂積重遠は先に述べた通り、本篇よりも「大正・昭和期　日仏交流」で扱うべきである。従って、本項では以上の記録に留める。終わりに、「少年時代から「船気違い」とよばれた一つ違いの弟律之助は、海軍造船士官（大尉相当の「大技師」）として潜水艦研究のため一足先にフランスに派遣されている。」と上掲書・穂積重遠者／穂積重行編『欧米留学日記』に記されている事を付言する。穂積律之助を本項に登場させるべきであったが、『幕末・明治　海外渡航者総覧』にも「海を越えた日本人名事典」にも、穂積律之助の氏名は見出されない。

四、特集「加藤恒忠（拓川）――事績と資料――」

「拓川集」、『加藤拓川傳』、『加藤拓川』等の「年譜」を参照した、拓川・加藤恒忠の履歴

加藤恒忠は一八五九（安政六）年一月二十二日（旧暦）松山市湊町四丁目十九番地で誕生、父は大原有恒（号観山、加藤重孝次男）、母はしげ（歌原宗蔵・号松陽・長女）。三男であるので、幼名は忠三郎といった。

一八七五（明治八）年、十七歳の時上京、岡鹿門（千仞）の綏猶塾に入門、やがて塾頭となる。

一八七六（明治九）年、司法省法学校に入学、同期に原敬・陸羯南・福本日南・国分青崖等がいた。

一八七九（明治十二）年、二十一歳の時、父方の加藤家再興のため、加藤姓を継ぐ。この年、「賄征伐事件」のため、前記四名の同期生等と共に司法省法学校退学。

一八八一（明治十四）年、中江兆民（篤介）経営の仏学塾に入学、二十三歳。

一八八二（明治十五）年、久松定謨（旧藩主の息子）にフランス語を教える為久松邸に通うようになる。二十四歳。

一八八三（明治十六）年十一月九日、久松定謨と共にフランス遊学の途に就く。二十五歳。

一八八四（明治十七）年一月十二日、パリー到着。春頃、法科大学と政治学校に入学。二十六歳。

一八八六（明治十九）年六月十五日、交際官試補に任ぜられ、奏任官五等に叙せられる。十一月、従七位に叙せられる。二十八歳。

一八八七（明治二十）年一月、ベルギーへ出張。十一月～十二月　田中不二麿公使随行員として、スペイン、ポルトガルへ出張。二十九歳。

一八八八（明治二十一）年。四月十一日から十四日にかけて、新任公使西園寺公望とブリユセルに於て事務引継ぎを行なう。西園寺公望、岩下清周、本野一郎等との親交はこの時に始まる。三十歳。

一八九一（明治二十四）年二月六日帰国。三月六日、任公使館書記官叙奏任官四等。八月十六日、任外務省参事官（政務局勤務）。十月三十日、任外務大臣秘書官。十二月五日、叙正七位。三十三歳。

一八九二（明治二十五）年三月二十九日、任公使館書記官（仏国在勤）。七月十七日パリー到着。当時、公使は野村靖であった。八月～十二月、ポルトガル事件の為奔走。十一月十四日、叙従六位。三十四歳。

一八九三（明治二十六）年三月十八日、公使野村靖の帰任により任代理公使。八月、新田長次郎と公使館に於て初対面（新田長次郎の項で説明）、九月十一日、曽禰荒助が公使として着任。十一月十日、任公使館二等書記官叙高等官五等（官制改革）。三十五歳。

一八九六（明治二十九）年八月四日、日仏改正条約調印に出席（一八九四（明治二十七）年第一回日仏条約改正会議に出席）。十月九日、任公使館一等書記官叙高等官四等、叙正六位。これより先、石井菊次郎書記官帰任。

一八九七（明治三十）年三月一日、パリーより帰朝、四月二十二日横浜到着。同三十日、任外務書記官兼外務大臣秘書官（秘書課長兼記録課長）。八月十九日、山形県士族樫村清徳医学博士長女ヒサと結婚。三十九歳。

一八九八（明治三十一）年、四月叙勲五等双光旭日章（条約改正の功により）。十月九日、長男十九郎出生。叙高等官三等。十二月五日、叙従五位。四十歳。

一九〇〇（明治三十三）年、五月二十一日、人事課長。六月十日、次男六十郎出生。十月二日、弁理公使（待命中外務省事務従事、兼人事課長）。十二月二十五日、叙正位。四十二歳。

一九〇二（明治三十五）年、二月七日、任特命全権公使ベルギー駐在。五月十八日、三男忠三郎出生。九月十九日、甥正岡子規死亡。十月、三児を連れて妻ヒサ、ベルギーに入国。十二月十六日、授旭日小綬章、金千円授与（日清講和条約調印の功により）。四十四歳。

一九〇四（明治三十七）年、二月、日露戦争開始。日韓議定書調印。六月五日、長女あや出生。四十六歳。

一九〇五（明治三十八）年、六月、叙勲三等授端宝章（明治三十四年叙勲四等端宝章）。日露戦争終結。四十七歳。

一九〇六（明治三十九）年、一月三十一日、叙従四位。四月一日、叙勲二等授端宝章（明治三十七、八年の功により）。四月、スペイン皇帝結婚式へ特派使節として参列被仰付。七月、第二回万国赤十字条約改正会議に日本全権として出席（於ジュネーブ）。十二月、帰国。四十八歳。

一九〇七（明治四十）年、五月六日、依願免本官（林外相と対立、伊藤博文韓国統監の怒りに触れる）。四十九歳。

一九〇八（明治四十一）年、一月、岩崎一高、井上要等の衆議院議員立候補依頼を受ける。三月三十日、叙正四位（特旨を以て位一級被進）。五月十五日、衆議院議員に当選。五月十四日、次女たへ出生。五十歳。

一九〇九（明治四十二）年、三月十四日、衆議院本会議において「外交公文書ニ関スル建議案」提出理由説明。七月一日、「大阪新報」社長就任。十月二十六日、伊藤博文ハルピン駅頭で暗殺される。五十一歳。

一九一一（明治四十四）年、五月十三日〜二十五日、池内信嘉と朝鮮を旅行。この年、予讃鉄道敷設の為に奔走する。五十三歳。

一九一二（明治四十五）年、三月十七日、井上要宛の手紙で、衆議院議員辞意を表明。五月十五日、衆議院議員任期満了。五月二十七日、「貴族院令第一条第四項ニ依リ、貴族院議員ニ任ス」。十二月二十四日、第三十通常議会に臨んで、貴族院交友倶楽部結成に参加。五十四歳。

一九一三（大正二）年、一月、井上要宛の手紙で、反桂内閣を表明。五月三日、貴族院議員視察団（十四名）の一員として、中国・満州に出発。黎元洪や袁世凱と会見。六月二十日、帰阪。五十五歳。

一九一七（大正六）年、二月十三日、ローマ各国議員商事委員会の貴族院側委員に決定。三月六日、当年五月十七日開会の万国議員商事会議の為、シベリア経由で出発。四月十二日、イギリスの封鎖相セシルとロンドンで会見。四月二十九日、ソルボンヌ大学で講演。十月一日、帰国。十二月十五日、「錦鶏間祗候被仰付」。五十九歳。

一九一八（大正七）年、十一月二十九日、牧野伸顕、西園寺公望と会談し、外務省嘱托としてパリー行き受諾。十二月十日、牧野伸顕とパリー講和会議随員として出発。六十歳。

一九一九（大正八）年、一月十二日、パリー到着。五月十九、二十日、ブリュッセル商事委員会に出席。二十八日、内田外相より帰国命令打電。六月十日、パリー発で帰国の途につく。七月三十日帰朝。八月十二日、任特命全権大使（「シベリアへ出張被仰付」）。九月二十一日、敦賀を出航、諸所を経て二十八日イルクーツク到着。その間、二十四日、社会革命、イルクーツク蜂起。十二月二十五日、叙勲一等授端宝章。六十一歳。

一九二〇（大正九）年、一月一日、チタ着。十一日、セミョーノフと会見。十二日、チタ発。十七日、ハルピン着。十九日、ワットと会見。二十六日、奉天着。二十七日、張作森と会見。三十一日、帰国。原首相、内田外相と会談。八月三十一日、次男六十郎病没。六十二歳。

一九二一（大正十）年、四月三十日、門司を出航、南中国、インド旅行。六月十一日、神戸に帰港。十一月五日、原敬が暗殺される。六日、盛岡の原邸の通夜に参列。年末、食事時の異常に気がつく。六十三歳。

一九二二（大正十一）年、三月五日、井上久吉、重松晴行、岩崎一高等に会見を申し込まれる。松山市長就任の懇望で、即答せず岩崎一高に辞退の手紙を送付。この頃より昼食をとらず、朝夕粥食となる。懇望が続き、市長就任を決意。五月七日、松山市長に着任。六月三日、市議会において就任挨拶。十七日、上京。二十一日まで、城山払下げ問題で陸軍省・内務省・大蔵省を訪れて折衝。八月、松山高等商業学校設立の為奔走。九月十八日、大阪の新田長次郎を訪問し会談。九月二十一日から十一月十二日にかけて、東京神田区小川町の賀古病院に入院。十八日迎えの助役重松清行と帰省。二十二日から二十五日にかけて、摂政宮裕仁親王を奉迎。十二月七日、門司を出帆し、台湾旅行。十六日、市会に出席。六十四歳。

一九二三（大正十二）年、一月二日、国連協会愛媛支部発足。会長として出席。一月十九日、発郷広東、二月二十五日まで南中国旅行。香港において危篤状態に陥る。二十七日、予算市会に出席。三月二日以後、病臥につく。三月二十六日、辞表提出。三十六日間絶食、午後十時五十分没す。二十七日、叙従三位。「特旨ヲ以テ位一級被進」。授旭日大授章。天皇陛下より特に祭祀料御下賜。六十五歳。

『加藤拓川傳』、『拓川集』の恒忠の「日記」等に依拠する、恒忠の滞仏・滞白時代の記録

加藤恒忠がフランスとの関わりをもつようになったのは、司法省法学校に入学したからであろうが、「賄征伐事件」後も、中江篤介の仏学塾で二年間所謂仏学（フランス語ばかりでなく、政治・法律・哲学・歴史等）を継続して学んだことが大きく影響していると推測される。しかし、仏学塾での実態は殆ど不明である。恒忠とフランスとの関わりで最も判然としているのは、恒忠が旧松山藩主の子息・久松定謨の補佐として、共にフランスに留学した事実である。

一八八三（明治十六）年、久松定謨のフランス留学が決定し、恒忠は彼に随行することとなった。同年十一月十日、二人はフランス船タイナス号で横浜を出港した。フランス（マルセーユ）に着いたのは、

翌年一八八四（明治十七）年一月八日、パリー到着は同月十二日である。恒忠は法科単科大学と私立政治学校に入学し、ラテン区の下宿屋から通学した。

一八八五（明治十八）年五月から十月にかけて、大阪立憲政党新聞に「巴里通信」を寄稿している。この年十月十三日、司法省法学校の同期生・原敬が外務省公使館書記官として、フランスに向かい横浜を出帆した。原敬のパリー到着は十二月二日、原敬の斡旋により、恒忠の外務省入りが決定する。

一八八六（明治十九）年六月十五日恒忠は外務省交際試補官（奏任五等）となる。当時の外務大臣は井上馨、駐仏日本公使は初め蜂須賀茂韶であったが、同年七月帰朝したので、原敬が臨時代理公使となった。後任公使はローマ駐在の田中不二麿と決定し、恒忠は公使に随行して、一八八七（明治二十）年十一月〜十二月は、スペイン、ポルトガルを歴訪している。

一方、当時、フランス公使は、スペイン、ポルトガル、ベルギー、スイスの四カ国の公使も兼ねていたが、在独公使西園寺公望が白耳義兼任となったので、恒忠は事務引継ぎの為ブリュッセルに向かい、一八八八（明治二十一）年四月十一日〜十四日、新任公使西園寺公望と会っている。この年、西園寺公望、本野一郎、岩下清周等との交友が深まる。恒忠が交際官試補時代、親交を深めた人物には、この他、原敬がいる。又、恒忠は公使館勤務時代に西郷従道、谷干城、星亨その他のパリーを訪問の日本人高官・政治家と邂逅することとなる。

一八九〇（明治二十三）年十二月十二日、恒忠は十一月六日付の帰朝命令を受ける。同年十二月二十六日、久松定謨、大山綱介代理公使らに見送られてマルセーユ行きの汽車に乗り、七年間生活したパリーを離れた。翌年、一八九一（明治二十四）年二月六日帰朝。

一八九二（明治二十五）年三月二十九日、公使館書記官となりパリー在勤を命ぜられる。同年六月後日出発、七月十七日パリー着。公使は野村靖であった。尚、当時の外務大臣は榎本武揚であった。恒忠は榎本外相の秘書官であった。恒忠はポルトガルの在日領事裁権廃止問題で奔走する。

一八九三（明治二十六）年、野村靖公使帰任に伴い、恒忠は代理公使となる。恒忠が代理公使の時代、書記官は石井菊次郎であった。石井菊次郎は後大隈重信が首相の時、外務大臣となる。尚、恒忠の妻の妹が菊次郎の妻である。又、恒忠が代理公使の時、新田長次郎とパリで会見した。「新田長次郎」の項で、この事は述べる。同年九月十一日、曽根荒助公使着任。

一八九七（明治三十）年三月一日、パリー発帰国の途につき、四月二十二日横浜着。


この年から一九〇二（明治三十五）年初頭まで、恒忠は日本国内での勤務であった。一身上の変化としては、一八九七（明治三十）年八月十九日の山形県士族・樫村清徳医学博士の長女ヒサとの結婚始め、翌年一八九八（明治三十一）年十月九日の長男十九郎の出生、更にその翌年六月十日の次男六十郎の出生と重要なものが継起する。しかし、恒忠とフランスという本項目からはややはずれるので、本篇では、詳述しない。

しかも、恒忠が帰国したのは、松方正義第二次内閣時代であり、外務大臣は大隈重信であった。原敬、陸奥宗光、西園寺公望の系統であった加藤恒忠にとっては、不利な状況であった。恒忠帰朝後の地位は外務大臣秘書官、大臣官房秘書課長兼記録課長の職であり、謂わば閑職であった。もっとも、一九〇〇（明治三十三）年五月二十一日、恒忠は人事課長に任命され、外務省の本流に戻った。

一九〇二（明治三十五）年二月七日、恒忠は特命全権公使ベルギー駐在を命ぜられた。着任は七月四日である。本野一郎の後任であった。一九〇六（明治三十九）年十二月に帰国するまでの間に、一九〇二（明治三十五）年五月十八日、三男忠三郎出生。同年十月妻ヒサ三児を連れてベルギーに来ており、一九〇四（明治三十七）年六月五日長女あやが出生している。恒忠一家としては幸福な時代であったとおもわれる。

一九〇六（明治三十九）年七月、国際赤十字条約改正会議がジュネーヴで開催された。恒忠はベルギー公使のまま、日本代表団・全権委員の筆頭に選ばれ、同地に派遣された。七月六日、万国赤十字条約および最終議定書に調印。同年十二月帰国。

この条約の調印形式が問題となり、林董外務大臣と恒忠の意見が合わず、また、伊藤博文韓国統監の機嫌を損ね、恒忠は一九〇七（明治四十）年五月九日、依願退職。この後恒忠は衆議院議員、大阪新報社長、貴族院議員、松山市長を歴任して活躍するが、フランス或いはフランス語圏との関わりはなくなるので、本項では割愛する。

一九一七（大正六）年二月十三日、ローマ各国議員商事委員会の貴族院側委員の一人に選ばれた恒忠は二月十五日、寺内内閣の外相本野一郎と協議し、三月七日下関で一行と共に乗船した。三月末、シベリア経由でヨーロッパに入る。四月二十九日、ソルボーヌで演説を行なう。五月十七、八日、ローマ商事委員会出席。十月一日帰国。

一九一八（大正七）年十一月二十九日、ヴェルサイユ講和会議全権大使西園寺公望及び全権委員牧野伸顕と会談、パリー行き受諾。十二月十日、牧野と共にパリー講和会議随員（嘱託）として出発。

一九一九（大正八）年一月十二日、パリー到着。同月十八日、第一回講和総会に出席。四月九日、秘書代わりの次男六十郎パリー到着。五月十九、二十日、ブリュッセル商事委員会出席。同月二十八日、内田康哉外相より帰国命令来電（臨時全権大使として、恒忠をオムスク駐在方内定の為か）。六月十日、六十郎と共にパリー発。七月三十日、帰国。八月十二日、シベリア派遣臨時全権大使発令。当時の首相は原敬であった。九月二十一日、敦賀出発。十月十三日、オムスタに到着。

加藤恒忠の滞仏・滞欧中の日記に見い出だされる日本人名

本項掲載の氏名共に分かっている殆どの人名の説明は、A『海を越えた日本人名事典』（富田仁編、日外アソシエーツ株式会社、一九八五年十二月十日発行）、B『幕末明治　海外渡航者総覧』（手塚晃編、柏書房株式会社、一九九二年三月二十一日発行）、或いはA、B共に見出される。ここでは氏名の明らかな人名（但し、明治十六年から同三十年までの恒忠滞仏中に記されたものに限る）を列挙するに留め、履歴等の紹介は割愛する。典拠A、Bは記す。「ナシ」はAにもBにもないことを示す。

一、秋月左都夫　B　二、秋山好古　A、B　三、浅岡満俊　B　四、池田正介　B　五、石井菊次郎　ナシ
六、一川亮功　ナシ　七、岩下清周　A、B　八、内田康哉　A　九、梅謙次郎　A、B　十、片岡直輝　B

十一、奥保鞏　B　十二、加太邦憲　A、B　十三、久米桂一郎　A、B　十四、小松宮彰仁親王　A、B　十五、西園寺公望　A、B　十六、坂本俊篤　A、B　十七、島村速雄　A、B　十八、関直彦　B　十九、仙波太郎A、B　二十、曽禰荒助　A、B　二十一、高橋健三　ナシ　二十二、田島彦四郎　ナシ　二十三、都築馨六　A、B　二十四、寺尾亨　A、B　二十五、中村亀三郎　ナシ　二十六、西徳二郎　A、B　二十七、野田正太郎　ナシ　二十八、野村靖　A　二十九、橋口文三　B　三十、八田祐次郎　A、B　三十一、花島半一郎　B　三十二、原敬　B　三十三、久松定謨　A、B　三十四、伏見宮博恭親王　A　三十五、古谷（矢）政弘（弘政）　A、B　三十六、星亨　A、B　三十七、松方巌　A、B　三十八、松本源四郎　ナシ　三十九、丸山作楽　A、B　四十、三浦荒二郎　ナシ　四十一、本野一郎　A、B　四十二、吉田要作　A、B　四十三、吉松茂太郎　A、B

一九九九年一月十六日（土）、南海放送四十五周年記念特別番組として、「もうひとりの坂の上の雲～加藤托川の足跡～」が放映された。これは南海放送「ビデオライブラリ」として、「萬翠荘物語」、「老樹は繁る～もうひとつの坂の上の雲～」と共に市販されている。こうしたビデオ・テープは、明治十六年、久松定謨の補佐としてフランスに留学した加藤托川（恒忠）、加藤托川の勧めで、松山商業高等学校（現松山大学）を創立した新田長次郎、托川の後を受けて久松定謨の補佐を勤め、後に北予中学校の校長となった秋山好古陸軍大将等三人の松山出身有名人を顕彰する為に製作されたものである。新田長次郎もフランスで加藤托川に会っているので、本項で扱う事と適合しているが、別に訪仏の松山出身者という見地から企画されたものではない。しかし、関連する事は多いので、本項にとっても貴重な資料が収録されている。技術的な事情により、それ等の資料の多くは転載できないのは残念である。しかし、このビデオの存在を通して南海放送より色々教示を得、加藤托川の曽孫・正岡明（正岡子規家の養孫）氏と連絡がとれ、次の資料を入手する事が出来た。左にその資料を掲載する。

加藤恒忠曽孫・正岡明氏提供の資料

資料（一）恒忠・家族・友人・知人写真

加藤恒忠

加藤ヒサ（恒忠妻）

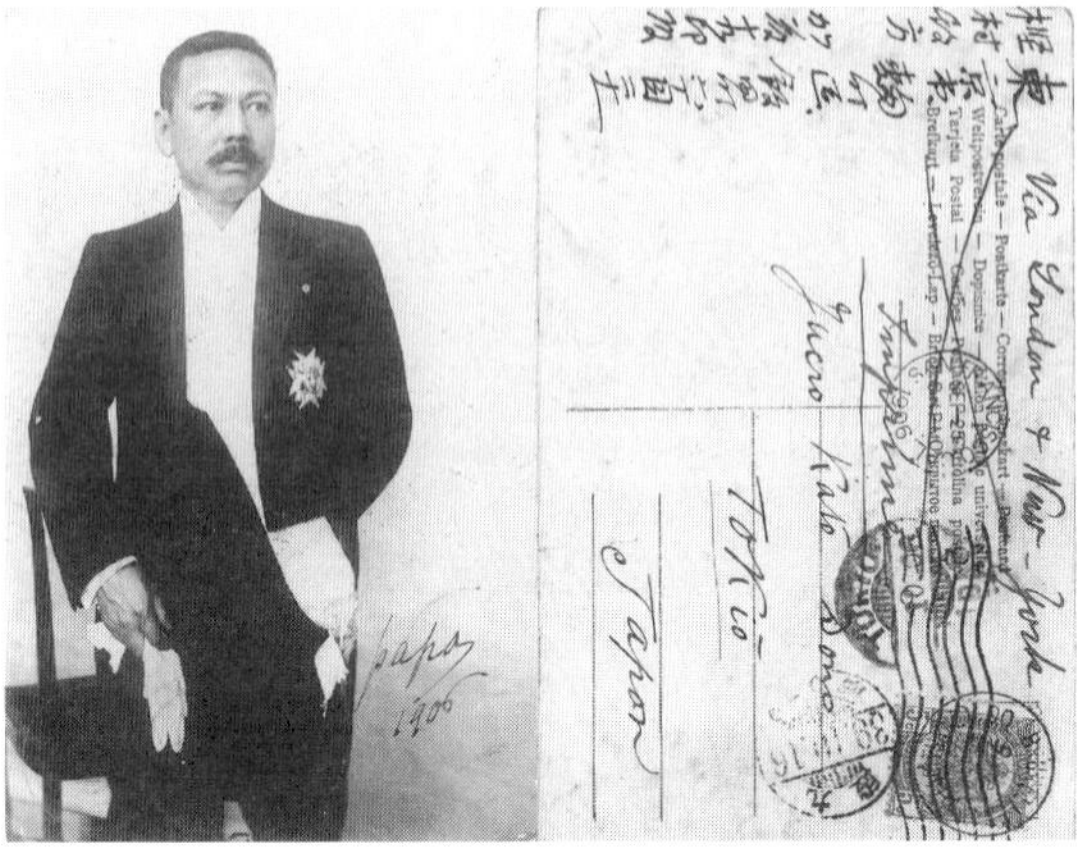

加藤恒忠

秋山好古と加藤恒忠一家（大正七年）

前列左から、たへ（次女）、秋山好古、正岡八重（恒忠の姉、子規の母）、加藤恒忠、秋山娘久？

後列左から、十九郎（長男）、忠三郎（三男）、不明、あや（長女）、不明、六十郎（次男）、不明、正岡律（子規の妹）、加藤寿《ヒサ》

明治16年　恒忠

明治19年　恒忠

後列左から二番目恒忠、石井菊次郎

明治17年　恒忠

西園寺公望

岩下清周

山県有朋（前列左より二人目）加藤恒忠（二列目左から三人目）

加藤恒忠と石井菊次郎

久松定謨と秋山好古

秋山好古

原敬夫妻

資料（二）知人・友人よりの仏語書簡

本野一郎からの書簡はあわせて十一通ともっとも多い。そのほとんどはリヨンに留学時代の長文の近況報告で、量はかなりにおよぶ。

本野一郎（1862〈文久２〉年―1918〈大正７〉年）は佐賀藩士本野盛亨の長男。盛亨はのちに外交官などの官職を歴任、読売新聞社長。一郎は1873（明治６）年渡航、父親と海外生活。80年帰国のあと、87年から私費留学生としてリヨン大学に法律を学ぶ。帰国して翻訳官として外務省に入る。93年法学博士。96年ロシア公使館一等書記をへて、98年10月ベルギー公使館開設により初代の公使（おなじ地位を1902年に加藤が襲う）。1902年フランス駐在公使。日露戦争後の1906年ロシア駐在公使（大使館昇格により、のち大使）。1916（大正５）年、寺内内閣の外務大臣。17年のシベリア出兵問題の論議ののち18年４月辞職、９月胃の持病で死去（19、20年にかけて加藤は特命全権大使としてシベリアへ出張する）。

この数々の書簡で、リヨンでの本野の猛勉強や、のちに外務省で定評をえるフランス語の堪能ぶりがうかがえよう。パリにいる加藤への手紙の宛名はすべてMonsieur Kato Attaché à la Légation du Japon 75 Avenue Marceau Paris.となっている。

この手紙のなかば、旅行の行程をのべた部分はあまりに長くなるので省略する。

書簡

Lyon le 19 Octobre 1886

Mon cher Kato,

Votre lettre du 29 septembre que vous m'avez adressée à Berlin a couru après moi et m'a atteint à Lyon le 13 Courant. Je suis bien en retard pour vous répondre, mais j'espère que vous me pardonnerez, car vous savez mieux que tout autre que, quand on arrive du voyage on est toujours plus ou moins dérangé.

J'ai quitté Berlin le 4 Courant et je me suis rendu à Bafeld où je suis resté 2 jours. De là je suis allé à Cologne que j'ai visitée en une demie journée. En allant de Cologne à Heidelberg une petite aventure: Je devais arriver à Heidelberg à 3^h de l'après-midi. Je télégraphie en conséquence à Tanabé. Comme on m'avait dit à Cologne que jusqu'à Heidelberg on ne changeait point de train je l'ai cru tout bonnement. Arrivé à

Mannheim, (.....)

Je ne vous raconterai pas tout ce que j'ai vu: des églises, des musées et autres établissements publics. Je ne pourrais pas vous en dire grand chose. Mais ce que je tiens à vous communiquer c'est l'impression que j'ai ressentie en visitant cet Empire qui tient la tête parmi toutes les puissances de l'Europe.

Quand on compare l'Allemagne à la France, à première vue, on peut dire qu'elle est inférieure à presque tous les points de vue: Lettres, arts, industrie; Bien entendu je ne vous communique qu'une impression tout à fait superficielle, car on ne peut pas juger un pays en y voyageant pendant une semaine ou deux. Mais enfin je vous communique mes impressions telles que je les ai ressenties. Les moeurs sont plus rudes; rien qu'à voir manger dans les restaurants, on sent que les Allemands n'ont pas ce poli des Francais. Si vous allez voir Musée, vous sentez de suite que c'est encore tout nouveau. Vous allez au 1er théâtre de Berlin, on y joue une pièce francaise. A propos, je vous conseille d'aller voir les Fourchambault d'Emile Augier, si on la joue, ou de lire la pièce. Vous y trouverez encore une jeune fille idéale comme j'aimerais et je suis sûr que vous l'aimerez. Si vous voyiez les toilettes des femmes, elles n'ont pas ce chic que l'on trouve chez les Parisiennes. Voilà les premières impressions que l'on ressent. Mais quand on y regarde d'un peu plus près, on sent un peuple qui monte, partout on voit de grandes industries se créer tous les jours, des Universités fonctionner à merveille, un peuple laborieux travailler avec une ardeur fébrile. On sent qu'ils ont un plan dans tout, qu'ils travaillent à l'exécution de ce plan avec une persévérance inébranlable. La population augmente tous les jours et dans toutes les villes on voit de nouvelles constructions.

Il est certain que l'Allemagne ne serait pas à l'état où elle se trouve si elle n'avait pas battu la France en 70 et si elle n'avait eu les 6 milliards. Mais enfin, on voit qu'elle a su bien profiter de sa victoire. Et quand on pense qu'en France, qui a été battue, qui doit penser à chaque instant, aux provinces perdues, quand on pense, dis-je, qu'en France, on s'épuise dans de misérables luttes de parti quiconque a quelque peu de sympathie pour la France, ne peut s'empêcher de ressentir une profonde tristesse.

Si en Allemagne, il y a beaucoup de choses à admirer, ce n'est pas une raison pour en être fou. C'est pourtant ce qui arrive au Japon à l'heure actuelle. Je comprends jusqu'à un certain point que le Ministre qui a séjourné pendant un an en Allemagne se soit laissé séduire. Mais avoir de l'engouement comme c'est le cas actuellement au Japon, c'est simplement stupide. Ainsi pour vous en donner un joli exemple, je vais vous raconter ce que j'ai vu de mes propres yeux.

Vous savez qu'on a décidé à la Cour du Japon que l'Impératrice et les dames de Cour porteraient ces robes à l'européenne. Imagineriez-vous qu'on est allé commander ces robes en Allemagne! Je suis allé voir le tailleur qui en est chargé. Je me suis informé des étoffes, d'où elles venaient et comment elles étaient achetées. Le tailleur est allé exprès faire un voyage à Lyon pour commander ces étoffes. Et quant aux garnitures ils les a presque toutes acheté〔*sic*〕à Paris. Concevrait-on avec un peu de bon sens un pareil affolement! Une ou deux robes commandées en Allemagne cela est bien peu de choses en soi. Mais ce qu'il y a de lamentable c'est cette légèreté avec laquelle on agit. Oh! que nous aurions donc besoin d'un homme de génie à la tête de notre gouvernement qui puisse bien concevoir et bien exécuter.

Adieu, Mon cher Kato, Envoyez moi vite vos manuscrits.

Votre ami affectionné qui vous aime de tout son coeur
28 Rue de la République

I. Motono.

P. S. Veuillez présenter mes hommages à Mrs Hara, Marshall, Miyagawa et Tasima.

リヨン，1886年10月19日

加藤兄

貴兄がベルリンに出された九月二十九日の手紙はぼくのあとを追っかけて，この十三日リヨンに着いた。返事がずいぶん遅れたが，許してもらえると思う。君がだれよりもよくご存じのとおり，旅行から帰ったときはいつでも，いろいろと事が多いものだから。

ぼくはベルリンをこの四日に立ち，バフェルドへ向って，ふつか滞在した。そこからケルンへ行き，半日間見物。ケルンからハイデルベルグへ行くときに，ちょっとした事があった。午後三時にハイデルベルグに着くはずだった。そこで田部[1)]〔？〕に電報を打った。ハイデルベルグまで列車ののりかえはないとケルンで聞かされていたので，そう信じこんでいた。マンハイムに着いて，（.....）

ぼくが見たもの，教会，美術館，その他公共の建物やについて語るつもりはない。たいしたことは言えないから。ただ，ぜひ君に伝えたいのは，ヨーロッパの列強の間にあって先頭を切ろうとする，この帝国を見てまわって感じた印象だ。

ドイツをフランスに比べるとき，一見したところでは，ドイツは，学芸，美術，産業と，ほとんどあらゆる点で劣っている。もちろん，ぼくはまったく表面的な印象を伝えているだけだ。一，二週間旅行しただけで，ひとつの国を判断することはできないのだから。ともかく，自分が感じたままの印象を述べている。風俗は粗野だ。レストランで食事するのを見るだけでも，ドイツ人はフランス人の洗練を持ちあわせていないことが分る。美術館を見にゆけば，それが出きたばかりのことは，すぐ分る。ベルリン一番の劇場にゆけば，そこにかかっているのはフランスの芝居だ。ついでだが，エミール・オージエの『フールシャンボー一族』を，かかっていたら見る，でなかったら読むことをおすすめする。そこに，ぼくが気にいる理想的な若い娘を見いだせようし，君もその女性が気にいるにきまっていると思うのだ。女たちの身なりを見ても，パリの女に見られる，あのシックはない。こうしたものが，人が感ずる第一印象だ。しかし，もうすこし近づいて見ると，さしのぼる民族というものを感ずる。随所に見られるのは，大きな工場が毎日のようにでき，大学がすばらしく運営され，勤勉な大衆が憑かれたように懸命に働く様子だ。かれらには，すべてに計画というものがあり，この計画の実行のために，ゆるぐことのない粘り強さで働いていることが感じられる。人口は日々増加し，どの都市にも新しい建物が見られる。

たしかなことは，ドイツが〔千八百〕七十年[2]にフランスを破っていず，六十億[3]〔フラン〕を得ていなかったら，今日の状態にはないということだ。ともかく，ドイツが勝利をうまく生かし得たことは明らかだ。ところが，敗れたフランス，行住坐臥，失った地方のことを考えねばならないはずのフランスで，くだらない党派の争いに身をすりへらしているのを思うと，フランスにいくらかの好感を覚える者は深い淋しさを感ぜずにはいられない。

たとえ，ドイツに賛嘆すべきものが多いとしても，それはこの国に夢中になる理由にはならないのだが，しかし，そうしたことが今日の日本には見られる。ドイツに一年滞在した公使[4]がこの国に惹かれるのは，ある程度わかる。しかし，いま日本でおこなわれているように夢中になるのはただ馬鹿げている。そこで，恰好の例をひとつ挙げるために，この目で見たことを以下に述べよう。

貴兄もご存じのように，日本の宮中では，皇后をはじめとする女性は向後ヨーロッパ風の衣装をつけることにしたのだが，[5]この衣装をドイツへ注文に行ったということが想像できますか！ぼくは注文をうけた服屋を見にいき，布地について，どこから来たものか，どのように買われたか問いあわせた。この布地の注文に，服屋はわざわざリヨンへ旅行しているのです。そして，飾りの品はほとんどをパリで買っているのです。ちょっとした分別があれば，こんな愚かなことは思いつかないでしょう！衣装が一，二着ドイツに注文されたところで，それだけをとれば，どうでもいいことです。が，嘆かわしいのは，ことにあたっての軽々しさです。わが政府の頂点に，よく判断し，よく実行しうる才のある人物があらまほしいことです。

では，これで。早く貴兄の原稿[6]を送ってほしい。草々。

共和国通り，二十八番地　　I. 本野

追伸　原[7]，マルシャル[8]，宮川[9]，田島[10]の諸氏によろしく。

訳註１）田部芳（1860－？）ではないか？『幕末明治　海外渡航者総覧』によると、司法省法学校出身で、1886年２月法律研究のため渡航、90年７月帰国、東京控訴院判事。

２）普仏戦争を指す。ただし、休戦、講和は71年。

３）講和条約による賠償金。

４）蜂須賀茂韶〔もちあき〕（1846－1918）を指す。1883年（明治16）年５月20日、特命全権公使、兼白、西、葡、瑞西国に着任。86年９月23日離任。その他の経歴は略す。

５）日本の宮中における洋服の着用についてはヨーロッパでも話題になったらしく、このひと月ほど前９月17日の『原敬日記』に「我宮中に於て洋服御使用の事に決定せられたる事に関する諸新聞取集め差送る」とある。

６）おそらく、フランスの近況を日本につたえる時論風のものではないか？原敬がパリに着いてまもなく、85年12月11日の『原敬日記』には「日報社の福地源一郎より出発前依頼せられたる通信員の件、留学生加藤恆忠に托し同人承諾の旨福地へ申送れり。但し報酬は留守宅に送る約束にせり」とある。

7）原敬（1856－1921）。のち政界に入り、1918年内閣総理大臣。原が書記官としてパリに到着したのは1885（明治18）年12月2日。パリを離れたのは89年2月22日。その間、兼務のため公使が不在がちの公使館を切りまわし、また長期にわたり臨時代理公使も勤めた。

8）書簡5の解説を参照。

9）公使館の交際官試補である宮川久次郎。

10）宮川とおなじく交際官試補の田島彦四郎。『原敬日記』86年8月12日の項に「新たに任命されたる交際官試補田島彦四郎来着す。同人は加藤同様同窓の者なり。偶然の事ながら同窓生三人同館に在勤する事となれり」。

書簡

Lyon le 15 Novembre 86

Mon cher Kato,

j'ai recu votre lettre. Je n'ai pas encore eu l'occasion de voir le nouvel arrivé, quoiqu'il soit venu deux fois me voir. Mais en attendant voici les renseignements que vous me demandez.

Comme il a dû vous écrire, son intention est d'apprendre le droit. Quant au moyen, il n'a pour toute sa fortune que 500 fr qui sont actuellement confiés à Specie〔?〕Bank d'ici. On lui a beaucoup conseillé de repartir pour le Japon. Mais il paraît décidé à rester en France quoiqu'il arrive et à faire n'importe quoi pour gagner sa vie. Takizawa dit qu'il paraît avoir assez de volonté et d'énergie pour faire comme il dit. Comme je vous dis plus haut, bien que je ne l'aie pas encore vu, d'après les renseignements que j'ai eus, il paraît être un garcon sérieux, qui, s'il avait les moyens nécessaires pourrait très bien arriver.

Quant à présent, Yamada, à qui il était adressé, lui a trouvé une place au *Grand Bazar de Lyon* comme commis pour la vente des objets japonais. Pendant un mois on lui donne à manger, sans appointement. Si après cette expérience, il est apte à remplir la fonction qu'on lui réserve, on le gardera avec un petit appointement.

Je crois qu'il doit aller de 8^h du matin jusqu'à 9^h du soir. C'est vous dire assez qu'il n'a point le temps de travailler son francais. Si donc vous pouviez trouver à Paris une meilleure place où il puisse avoir quelque loisir, ce sera un grand service que vous lui rendrez.

Adieu, Mon Cher Kato,

Votre ami affectueux et dévoué
de tout coeur

I. Motono.

P. S.
Mes Compliments à tous les Messieurs de la Légation et notamment Messieurs Hara et Marshall. Et à Mademoiselle Marshall aussi si vous avez l'occasion de la voir.

リヨン，86年11月15日

加藤兄

貴翰落掌。新来の客は二度ぼくに会いにきたが，まだ会う機会がない。が，それまでに，ご照会についての返事。

当人が貴兄に書いたように，本人の意図は法律を学ぶこと。生計については，全財産として五百フランあるばかりで，それは現在，当地の〔　　　〕銀行に預金してある。まわりは日本へ戻るようにずいぶん勧めたけれども，当人はどうやら，なにがあろうとフランスに留まり，生活のためならなんでもする気らしい。滝沢の話では，本人はその言葉どおりにやっていくだけの意志と活力をもっているように見えるとのことだ。さきにも言ったように，ぼくはまだ本人に会っていないが，人から聞いたところでは，まじめな男のようで，必要な生活のてだてがありさえすれば，うまくいけるだろう。

目下のところ，本人が出向いていったので山田[1)]がリヨン百貨店に職をみつけてやった。日本の品物を売る店員だ。一ヵ月のあいだ，給料なしで食費がでる。この試用期間のあと，与えられる仕事を果せれば，わずかの給料で置いてもらえる。朝の八時から夜の九時まで行かねばならないはずだ。フランス語を勉強する時間がないことはいうまでもない。だから，いくらか暇をみつけられる，ましな仕事を貴兄がパリでみつけてもらえたら，本人にとって，まことにありがたい。

では，今日はここらで

I. 本野

追伸　公使館の諸氏，とりわけ原，マルシャルの両氏によろしく。また，お会いになることがあればマルシャル嬢にも。

訳註1）当時リヨン領事館書記生の山田忠澄（1853? －1917）と思われる。はじめリヨン工業学校に留学した。

書簡

Lyon le 1 août 1887

Mon cher Kato

Que devenez-vous? Que faites-vous? Voilà des mois entiers que j'attends de vosnouvelles et je n'ai rien. M'auriez-vous oublié? Non, cela ne peut pas être, ce sont vos occupations qui vous en ont empêché.

Vous pourrez me faire les mêmes reproches, mais vous savez que depuis 3 mois je n'avais pas un instant à moi à cause de mes examens et de mes Concours.

Enfin c'est fini! J'ai passé mes examens le 27 et le 28 dernier avec 6 bandes blanches c à d la note très bien. Quant à mon Concours de droit civil, j'ai obtenu la 1ere Mention. J'aurai bien voulu avoir au moins un 2^{d} prix, mais la chance ne m'a pas favorisé.

J'ai assisté aussi au Concours Général de toutes les Facultés de France, mais nous ne savons pas encore le résultat. Je ne crois pas avoir trop mal fait mais tout dépend de ce que les autres ont fait, je ne puis rien dire pour le moment. Tout ce que je peux faire, c'est de former des voeux pour que j'aie quelque chose, au moins une dernière mention.

A Lyon, il n'y a rien de neuf ces jours-ci; je pense que nous allons recommencer les batailles de cartes et de billards.

Oumé est parti hier pour la Suisse.

Vous m'avez promis dans le temps de m'envoyer vos manuscrits et voilà bientôt un an que je les attends et je ne les recois pas encore. J'espère que vous me les enverrez bientôt.

Je vous écris ces quelques lignes pour vous annoncer le résultat de mon examen et de mes Concours et en même temps pour renouer la correspondance interrompue. Je compte sur vous.

Adieu, mon cher Kato, croyez aux sentiments les plus affectueux de votre ami.

I. Motono

P.S.

Veuillez présenter mes hommages à Messieurs Hara, Miyakawa, Tasima, à Monsieur Madame et Mademoiselle Marshall si vous les voyez et aussi à Monsieur Kato Ghin-ko-Kioku Tchio.

リヨン，1887年8月1日

加藤兄

どうしたのかい？なにをしているのだ？何ヵ月もそちらの便りを待っているが，なんの便りもない。ぼくをお忘れになったか？いや，そんなはずはない。仕事でそうできなかったのだろう。

おなじ咎めだてを，ぼくにされるだろう。が，貴兄もご存じのように学課試験と競争試験で，三ヵ月来いっときもゆっくりできなかった。

とうとう終った！先月二十七，二十八日に，六本の白帯[1]つまり秀の成績で学課試験をすませた。民法の競争試験については選外一等をもらった。せめて二等賞をもらいたかったが，運にめぐまれなかった。

そのほか全国大学競争試験にも参加したが，まだ結果はわからない。悪かったとは思わないが，ほかの人間の結果次第だ。いまのところ，なんとも言えない。ぼくにできることは，せめて選外三等にせよ，なにかもらえるよう祈るだけだ。

リヨンでは，このところなにも変ったことはない。トランプとビリヤードの合戦を再開することになるだろう。

梅[2]はきのうスイスへ立った。

かつて君は自分の原稿を送るとぼくに約束をしてくれ，それを待ってまもなく一年になるが，まだ受け取っていない。まもなく送ってくれるよう願っている。

この短信はぼくの学課試験，競争試験の結果を知らせると同時に，とだえていた文通を再開するために書いた。よろしく頼むよ。

では，ここらで。元気を祈っている。

I. 本野

追伸　原，宮川，田島の諸氏によろしく。会われたら，マルシャル夫妻および同嬢によろしく。加藤銀行局長[3]にも同様に。

訳註 1）おそらくリヨン大学法学部における成績の表示であろう。

2）梅謙次郎（1860－1910）。1885（明治18）年12月渡航，リヨン大学法学部に留学。その秀才をうたわれ，三年余在学して法学博士号をうける。ついでベルリン大学に学んで1890年帰国。のち帝国大学法科大学教授。現行民法，商法の起草にあたった。

3）加藤濟（わたる）（？－1889）。『原敬日記』には，加藤濟の名前が86年から87年にかけて数回見られる。80年代の前半から再三にわたり渡航しているようである。

書簡

Lyon 23 Avril 1888

Mon cher ami,

Merci de votre lettre datée de Bruxelles; je pense que vous êtes déjà de retour. Aussi je m'empresse de vous écrire pour vous annoncer que je pars pour Paris le vendredi soir par le train de Minuit 48. Je ne peux rester que 2 jours et je dois repartir le dimanche soir par le train de 9^h 20 pour pouvoir assister au cours de lundi matin. Comme vous voyez je ne dispose pas de beaucoup de temps. Mais je voudrais bien profiter de mon voyage pour passer quelques instants avec vous. Je viens donc vous demander comment nous pourrions nous arranger pour nous entendre à ce sujet. Si cela vous était possible, je voudrais bien passer la soirée de samedi avec vous.

Je compte descendre à l'Hôtel Perry (?) je crois Rue Boissy d'Anglas. Pourriez-vous venir m'y trouver samedi matin vers 10^{h}. Comme le train arrive à 9^{h} 15 je pense qu'à ce moment là je pourrais être arrivé à l'Hôtel.

Je vais aller voir Monsieur Saionzi dans la matinée de Samedi, mais avant de m'y rendre je voudrais bien vous voir pour vous entendre où nous pourrons nous rencontrer dans la journée et voir aussi si j'aurais〔*sic*〕le plaisir de vous avoir dans la soirée.

Adieu, mon cher ami, à bientôt.

Votre ami tout dévoué

I. Motono.

P. S.

Avez vous eu le temps le temps〔*sic*〕de vous informer sur Charles Arnold. Je voudrais bien être fixé sur son sort avant mon départ d'ici.

リヨン，1888年４月23日

加藤兄

ブリュッセル[1)]で投函の手紙ありがとう。もう帰っておられることと思います。そこでとり急ぎお知らせしますが，金曜夜，十二時四十八分の汽車でパリへ立ちます。二日しか滞在せず，日曜の夜，九時二十分の汽車でもどって，月曜朝の授業に出席せねばなりません。おわかりのように，あまり時間がありません。が，ぜひ旅行の機会を生かして，貴兄と暫時をともに過ごしたいのです。というわけで，話しあうのにどういう風に手筈をしたものかお聞きしたかったのです。もし貴兄がよろしければ，土曜の夜をご一緒したいと思います。ホテル・ペリー[2)]（？）（たしかボワッシ＝ダングラス通り[3)]）に泊るつもりです。土曜朝十時ごろ，そこへ会いにきてくれませんか。汽車は九時十五分に着きますから，その時間には宿へ着けると思います。

土曜の午前に西園寺氏[4)]に会いにゆきますが，でかける前に，日中どこで会えるか君の話を聞き，あるいは夕刻に会えるか，知っておきたいのです。

では，これにて。

I. 本野

追伸　シャルル・アルノルド[5)]について調べる時間があったかい？かれがどうなったか，フランスを立つ前に知りたいと思う。

訳註１）『原敬日記』によると，加藤は四月上旬からブリュッセルに滞在し，十八日にパリに

もどった。下の註４）の事情による滞在。

２）正しくは，ホテル・ペレー（Perey）。所在地は Cité du Retiro, 5 で，rue Boissy d'Anglas から出る路地。

３）パリ中心部，コンコルド広場のすこし北に位置する。

４）西園寺公望（1849－1940）は，1887（明治20）年６月４日から91年７月５日まで在独特命全権公使であった。所用でパリへ出向いたのであろう。

なお，従来在仏公使が兼ねたベルギーは，87年６月以降，在独公使による兼任，またスイスは在オーストリー公使による兼任となったとされる。しかし，『原敬日記』88年４月９日の項には「西園寺の国書延着にて余は依然白耳義に対し臨時代理公使の職務を執り居たるも今回西園寺赴任国書捧呈の事となれるに因り同国関係の書類を加藤を経由して西園寺に送りて事務引継をなしたるなり...」とある。

５）不詳。

書簡

Lyon le 22 Mai 1888

Mon cher ami,

Je suis un peu en retard pour vous remercier de votre photographie. Tout le monde la trouve parfaite, ou trouve même qu'elle vous fait paraître plus grand mais tout le monde est d'accord pour trouver que vous avez l'air (?) d'un parfait gentleman. Reste à savoir si cela est ? ? ? ?

La cause de mon retard, vous le savez, c'est mon examen que j'ai eu le plaisir de passer le 16 dernier avec 4 Blanches. Me voilà donc débarrassé pour quelque temps des soucis d'examen, mais il va falloir que je commence à écrire ma thèse latine avant d'oublier le droit romain. C'est ce que je vais faire dès aujourd'hui méme. J'espère pouvoir la finir à la fin de juillet. Et aussitôt je me mettrais à préparer mon 2e examen. Quant à mon départ éventuel au Japon tout le monde me déconseille. Il est donc fort probable que je ne partirai pas avant la fin de mes études et j'espère que d'ici là tout s'arrangera à souhait. Je me dis comme je ne sais quel homme d'Etat: le temps et moi. Avec le temps, on vient à bout de tout.

J'ai lu avec beaucoup de plaisir votre manuscrit. Mais malheureusement il y manque 2 feuilles. Ces quelques pages me font désirer le reste. Je vous prie donc de recopier votre brouillon et de m'envoyer le plus tôt possible. Je pense que vu l'état de votre santé, vous ne devez pas sortir le soir; je crois donc qu'il ne doit pas vous manquer de temps malgré les nombreuses occupations de la Légation. Je compte sur vous.

Foujishima a-t-il terminé la publication? Si vous le voyez, présentez lui mes amitiés et annoncez lui les résultats de mon examen.

Adieu, mon cher ami, en attendant une réponse *favorable* à ma demande, je suis toujours votre tout dévoué

I. Motono.

P. S.

Veuillez présenter mes hommages à Monsieur le Ministre et à Madame Tanaka, à Monsieur Hara et à Mr Marshall.

リヨン，1888年５月22日

加藤兄

写真の礼がすこし遅れた。みんな申し分がないと言っている。写真では実物より背が高く見えるとさえ。みんなが異口同音に言うのは，君が完璧な「紳士」に「見える」（？）ということだ。問題は中身がどうか，ということだが...

返事が遅れた理由は，ご存じの通り試験だが，おかげでこの十六日，白帯[1)]四つですませた。そういうわけで，しばらくの間，試験の心配からは逃れたが，こんどはローマ法を忘れないうちにローマ法の論文を書きはじめねばならない。今日にも始めるつもりで，七月末に終れればと思う。そして，すぐにふたつめの試験の準備にかかる。日本へ一旦戻る話はみんながやめろと言う。だから，勉強が終るまで帰らないこともありそうだし，そのうちに万事うまくいくのではと思っている。だれだったか，ある政治家のように，ぼくは心中こう言っている，「時間と自分自身だ」と。時間さえあれば，なんでも成就できる。

君の原稿を楽しく読ませてもらった。が，残念ながら二枚抜けている。数ページ読むとあとが読みたくなる。だから，下書を書きなおして，できるだけ早く送ってほしい。思うに，君は健康状態を考えると夜は外出すべきじゃない。そうすれば，公使館の仕事が多くても時間がないはずはない。あてにしているよ。

藤島[2)]は出版をすませたろうか？もし会ったら，どうかよろしく。ぼくの試験の結果も伝えてほしい。

ではこれで。ねがいに応えて，返事がくるのを待っている。

I. 本野

追伸

公使夫妻，原氏，マルシャル氏によろしく。

訳註１）おそらくリヨン大学法学部における成績の表示であろう。書簡４，訳注１）。

２）藤島了穏（1853－1918）は，『真宗新辞典』（法蔵館，1983年）によると，「本願寺派。諡名：威徳院。滋賀県長浜市神照寺の金法寺住職。西山教授校卒業後，東京で法律を学び，寺法編纂の委員となる。明治15年フランスに留学。南海寄帰伝を仏訳した。のち執行に任ぜられ教団の改革に努力した。明治44年勧学」。南海寄帰伝の仏訳刊行は1889年で，この時点ではまだ。
フランス国立図書館の所蔵刊本目録には，FUJISHIMA Ryauon の著書は二種あげられている。
—— Le Bouddhisme japonais, doctrines et histoire des douze grandes sectes bouddhiques du Japon, ——*Paris, Maisonneuve et C.Leclerc*, 1889. In-8°, xliv-160 p.　〔8° O2. 294
—— Deux chapitres extraits des Mémoires d'Itsing sur son voyage dans l'Inde.
—— *Paris, Impr. nationale*, 1889. In-8°, paginé 411-447.
(Extrait du *Journal asiatique*.)　〔8° O2. 924
原敬は帰国後の1891年，京都へ寄った折，藤島を西本願寺に訪ねている。『原敬日記』5月20日の項に「巴里にて友人となれる藤島了穏を西本願寺に訪ふて同人の案内にて同寺院並に桃山御殿を移したりと云ふをも一覧したり」

書簡

Lyon le 24 Août 1888

Mon cher ami,

Je vous remercie de votre aimable billet du 20 Courant. Je suis bien aise d'apprendre que vous êtes en train de prendre vos vacances et que vous êtes en bonne santé. Quant à moi, rien de changé, si ce n'est que je viens de faire un petit voyage en Auvergne; un bien petit voyage puisque je ne suis resté qu'une semaine. Je suis parti d'ici le 9 dernier et rentré le 15 au soir. Je n'ai pas besoin de vous dire avec qui.

Le pays est charmant. Si vous voulez en faire la connaissance je vous conseille de lire un roman de Georges〔*sic*〕Sand: le Marquis de Villemer. Je vous dirais même que c'est ce livre qui m'a donné l'idée de faire ce voyage. Je vous dirais aussi que c'est un de mes romans favoris.

Depuis mon retour, je suis toujours à ma thèse romaine que je comptais finir le mois dernier et qui est à peine à moitié finie à l'heure où je vous écris, cela ne va guère vite. Comme passe temps, je pratique le billard depuis quelque temps. A part cela la vie est bien monotone.

Je vous ai parlé de l'éventualité de mon voyage au Japon dans le courant de l'année. Mais comme je n'ai recu aucun ordre jusqu'à présent, je pense que je ne partirai plus qu'après mes études que je compte terminer à la fin de l'année prochaine.

Et vous, Mon cher ami. Quels sont vos projets. Allez vous rester encore quelque temps à Paris? Allez vous vous remettre à vos études? Je voudrais bien avoir toutes ces nouvelles de votre propre bouche. C'est vous dire, mon cher ami, combien je serais heureux de vous avoir, ici pendant quelque temps. Quoique mon habitation ne soit pas bien grande ni bien luxueuse, je serais très heureux de mettre à votre disposition ma petite chambre d'étudiant. Il y a aussi une personne qui voudrait bien faire votre connaissance. Si donc les occupations de votre fonction ne vous absorbent pas trop, faites moi donc le plaisir de venir passer quelque temps avec nous.

En attendant une réponse favorable, je suis, Mon cher ami toujours

votre affectionné

I. Motono.

P. S.

Veuillez présenter mes hommages à M^r et Madame Tanaka.

J'ai appris que Mr Marshall a cessé de faire partie de la légation. Qu'est-il devenu depuis?

リヨン，1888年８月24日

加藤兄

二十日付の手紙うれしく拝見。休暇をとっているところで，身体の調子がいいと聞いて喜んでいる。こちらはなにも変わりがない。ただ，最近オーヴェルニュ〔地方〕へ小旅行をしたくらいだ。ごく小さな旅行だ。一週間しかいなかったのだから。ここを九日にでて，十五日の夕方に戻った。だれといっしょかは，言うまでもないだろう。

この地方は快い。ここについて知りたければ，ジョルジュ・サンドの小説『ヴィルメール侯爵』[1)] を読むことを勧める。この旅行をする気にさせたのは，この本だと言ってもよい。ぼくの好きな小説のひとつとも言える。

〔リヨンに〕帰って以来，ローマ法の論文にかかりきっている。これは先月には終えるはずであったもので，この手紙の時点では半分できたかどうかだ。なかなか進まない。気晴らしには，すこし前から玉突きをやっている。それを除けば日常は単調そのものだ。

年のうちに日本へ行くかもしれないことについては，すでに書いた。が，今のところ何の指示も受けていないので，もう勉強が終ったあとでしか帰らないだろうと思う。勉強は来年の終りに終えるつもりでいる。

君の方はどういう計画かね？まだしばらくパリにいるつもりかい？勉強にもどるのかい？そうしたことについて，君の口からじかに聞かせてほしい。そう言えば，ぼくがどれだけ君がしばらくここへ来てくれればいいと思っているかわかるだろう。ぼくの住まいは大きくも豪華でもないが，この小さな学生下宿を自由に使ってもらえればありがたい。君にお目にかかりたいという人もひとりいる。だから，もし君の勤めがあまり忙しくないようなら，どうかしばらく我々と時を過ごしに来てもらいたい。

いい返事を待ちつつ

I. 本野

追伸

田中夫妻によろしく。

マルシャル氏が公使館をやめたと聞いた[2)]。その後どうしているかい？

訳註１）1860年に雑誌連載ののち，61年刊。オーヴェルニュを舞台にした，サンドの一連の小説のひとつ。

２）マルシャルが公使館を退職したのは，書簡５の解説ですでに述べたように88年６月30日。

書簡

Lyon, le 30 Décembre 1888

Mon cher ami,

Je viens de recevoir à l'instant votre lettre. Je suis vraiment confus de ma négligence envers vous. J'ai bien recu les 3 vol. de Kouroda et Takizawa a également recu la petite biographie des acteurs et actrices. Nous vous en remercions beaucoup. Quant au livre de Limousin je devais vous le renvoyer il y a longtemps. Je vous fais donc toutes mes excuses. A vrai dire, je devrais vous écrire mes impressions sur cette brochure, c'est ce qui m'avait retardé. C'est trop tard maintenant, car les occupations de la fin et du commencement de l'année vont me prendre les quelques moments de loisir. Ce sera donc pour une autrefois.

Adieu, Mon cher ami, veuillez présenter mes hommages à Mr et Madame Tanaka ainsi qu'à Mr et Madame Hara.

Bien à vous

I. Motono

リヨン，1888年12月30日

加藤兄

今しがた君の手紙を受け取った。君に対してうっかりしていて，まことに申し訳ない。黒田著の三冊たしかに受け取ったし，滝沢も男女俳優の小伝を受け取った。ありがたく御礼を申しのべます。リムザン〔地方〕についての本は，ずっと前に送り返すべきだった。あらためてお詫びをする。実を言えば，あの冊子について感想を書くつもりだった。それで結局遅れてしまった。今では遅すぎる。年の終りと始めの仕事にわずかな閑暇が取られてしまうので，またのことにする。

ではこれで。田中夫妻および原夫妻によろしく。

書簡

Lyon, le 18 Février 1889

Mon cher ami,

Je viens de recevoir à l'instant votre lettre d'hier me proposant d'être le représentant de la Société de Géographie de Tokio au Congrès de Paris. Je vous remercie beaucoup d'avoir tout d'abord pensé à moi et j'accepte volontiers votre proposition. Seulement j'ai un petit renseignement à vous demander. Vous me dites que la Société paiera mes frais de voyage entre Lyon et Paris. S'agit-il là simplement des billets de chemin de fer aller et retour ou bien s'agit-il également de mes frais d'Hôtel. A prendre à la lettre, il semble bien n'être question que des frais de chemin de fer. S'il en est ainsi, n'y aurait-il pas moyen de faire payer au moins une partie de mes frais de séjour à Paris sous ce prétexte, très réel d'ailleurs, que je ne suis qu'un pauvre petit étudiant. Je vous prie d'en parler avec Mr Hara et de tâcher, si c'est possible, de faire réussir ma demande. Mais dans tous les cas, quelle que soit la solution sur ce dernier point, j'accepte votre proposition. Aussi, si la Société a des communications à faire faire au Congrès, qu'elle veuille bien m'envoyer les documents le plus tôt possible pour que je puisse avoir le temps nécessaire à les traduire.

Un mot encore sur ce sujet. Je suis bien membre de la Société de Géographie de Lyon, mais pas de celle de Tokio. N'y aurait-il pas là quelque inconvénient?

Ici rien de nouveau. Mon 2e examen est fixé irrévocablement pour le 15 Mars -C'est vous dire que je suis passablement occupé. Cela ne m'empêche pas, il est vrai, de courir quelques bals de foire quelques parties de billard ou de cartes!

Notre Constitution est enfin promulguée! Je souhaite qu'elle soit appliquée dans le sens le plus libéral possible.

Adieu, Mon cher ami, et tout en vous remerciant encore une fois de votre bonne lettre je suis toujours votre

tout dévoué

I. Motono

P. S.

Envoyez moi votre portrait dès qu'il sera prêt. Veuillez présenter mes hommages à Mr et Madame Tanaka et mes amitiés à Messieurs Hara, Ohyama et Masouno.

リヨン，1889年２月18日

加藤兄

パリの会議〔万国地学協会〕で東京の地学協会〔地理学会〕の代表になる話をもちかけてくれた，きのうの君の手紙をいましがた受け取った。真先にぼくのことを考えてくれたことに深く感謝し，よろこんでお申し出を受けます。ただちょっと聞きたいことがある。君の話では，リヨン＝パリ間のぼくの旅費を協会が支払うということだが，それは往復の鉄道切符代だけだろうか，それとも宿泊費も含むのだろうか。文字通りにとれば，鉄道代だけになる。そういうことなら，せめてぼくのパリ滞在費の一部でも，こちらは貧乏な学生だから（まったくの事実だが）という口実で払ってもらう法はないだろうか。原氏にも話し，できることなら，ぼくの願いを受け入れさせるよう計らってほしい。が，いずれにしても，この点について結果がどうなろうと，ぼくは君の申し出を受ける。また，もし協会が会議でさせる報告があるなら，翻訳に必要な時間がとれるように，資料をできるだけ早くぼくへ送ってもらわねばならない。

この件について，もう一言。ぼくはリヨンの地学協会はたしかに会員だが，東京の方はそうでない。それになにか不都合はないだろうか？

こちらには，なにも変りはない。ぼくの二回目の試験は最終的に三月十五日に決った。ということは，ぼくはそこそこ忙しいことになるが，だからといって市の舞踏場，玉突きやトランプの会を廻らないわけではない。

わが国の憲法がとうとう発布された！できるだけ自由な方向に適用してもらいたいと思う。

ではこれで。もう一度君の手紙に礼をのべる。

I. 本野

追伸

君の写真をでき次第送ってほしい。田中夫妻によろしく伝えてほしい。原，大山，マスノ（？，校註者）の諸氏にもよろしく。

訳註１）この代表の件については，最初原敬に依頼があった。『原敬日記』1888年10月28日，11月２日，11月10日の条参照。

書簡19までは在リヨンの留学生であった本野は、帰国後、外務省の翻訳官などを経て、七年後の今はロシア公使館一等書記官、三十四才である。この書簡26はパリで加藤と会ったあと、旅行先からの礼状で、ウィーンの

Hôtel Bristol（I. Kärntnerring 7.）の便箋に書かれている。文中加藤の愛人についての言及や、外交官の私生活にかかわる記述はあまりに個人的な内容なので省略した。
　これまでの書簡とちがい、書簡26、27、28では加藤に対し tutoyer している。

書簡

(Wien,) le 25 Nov. 96.

Mon cher Poupon

Comment vas-tu depuis que je t'ai quitté? Comment va ta petite (?) amie? Comme ma femme a dû t'écrire de Berlin, quant à nous, nous avons fait un très bon voyage de Paris à Berlin. Le bébé a très bien dormi la nuit et même le jour et n'a point souffert du tout de son voyage. Miyaoka et quelques uns de mes amis qui sont à Berlin nous attendaient à la gare et nous sommes descendus à l'Hôtel Bellevue, à deux pas de la gare et à une dizaine de minutes à pied de notre Légation. J'ai quitté Berlin le lendemain de notre arrivée et me voilà depuis deux jours à Vienne.

Avant de te raconter ce que j'ai vu, entendu et fait à Vienne je dois tout d'abord t'exprimer toute ma gratitude pour tout ce que tu as fait pour moi et ma femme pendant notre séjour à Paris. Je dois également te prier d'exprimer tous nos remerciements à ton amie qui a été si complaisante pour nous. Sans toi et ton amie je me demande comment nous nous serions tirés d'affaire et je vous réitère nos bien sincères remerciements. Dis surtout à Nini que je lui suis doublement reconnaissant, d'abord pour ce qu'elle a fait pour ma femme, et ensuite de la bonté qu'elle a eue pour moi. (.....)

Vienne le 30 nov.

J'en étais là lorsque Soughimoura est venu me prendre et j'ai été forcé de suspendre ma lettre. Je suis parti pour Budapest le jour même à 4 heures et je viens de rentrer ce matin. Tu m'excuseras si cette lettre n'est pas partie plus tôt. Je continue :

(.....) Arrivé à Vienne j'ai vu d'abord Hata qui était venu à ma rencontre à la gare et Soughimoura que nous sommes allés voir en sortant de l'Hôtel avant de rendre visite à Takahira. (.....)

（ウィーン.）96年11月25日

親愛なる坊や

一別以来どうしている？　君のかわいい人は？　妻がベルリンから君に便りしたはずだが，我々のほうはパリ＝ベルリン間のすばらしい旅をした。赤ん坊は夜，そして昼間もよく寝て旅行の苦痛はまったくなかったようだ。宮岡[1)]と，ベルリンにいるぼくの友人の何人かが駅で待ってくれており，我々はホテル・ベルヴューに投宿した。駅からすぐ，わが公使館から徒歩で十分ほどのところだ。着いた翌日にベルリンを出て，ふつか前からぼくはヴィーンに来ている。ヴィーンで見聞し，やったことを話す前に，パリ滞在中，ぼくと妻に対して君がしてくれたことにまず厚い感謝を表さねばならない。また，我々にずいぶんよくしてくれた君のいい人にお礼の気持を伝えてほしい。（中略）

ヴィーン，11月30日

そこまで書いていたところで杉村[2)]が迎えにやってきて，手紙を中断せざるをえなくなった。その日，四時にブダペストへ出かけ，けさ帰ったばかりだ。この手紙がおそくなったのを許してほしい。（中略）

ヴィーンに着いて，駅へ迎えに来てくれた畑[3)]にまず会い，宿を出ていっしょに杉村に会いにゆき，さらに高平[4)]を訪ねた。（後略）

訳註１）宮岡恒次郎（1865？－？）は米国在勤のあと，1894年８月から1900年５月までドイツ勤務（明治期外交資料研究会編『外務省制度・組織・人事関係調書集』（クレス出版，'95年）第１巻 p.159）。

２）杉村虎一（こいち）（1857－1938）は各地に在勤のあと，95年７月からオーストリア勤務。のちスウェーデン兼ノルウェー，ドイツ駐在の各特命全権大公使。
なお，書簡29の註５）を参照のこと。

３）畑良太郎（1867－1936）は1892年９月交際官試補としてオーストリアへ赴任，93年11月公使館書記官となり，オーストリア，オランダに在勤。のちブラジル駐在特命全権公使，さらにスウェーデン・ノルウェー・デンマーク駐在特命全権公使。

４）高平小五郎（1854－1926）は各地に在勤のあと，1895年12月オーストリア兼スイス公使。のち駐米公使，駐伊公使。貴族院議員。

（以上の訳注２），３），４）は『新版　日本外交史辞典』（山川出版社，'92年）を参看した）

書簡

Petersbourg le 1er janvier
1897.

Mon cher Ami,

Je te remercie de ta bonne lettre et m'empresse de te répondre en te souhaitant en même temps la bonne année ainsi qu'à ton amie à qui je te prie de me rappeler à son bon souvenir et lui présenter mes meilleurs compliments pour la nouvelle année qui arrive.

Je te remercie de l'embarras que je t'ai causé pour le paiement de mes factures. Est-ce que je t'avais laissé 2600 ou 2700. Je ne me rappelle plus bien. Dans tous les cas je t'envoie ci-joint 200 frs pour le reliquat de mes comptes. S'il n'y a pas assez, dis le moi, s'il y en a un peu plus, je te prierai de payer une facture que voici, à la corsetière.

Je n'envoie de carte à personne des membres de la Légation pour le Nouvel an. Je te prie de vouloir bien être l'interprète de mes meilleurs sentiments auprès de tous ces Messieurs notamment du Colonel Idjitchi et de bon Kawaghita.

J'ai du monde aujourd'hui à la maison. Je te prie de m'excuser de ne pas t'écrire plus long.

Quant à cette affaire de de Labry, si tu veux je pourrais écrire à Vieugué en démentant catégoriquement tout ce qu'il raconte de blague. Je te laisse juge de ce qu'il y aura à faire.

Bien cordialement à toi.

I. Motono

ペテルスブルク，1897年1月1日

加藤兄

手紙ありがとう。とりいそぎ君に新年の祝いを申し上げて返事とする。同様に君のいい人にもどうかよろしく伝えてほしい。

ぼくのいろいろの請求書の支払いについてとり計らってくれたことに礼を言う。二千六百か二千七百，君に渡しておいたかね？よく覚えていない。いずれにせよ同封で二百フラン，ぼくの勘定の未払分として送る。足らなかったら言ってくれたまえ，すこし余分にあったら，下着店のおかみへのものだが，ここに入れた勘定書を支払ってほしい。

〔パリの〕公使館員のだれにも年賀のあいさつを出さないが，みなさん，とりわけ伊地知大佐[1)]，カワギタ君にどうかよろしく伝えてほしい。

今日は家に来客が多い。ゆっくり書けないのを許してほしい。

例のド・ラブリの件だが，君がよければ，ぼくがヴィユゲに手紙を書いて奴がぐだぐだ言っているのをはっきりと否定してやるよ。どうするか判断は君にまかせる。

ではこれで。

I. 本野

訳注１）伊地知大佐は伊地知季清（1854－1905）のことであろう。陸軍に入り，池田正介のあとを襲って1894（明治27）年在フランス公使館付武官，97年11月までその任にあった。

書簡

Petersbourg le 6 fevrier 97.

Mon cher Kato

Ainsi tes voeux sont enfin exaucés! Tu vas partir bientôt pour le Japon. Mais comment compte-t-on arranger les affaires après ton départ.? Je suis vraiment ébahi de l'audace de Mr ton chef. Lui qui ne connaît pas le francais, Sato qui ne connait pas le francais, et notre chancelier qui n'est pas plus capable que les deux autres! J'ai été d'abord étonné de la dépêche qu'on a envoyée de Paris et encore plus de l'ordre de partir qu'on vient de de te donner avant que quelqu'un qui connaisse le francais arrivât en France. Je me demande vraiment où ils ont la tête, tant à Paris qu'au Japon!

Mais pour toi personnellement je suis bien content que tu aies obtenu ce que tu désirais depuis si longtemps et j'espère que ton retour au Japon servira à éclairer nos Messieurs du Ministère qui ne se rendent pas compte de ce qu'il en est en réalité dans nos légations.

Je voulais te télégraphier pour te demander quand tu comptais partir, mais j'au su aujourd'hui que tu ne partiras pas avant la fin de ce mois. D'ici là nous aurons le temps de nous correspondre en cas de besoin. Et maintenant j'ai un petit service à te demander. Tu sais que je désirais envoyer au Japon ces espèces de couvre-lits qu'on vend au Louvre. Les plus grands coutent dans les 65 à 75 frs. Je te serais très obligé si tu voulais bien en acheter deux et les apporter à mes parents, si cela ne t'embarrassait pas trop. Achète les pour moi et dis moi immédiatement le prix, je t'enverrai de suite le montant par le Crédit Lyonnais.

Au jour de l'an et à Noel je voulais envoyer ma carte à ton amie. Mais un doute m'est venu sur la manière d'écrire son nom. Etait-ce *Dartes* ou *Dastes* ou autrement. Tu me feras plaisir de me le dire, et le nom de la rue également. Si par hasard j'avais occasion d'aller à Paris je serais bien aise d'aller lui présenter mes hommages et parler de tes exploits!

As-tu des nouvelles du Marquis? Est-il toujours dans le midi de la France ou bien est-il déjà à Paris. Je te prie de lui envoyer la lettre ci-jointe, et de me donner son adresse actuelle.

Mes amitiés à ton amie et à Kawaghita. Donne moi un peu les nouvelles de Paris. Comment va 〔sic〕 le ménage Sato et Son Excellence. Est-il fier de son succes (?) à Lisbonne? Ici rien de nouveau, la saison bat son plein mais par suite du deuil j'ai été obligé de refuser plusieurs invitations, de telle sorte que je n'ai pu encore faire guère de connaissances dans les deux sexes. Pour le moment, mes visites officielles se bornent au Corps diplomatique - Entre parenthèse - L'Ambassadeur de France est très aimable pour moi et je lui suis très reconnaissant. Cela est dû certainement au petit mot que Mr Hanotaux m'a promis de lui écrire. Si tu avais l'occasion de le voir et si tu en trouve l'occasion, je te serais très-obligé de lui en faire mention et que je lui suis très reconnaissant.

Bien cordialement à toi

I. Motono.

ペテルスブルク，97年2月6日

加藤兄

君の願いはようやく成就したね。もうじき日本へ出発だね。が，君が帰ったあと，どう仕事をやってゆくつもりなんだろう？　君の上司の方[1]の大胆さにはまことに仰天するよ。ご当人はフランス語がわからない，佐藤[2]もわからない，書記官もふたり以上にできるわけじゃない。まずパリから公用電を送ったのもだが，それ以上に，だれかフランス語のわかる人間がフランスに着く前に君に帰国命令を出したことに驚いた。本当にどうかしていると思うよ，パリも日本も。

しかし，君個人について言えばまことにめでたい。ずいぶん前から願っていたことが叶ったんだから。そして，ぼくが期待しているのは，出先の機関が実際にどういう状態か想像できない，わが省の諸氏の蒙を啓くのに君の帰国が役立ってくれることだ。

君がいつ帰るつもりか尋ねるべく打電するつもりでいた。が今日，君は今月終りまでは帰らないことを知った。その時まで，必要に応じて文通する時間があるだろう。ここで君にちょっと頼みたいことがある。すでに話したことだが，ルーヴル〔百貨店〕[3]で売っている寝台の掛け布を日本に送りたいと思っている。最大のもので六十五から七十五フランする。もし，あまり面倒でなければ，それをふたつ買って，うちの両親に届けてもらえるとまことにありがたい。代りに買って，ただちに値段を教えてほしい。折り返しその金額をクレディ・リヨネ〔銀行〕から送る。

新年とクリスマスに君のいい人に賀状を送ろうと思った。が，姓の書きかたに疑問が生じた。ダルテス，ダステス，あるいはさらに別の名だったかね？　教えてくれるとありがたい。通りの名も。もし，ひょっとしてパリへ行く機会があれば，ぜひ挨拶にでかけ君の艶福ぶりを聞かせてもらうつもりだ。

侯爵[4)]はどうしておられる？　あいかわらず南仏か，あるいはもうパリだろうか？同封の手紙を侯爵に送ってほしい。それとその現在の住所を教えてほしい。

君のいい人によろしく。川北君にも。パリの様子をすこし教えてほしい。佐藤夫妻と閣下は？　閣下はリスボン[5)]の艶福（？）をご自慢だろうか？　こちらは，なにも変ったことはない。社交の季節は盛りだが，服喪のことでいくつか招待を断らざるをえなくなった。それで男女ともあまり近づきにはなっていない。今のところ，ぼくの公式訪問は外交団に限られている。余談になるが，フランス大使がぼくにたいそう親切にしてくれ，ありがたく思っている。これはきっと，アノトー氏[6)]が大使に手紙を書くと約束してくれたおかげにちがいない。もし氏に会うことがあれば，このことに触れ，ぼくが大いに感謝していると言ってくれればありがたい。

ではまた

I. 本野

訳註１）曽禰荒助公使のこと。93年９月11日から97年３月26日まで特命全権公使。

２）一等書記官の佐藤愛麿（1857－1934）のこと。曽禰の離任のあと，栗野慎一郎の赴任まで佐藤が臨時代理公使をつとめる。のち米国駐在特命全権大使。

３）ルーヴル百貨店は現在はない。建物は高級骨董店のビル（le Louvre des antiquaires）になっている。

４）侯爵は西園寺公望のこと（のち1920年に公爵）。西園寺は1896年末から97年10月までヨーロッパに滞在していた。

５）ポルトガルはスペインとともに，1878年から1902年までフランス駐在公使の管轄であった。

６）ガブリエル・アノトー（Gabriel Hanotaux，1853－1944）。前半生は主に外交界，政界で活躍。ロシアとの同盟の締結につとめた。1894年５月から95年10月まで，さらに96年４月から98年６月まで外務大臣。のち歴史関係の多方面な著述で名をなした。

筆者は池田正介（1855－1914）と思われる。その詳細な伝記は『現代防長人物史』に見ることができる。1872年フランスに留学、80年帰国、陸軍中尉、陸軍士官学校教官。90年３月ふたたび渡仏、中佐として在フランス公使館付武官。94年９月帰国。のち陸軍少将まで進んだ。その二度目の滞仏の後半が、加藤の公使館書記官時代の前半と重なる。

この書簡は池田が二度目のフランス滞在のあと94年９月10日帰国後すぐに、いわゆる日清事変に陸軍付出向歩兵中佐として従軍し、パリの加藤に送ったもの。ここにあるのは戦争ごっこの筆致であって、侵略の意識はまったく感じられない。多数の民間人に及んだ「旅順虐殺」の惨はこの手紙の直後のことである。世界の列強の位置に近づいたと思っていた日本人には、とりわけ欧米からの新帰朝者には、アジアは眼中になかったということであろう。

　フランス語はまことに流暢なもので驚嘆する。

書簡

à 安東縣, S-O de 義州　　Le 19 Novembre〔1894〕
An tong

Mon cher Kato,

Je suis bien aise de vous demander si vous allez toujours à merveille ainsi que votre chère moitié; quant à moi, à peine rentré directement au Japon le 10 September, je suis parti immédiatement en guerre, comme Attaché hors cadre à l'Armée; c'est ainsi que je me trouve actuellement à 安東縣 à 10 kilomètres au sud-ouest de 義州 avec l'intention de me porter à 領順口 (port Arthur) dans une semaine.

Il est superflu de vous raconter la marche triomphante de notre engagement, puisque les journaux japonais en mentionnent suffisamment.

En résumé nous avons eu 6 affaires militaires dont 2 de marine et 4 de l'Armée de terre, sans lesquelles nous avons été partout victorieux haut la main avec une trop grande différence de valeur des troupes engagées de part et d'autre. Les Chinois ont déjà perdu un tiers de leur flotte, plus de 120 canons (Krupp), c'est-à-dire, presque la totalité de leur bonne artillerie de campagne, plus de 6000 fusils (système allemand Mauser), plus d'un millier de tués et le nombre double de blessés; quant aux munitions et autres objets pris par nous, il faut beaucoup de temps pour les compter, c'est ce qui me manque et du reste ces chiffres ne doivent pas vous intéresser beaucoup.

Le sort du "Port Arthur" n'est plus à présent qu'une affaire de quelques jours encore, et alors et alors seulement après, outre les butins des armes de guerre du gros calibre, on entendra parler d'une prise fantastique et unique au monde: Il me semble avoir lu dans l'histoire, la cavalerie francaise s'est emparé d'un vaisseau de guerre hollandais bloqué dans un canal par la glace, cette fois ce sera l'Infanterie japonaise qui aura donné l'assaut sur les vaisseaux ennemis entrés aux docks pour la réparation rendue nécessaire à la suite de notre brillant combat naval.

Comme vous devez être fatigué d'entendre les affaires militaires, changeons de conversation pour rire un peu: n'étant pas resté assez lontemps à Tokio, je n'ai guère une grande variété de sujets; néanmoins il est bon que vous sachiez que 1°Baba a réussi, par sa blague, à se faire passer comme un grand ingénieur, comparable à des Lesseps ou

Effel (*sic*), à qui toutes les naïves Compagnies de mines viennent prendre ses hautes appréciations de leur entreprise, il paraît qu'il dit qu'il gagne par mois cinq cents (500) yens, dont je ne puis nullement garantir l'exactitude; mais en tout cas il a loué une grande maison d'une apparence de celle d'un Inspecteur des mines; 2°notre gentil garcon Ossada, n'ayant rien trouvé comme position lucrative, a fait répandre le bruit qu'il s'est occupé tout son temps de séjour en France pour la réforme à introduire dans nos pièces de théâtre; et voilà qu'il est entouré des acteurs et des directeurs de théâtre, qui lui sollicitent à avoir la préférence, finalement il a été obligé de s'intituler "auteur dramatique", on dit même qu'il travaille en ce moment à présenter et faire jouer cet hiver une pièce de sa fabrication. C'est dommage, à mon avis, qu'il n'y a pas de théâtre Guignol au Japon, car là il a plus de chance de faire réjouir les enfants!

A côté des 2 célébrités cités (*sic*) ci-dessus qu'est-ce que je deviens: Eh bien, votre brillant Lieutenant-Colonel a sauté d'un coup d'une vie de paradis à celle d'une campagne, avec toutes ses conséquences, c'est-à-dire, au lieu d'avoir un bon dîner ou un souper fin, comme nous faisions ensemble de temps en temps, votre malheureux compagnon n'a qu'une boule de riz froid avec un peu de légumes salés à chaque repas, et encore quand il touche une sardine salée, c'est une fête pour lui, inutile de vous ajouter qu'il ne laisse ni sa tête ni ses os, à moins qu'il ne veuille les garder pour son repas suivant! Au lieu d'une chambre chauffée avec un bon lit, que vous devez avoir à l'heure où je vous écris, votre lamentable ami n'a qu'une sorte d'écurie avec un peu de paille; au lieu d'avoir enfin à côté de vous une Vénus qui vous caresse, qui vous dorlote et qui vous chauffe par dessus le marché pendant ce grand froid, votre pauvre officier n'a, comme compagnons de lit, que des puces et des poux qui vous agassent (*sic*) toute la nuit, il se réveille souvent pendant la nuit, croyant que les cheveux de Vénus le gênent à son coup (*sic*) et sa figure, pas du tout c'est une paille qui vient vous chatouiller.

Heureusement j'ai toujours une bonne santé, un bon estomac et un coeur de soldat avant tout.

La suite à la prochaine occasion et prière de présenter mes sentiments à votre chère amie et mes amitiés à tous les camarades.

(?). Ikéda

義州の南西，安東県にて　1894年11月19日

加藤殿

いつもの通りご壮健だろうか？　かわいい人はいかが？　当方は九月十日直接日本に帰るが早いか，ただちに陸軍付出向武官として出陣した。そういうわけで今義州の南西十キロメートルの安東県にいる。一週間後には領順口（アーサー港）にいくつもりだ。

わが軍の戦いの華々しい模様を貴兄に物語るのは余計なことだ。日本の新聞が十分に報道しているのだから。

要約するとわが軍は六回の戦闘をまじえた。うち二回は海戦，四回は地上戦。このほかは到るところ，やすやすと凱旋するばかり。それぞれに投入している兵力が違いすぎる。中国側が失ったものはすでに艦船の三分の一，大砲（クルップ）百二十門以上，すなわち彼の優秀な野砲のほとんどすべて，小銃六千丁以上（ドイツ，モーゼル式），死者千人以上，負傷者は倍。わが軍がうばった弾薬その他は，数えるのにずいぶん時間がかかるが，その時間は僕にはないし，それにそんな数字は貴兄にあんまり面白くもないだろう。

「アーサー港」の命運は今ではもはやあと二，三日のこととなった[1)]。その時には，その時にはじめて，大筒の戦利品のほかに，めざましい，世界で類のない攻略の話を聞くこととなろう。歴史で読んだように思うのだが，フランスの騎馬隊が，氷で運河にとじこめられたオランダの艦船を奪取したことがある。こんどは日本の歩兵隊が敵艦を攻撃していよう。わが軍の輝かしい海戦のために修理が必要になってドックに入っているのだ。

戦争の話を聞かされてうんざりしておいでだろうから，話題を変えて，すこしお笑い草を。ただし，東京にゆっくり居なかったから，あまり話の種はない。ともあれお耳に入れるのは，第一に，馬場[2)]が例の法螺でもって，うまくレセップス，エッフェルもはだしの「大技師」になりおおせた。世にうとい鉱山会社がこぞって彼に事業の提灯持をしてもらおうとやってくる。奴の話では月に5百円みいりがあるらしい。もっとも確かかどうか保証は全然できないがね。ともかく，まるで鉱山監督官の家のような大きな家を借りている。第二に，あの気のいい長田（おさだ）[3)]の奴が定職がみつからなかったものだから，フランス滞在中ずっと，わが国の戯曲改良にかかずらっていたように触れまわった。すると，たちまち役者や劇場主がとりまいて，彼の機嫌をとる。ついには，奴も「劇作家」を名乗らねばならぬことになった。なんでも，この冬に自作の芝居を上演させるので，その準備にかかっているとさえ言う。僕が思うに，日本にギニョル芝居がないのは惜しい。あれなら子供衆をよろこばすのもたやすかろうが……

この二名士はさておき，この私めは如何に？　ところが，輝かしい陸軍中佐殿も天国の日々からいきなり野戦の日々へとなれば，結果は知れたこと。つまり，われわれが時に共にした美味な夕食，しゃれた夜食とことかわり，君の相棒はあわれにも毎食冷たい握り飯ひとつと漬物少々。鰯の干物一匹があたったら，お祭り沙汰。頭も骨も残さぬことは言うまでもありません。つぎの飯にとっておくのなら別だけれど。

こうして書いているときも，きっとそこには暖房の利いた部屋，やわらかい寝床がおありだけれど，哀れなお友達は馬小屋のようなところと藁がいくらか。はたまた，君がかたわらにヴィーナスをはべらせ，その愛撫，鍾愛をうけ，あまつさえ，この寒の折にはその身をもって暖をとられるにひきかえ，哀れにも士官殿には，床の無聊をなぐさめるものとてはただ蚤，虱が一晩攻めたてるのみ。ヴィーナスの髪の毛が首筋と顔にかかるかと，再三目をさませば，なんのことはない，わら屑が身をくすぐる。

幸いにして，いつものように健康と胃腸と，なによりも軍人精神にはめぐまれている。

あとは又の折に。かたわらの君によろしく。同輩の諸氏にも。

(?). [4] 池田

訳註 1）旅順口占領は11月21日。

2）馬場はだれを指すのか不詳。

3）長田秋濤（忠一）（1871－1915）は明治期の演劇改良にかかわった人物として知られる。その最初の戯曲は，明治28（1895）年３月に刊行された二幕物の『菊水』で，『太平記』に取材したもの。

なお，中村光夫の小説『贋の偶像』は，長田の伝記を軸に，それに関心をもつ現代の数人の人物を登場人物に仕立てている。

4）名前の頭文字は判読しがたい。各種の人名辞典は「しょうすけ」と読んでいるが，字はむしろＹに読める。

五、住友・別子銅山・お雇い鉱山技師・ラロック

ラロク〔ルイー〕〔国籍〕仏　〔雇主雇期間〕大阪府下住友吉左衛門代理広瀬宰平　〔備考〕「右は愛媛県下伊予国宇摩郡別子鉱山為検査順路摂幡三備より淡阿讃予九ケ国通行之儀願出聞届候条、往返道筋無故障相通可中事」（外務省、七年一月二十四日）【出典】外八

以上がユネスコ東アジア文化研究センター編『資料　御雇外国人』（昭和五十年五月一日発行　小学館）記載のラロックについての情報である。

本項ではこれに『住友別子鉱山史』〔上巻〕第三部「幕末・明治期の別子銅山」所載の同人に関する記事、西堀昭「日本の鉱工業の発展に寄与した別子鉱山フランス人技師　ルイ・クロード・ブリユノ・ラロックについて」（『横浜国立大学経営学部ワーキング・ペーパー・シリーズ』№一一四、一九九四年十一月）、藤本鐵雄著『明治期」の別子そして住友――近代企業家の理念と行動――』（一九九三年十一月二十五日　第一版第三刷発行）、銅夢物語・新居浜市民会議　九四英仏調査団編『ラロックと門之助を歩く――別予銅山の近代化を採萌する英・仏への旅――』（一九九五年六月十五日発行）等を参照して、ラロックについて可能な限り詳細に述べる。

西堀昭氏が、アルプ。マリティーム県のグラース市役所資料館から入手したラロックの出生証書（これは西原寛氏も受け取っている）によると、ラロックは一八三六年十一月二十四日に生まれた。父はフランソア・ジョゼフ・ラロック、母はアデライド・ジャンヌ・メルー。当時父親三十一歳、母親二十六歳。父親はグラースの中学校の教師であった。ラロックの戸籍上の名前はルイ・クロード・ブリユノ・ラロックである。

ラロックは一八五六年にパリにある鉱山学校の準備学級に入学した。この鉱山学校は、当時は帝国鉱山学校といっていたが、現在はパリ国立高等鉱業学校といい、パリ六区サン・ミッシェル通り六十番地にある。

ラロックの帝国鉱山学校での成績は優秀で、十九人又は二十人中三番（一八五八年及び一八五九年）であった。卒業の年（一八六〇）は十七人中二番であった。一八六〇年六月二日の卒業である。

西堀氏論文によると、ラロックの同級生にはヴィクトル・ルイ・シャルル・デックス他四名の氏名が「帝国鉱山学校生徒名簿」に認められるが、これらの中には日本に来た者は見当たらないとある。

サン・テチエンヌ国立高等鉱山学校からは、コアニエ他五名が来日しているが、パリ国立高等鉱山学校からは一名の来日とも記載されている。

『住友別子鉱山史』［上巻］第三部第八節第四項「ラロックの雇用と別子稼行権」によると、ラロックの雇用期間は明治七年一月一日から八年十月三十一日までであった。給料は月給六〇〇ドル。帰国旅費六〇〇ドル。その他は一切支給無しであった。ちなみに当時別子の最高責任者であった広瀬宰平の月給は百円、通訳の塩野門之助の月給は二十五円であった（藤本鐵雄著『「明治期」の別子そして住友』三十五頁）。

『住友別子鉱山史』［上巻］第三部第三章第一節「別子近代化の問題点とラロックの目論見書」によると、ラロックは明治七（一八七四）年三月五日、当主住友友親、広瀬宰平、塩野門之助と共に神戸で白水丸に乗船した。

ラロックの功績は別子鉱山の現状と問題点をつぶさに観察して「別子鉱山目論見書」を作成したことである。この書の原題名は「別子山の鉱山及び鉱石の冶金に関する報告書」であって、彼はこの報告書を横浜のリリエンタール社で作成した。その時自分と相前後して別子を視察したコワニエやフレッシュヴィルの意見も参考にしている。明治九年二月塩野門之助はラロックの原文のうち当面必要な部分を抄訳した。「ラロク氏目論見後編之抜粋」「ラロク氏坑井之見込書（穿井撰要細録）」等である。それらによって知られるラロックの提言は次のようなものであった。

①現在の事業において、今後六～七年間までは毎年三～四万円の利益を計上すること。
②この利益は、新規事業の開拓資金になるから、その範囲内で行なうこと。
③新規事業によって、ただ一点現業を妨げるものがあるとすれば、それは将来の鉱石搬出口開さくの工事であること。
④しかし、鉱脈の分布や土地の高低を勘案した結果、当面の間は支障にならないであろうこと。
⑤それゆえ、なおさら新規事業によって現業を妨害・変更してはならないこと。
⑥よって、新規事業が成就して諸機械完備の日までは、事業を継続維持すること。

を結論づけた。その結果、従来どおり銅山峰の南側を鉱業の中心地とすること。

こうして、事業の中心地は、鉱脈が東に向かって四十九度の傾斜で走っている状態から、現在の本鋪・吹方ではなくて東延・高橋にすること、東延斜坑と坑間支坑道を開さくして将来の採鉱場となし、これに近い高橋に洋式製錬所を建築して粗銅までの製錬を行なうこと、将来のことを考えて新居浜の金子川河口（惣開新田）に最終製錬所を建設するので、別子高橋から新居浜までの運搬車道を建設することというのが要点であった。

結論として、「ラロックの近代化プランは、企画の遠大性・内容の緻密性・実施の現実性、どれをとっても素晴らしいものだった。広瀬は『同氏（ラロック）目論見ハ其価拾万円ノ者ニテ、千載之後楽ヲ祝シ申候』と大変な喜びようで、同氏を評して「我か鉱業上、大功ありて一過なかりし人なり」と最大限の賛辞を与えた。」

ラロックは雇用契約の延長を希望し、横浜のリリエンタール商会のガイセンハイメル氏も資本不足で雇用できないのであれば、幾らかの資金を提供しょうと申し出たが、広瀬は次の理由で解雇した。

①　一時に巨額の資本を要すること。

②　官営鉱山の失敗の前例を踏まないこと。

③　高給を出して長期間雇用することは、直接的に個人経済上、間接的には国家経済上（外貨の流失・技術者の養成など）大いに不利益であること。

こうして、ラロックは明治八（一八七五）年十二月二十三日帰国することとなった。

帰国後のラロックの動静については明らかでない。佐々木正勇氏によると、一八八三年死亡となっているが、終焉の地が何処であったかも分からず、死亡の年推定の根拠も示されていない。

ラロックについては以上の情報しか見出されていないが、一つ特筆するに価すると思われることが最近実施された。それは「銅夢物語・新居浜市民会議調査団」が、「別子銅山の近代化のルーツを探訪する英仏への旅」を一九九四年十月二十一日から同月三十一日にかけて敢行したことである。そして、その調査報告書を『ラロックと門之助を歩く』と題して出版している。その報告書はラロックと塩野門之助のことのみを述べたものではない。しかし、報告書の中の「記録と感想」の（一）に西原寛氏による「報告書」のタイトルと同じ題の「ラロックと門之助を歩く」という一文が収録されて居り、そこに、明治初年ラロックと塩野門之助を中心として行なわれた国際交流の平成初年に実現した後日談が詳細に語られている。

これには実はこれより少し前、平成二年に松江市で成果を見た、明治時代の国際交流（日本人のフランス留学）のもう一つの後日談が深く関わっている。それは西原氏もご存知なかったと思われるので、そのことを最後に記してこのラロックの項を終えることとする。

筆者は松江市に在る島根大学にたまたま奉職したのが機縁で、明治初年仏学の一中心地であった松江に於て日仏交流史を研究することとなった。また、それが発端となり、梅謙次郎法学博士の顕彰事業と関係することとなった。そして、梅博士顕彰碑除幕式に博士の曾ての留学先リヨンよりリヨン第三大学の学長ヴィアル氏及び副学長マクサンス氏を招いた。この好機にリヨン第三大学と島根大学とは姉妹大学となり大学間交流協定を結んだ。そのお陰で筆者もリヨン第三大学に交換教授で派遣された。その時リヨン第三大学の日本語科の諸先生の知己を得ることができた。その中に同大学で日本語の非常勤講師をしていた山口剛一氏がいた。西原寛氏からフランスへ「ラロックと門之助を歩く」旅をする話を聞いて、筆者は同氏に山口氏を紹介した。山口氏が更に丹羽氏を、丹羽氏が今度は岡田美智子さんを西原氏に紹介し、その岡田さんが新居浜出身であったとは、正に奇縁としか言いようがない。ラロック・門之助から百二十年目の旅は、西原氏自身の言葉通り、「ひょっこり、びっくり訪問」であった。

そもそも西原氏に最初に川崎英太郎氏を紹介した住友資料館の小葉田潤館長は筆者が松江市で開講していた市

民相手のフランス語講座の一受講生小葉田さんの御尊父であったのだから、この「後日談」の後日談は、「こんなことってあるんだなあ、と不思議」な話である。もっとも、筆者としては、こんな「ひょうたんから駒が出た」ようなことが起こるからこそ、日仏交流史の研究は止められないのである。

ルイ・ラロック

刊行にそえて

著者・夫・田中隆二は約一年の入院加療の後、二〇一〇年十月三〇日没しました。田中家十三代として愛媛・南伊予に眠っております。(初代信治は、伊予伊達藩士一七一六年没)

著者は、一九九九年二月「幕末・明治期の日仏交流・中国地方・四国地方篇(一)松江」を上梓いたしました。その後「同(二)山口・広島・愛媛」の刊行準備は整っていると申しながら果たさず仕舞いとなっていましたが、この度、遺されていました原稿をもとに、刊行の運びとなりました。

著者の学生時代からの研究対象は、主に、フランス貴族出身の作家アルフレッド・ドゥ・ヴィニの作品でございました。フランス政府給費留学生として、フランス・ディジョン大学博士課程で書き上げました学位論文「アルフレッド・ドゥ・ヴィニ研究――その名誉の感情の変遷――」によりまして学位を得ましたが、更に、同論文によりまして、フランス・アルフレッド・ドゥ・ヴィニ協会初の研究賞第一号を受賞しました。帰国後の授賞式開催でしたので、本人不参加のため、当時の駐日フランス大使が代理として、パリ市議会副議長からメダルを受け取ってくださり、日本に持参され、東京で拝受しました。当時のアルフレッド・ドゥ・ヴィニ協会会長クリスチアーヌ・ルフラン女史(現名誉会長)の授賞式でのご挨拶の内、著者に対する祝辞の部分とメダルの写真およびメダル受け渡しの写真を次に紹介させていただきます。

左・パリ市議会副議長カリボー氏
右・駐日フランス大使

メダル。左下に RYUJI TANAKA と彫られている。

En couronnant l'ouvrage de M. Ryuji Tanaka, nous honorons le talent, une vaste culture, la modestie et la ferveur.

La rencontre de Vigny par ce jeune Universitaire d'Hiroshima est une rencontre singulière : intellectuelle et affective, à la fois.

Dès son adolescence, Tanaka s'est senti dit-il, « fasciné » par l'œuvre et la personnalité de notre Poète.

Tout naturellement, sa première intention avait été une vaste étude comparative de cet intense sentiment de l'Honneur chez Vigny, avec le traditionnel « Bushido » si vivace au Japon.

Mais, chemin faisant, le code « Hagakure » ne lui sembla pas se prêter à une telle étude littéraire et c'est un projet qu'il réserve à sa maturité.

Reprenant obstinément ses travaux à la base, sous la direcion des Professeurs Germain et Miluer de la Faculté de Dijon, il a élargi sa connaissance de notre XIXe siècle, maîtrisé les difficultés de la langue française et soutenu avec succès (mention « très honorable ») cette thèse, la première sur un sujet toujours effleuré, jamais encore approfondi : « Le sentiment de l'Honneur chez A. de Vigny ».

Il en montre, avec la plus délicate finesse, les nuances et l'évolution, valeur sociale, d'abord, orgueil de famille et conscience de classe, puis foi intime et profonde dont il est difficile d'épuiser le sens, tant elle est riche de valeurs humaines complémentaires : respect de soi, abnégation, loyauté, respect des faibles.

Ryuji Tanaka très simplement, nous dit trouver chez Vigny, une « aide pour son comportement ».

Cette confidence émouvante atteste la pérennité de l'œuvre d'A. de Vigny, mais elle honore aussi celui qui l'a si bien comprise et aimée.

Christiane LEFRANC.
26 juin 1975.

一九九七年は、アルフレッド・ドゥ・ヴィニの生誕二百年に当たり、フランス各地で、祝賀行事が催されました。十一月二十二日にパリ五区のソルボンヌ大学・ルイ・リヤールホールを会場に、二百年祭・記念行事・シンポジウム、が開催され「知られたる、認められざる、未だ知られざるヴィニ」と題して午前・午後六名ずつ合計十二名の発表者が講演しました。著者は「日本におけるアルフレッド・ドゥ・ヴィニ研究」と題し発表者の「とり」をつとめる栄に浴しました。学生時代から多くの方々のお世話をいただきましたが、特に、中村義男氏、フランソワ・ジェルマン氏、マックス・ミルネル氏、ルネ・ポモー氏、フランソワーズ・ランツ氏、ピエール・ジョルジュ・カステックス氏、クリスチアーヌ・ルフラン氏、に深甚の謝意を表します。

一九七七年　改組後の島根大学法文学部西洋文学・フランス語担当として赴任し、作家研究を続けていましたが、同大学・山陰文化研究所の特定研究「山陰地方の総合研究」という新しい課題を得まして先ず松江における幕末・明治初年の日仏交流について調べました。「松江が中央から離れているにも拘わらず明治初年既にフランス人教師二人を招いて、フランス語学習を開始していることを知ったのである」と著者が記していますが、藩が招いた二仏人からフランス語・軍事（特に砲術）・医術などを学んだ方々の足跡に触れることができ、そのご子孫との幸いな出会いにも恵まれました。島根県立図書館の二仏人の仏語の蔵書にも出会い、サインや印に感動しました。

松江出身の梅謙次郎がリヨン大学で著された学位論文「和解論」の共同和訳に参加、梅氏の松江市における顕彰碑除幕式開催、この除幕式のために当時のリヨン大学ピエール・ヴィヤール学長とマクサンス副学長をお迎えしたこと、その折、島根大学とリヨン大学との姉妹大学交流協定締結調印がなされたことなど大きなことに出会えました。

著者がこの書「(二) 山口・広島・愛媛」の原稿を作りましてから、既に十年余りが経過していますが、この間のパソコン機器の普及と機能の発達、ご子孫の状況、研究の成果など、多くの変化を感じます。著者は一人、ご子孫との出会いを求め、生の真の情報に接したいと、人伝てに、電話、パソコンで、封書で、探索に挑んでおりました。ご子孫との出会いは割合が低く、落胆の繰り返しの中で得難い出会いを与えられました折の著者の歓喜を思い出します。一研究者の呼びかけに快く応じてくださいました上、貴重な資料などをご提供くださいましたご子孫の方々のご好意に心よりお礼申し上げます。

昨秋思いがけないご子孫との新しい出会いを与えられましたので、ご紹介させていただきます。二〇〇三年四月八日付中国新聞の著者の記事の一部を引用します。

『野村小三郎ら十人が大阪陸軍兵学寮教官だったフランス軍人シャルル・ビュランに引率されて一八七〇年に日本を発ち渡仏した。十五～二十四歳の若者ばかりで兵学寮の生徒だった。いわば明治政府の「国費留学生」で軍事を学ぶのが目的だった。彼ら以前にも島根県から入江文郎、小田均一郎、庄司金太郎、広島県から渡六之助、太田徳三郎、鹿児島県から鮫島尚信、東京から栗本貞二郎が渡仏している』「兵学寮生徒十人中実に四人、野村小三郎、楢崎頼三、戸次正三郎、前田壮馬らが一八七一—七六年にフランス各地で客死している」「この四人以外では、入江文郎、鮫島尚信、栗本貞次郎の三名が客死している」「この死亡者合わせて七人のうち入江文郎の子孫の所在は判明しているがあとの六人の子孫は確認されていない」と記していますが、この六人のなかの楢崎頼三(本文21頁)のご子孫が判明したのです。

楢崎頼三は一八四五年五月生、一八七〇年兵学寮生として渡仏一八七五年二月パリで客死し、モンパルナスの墓地に葬られました。楢崎頼三は渡仏前に既に結婚して居られ一女マツが誕生されていて、その直系のご子孫・

松葉玲子さんとの出会いがこの度与えられまして多くの事実が判明しましたので、次に紹介させていただきます。研究者・竹本知行氏のご好意に感謝いたします。

フランス・パリでの前掲渡正元日誌（106頁）に度々楢崎の名がありまして、交流され、行動を共にされたことが判ります。渡正元が一八七四年帰国のためにパリを離れる直前の五月十七日の日誌に「今午後西園寺・堀江・楢崎・入江・太田・今村其他へ暇乞ニ行。今夕太田徳三郎・中村孟・村上敬二郎杯同伴、市楼ニ夜食ス。今夜堀江・楢崎・清水等別ヲ告ニ来ル。」とあります。その翌年二月楢崎頼三が亡くなられ、広島出身の太田徳三郎がパリ・モンパルナス墓地埋葬のお世話をされた様です。その後、山口県美祢のご両親楢崎豊資・トミは頼三の娘マツの為に東京白金台に一萬坪の土地を購入し上京して、マツの養育に当たられたとのことです。

更に楢崎の渡仏前のことが新たに判りました。

一八六八年の戊辰戦争に楢崎は長州から新政府軍中隊長として参戦し、勝利します。一方、会津藩白虎隊少年たちは集団自刃しますが、その内の一人、一四歳の飯沼貞吉は、助けられ、猪苗代謹慎所へ集められ脱走兵と共に東京へ護送されました。楢崎頼三はこの少年飯沼貞吉を預かり、給領地・山口県美祢の両親の許に同道し秘密裡に養育しました。「貞さあ」とよばれていた少年は後の電信の専門家として大きな貢献をしています。お互いに敵同志であった会津と長州の和解のためにと山口県美祢市小杉楢崎屋敷跡に二〇〇六年説明版が設置されたとのことです。

飯沼貞吉令孫・一元氏の著書「白虎隊士飯沼貞吉の回生」（星雲社・二〇一三年）をご紹介させていただきます。令孫一元氏が祖父飯沼貞吉の足跡を辿られているご熱意に感銘を覚えます。

楢崎頼三曽孫、松葉玲子さんは、頼三の娘マツの令孫に当たられマツお祖母様と共に過ごされた萩での記憶をお話下さり、只々、感謝と感激の思いです。

一たび命を絶つ決意をした少年、そのことを秘密にしなければならなかった困難のなかで、楢崎は少年を守り抜き育て自らは渡仏後、彼の地に没し、再び故郷の土を踏むことも、少年と会うこともありませんでした。少年は渡仏の楢崎と別れ勉学の道に入りますが約四年後楢崎の死を知ることになります。そして、その後少年は電信の先駆の一人として活躍しました。

維新の志士のこころを貫いたお二人と、同時代を同様のこころで駆け抜けた、この書に登場されましたお一人お一人を偲び讃えたく思います。

この書のためにご協力下さいましたご子孫・研究者の方々に敬意を表し感謝いたします。溪水社社長・木村逸司氏のご尽力に御礼申し上げます。協力下さった山中英司氏、鈴木彩音氏に感謝いたします。

本年五月、著者が迎える筈でございました満八〇歳を記念し、この書の発刊に至れますことを限りない喜びといたします。

二〇一四年三月

編者　田中律子

人名索引

【カ】

【キ】

【ク】

【コ】

【サ】

【シ】

【ス】

【セ】

【ソ】

【タ】

【ツ】

【テ】

【ト】

【ナ】

【ニ】

著者
田 中 隆 二（たなか　りゅうじ）（1934-2010）

広島大学文学部文学科フランス文学専攻
フランス・ディジョン大学大学院博士課程
フランス文学博士
アルフレッド・ドゥ・ヴィニー研究賞第一号受賞
岡山理科大学教授・島根大学教授
広島市立大学教授・広島市立大学名誉教授

著書
『アルフレッド・ドゥ・ヴィニー研究―その名誉の感情の変遷―』昭和54年、溪水社
『幕末・明治期の日仏交流―中国地方・四国地方篇（一）松江―』平成11年、溪水社

幕末・明治期の日仏交流
――中国地方・四国地方篇（二）山口・広島・愛媛――

平成26年５月25日　発　行

著　者　田 中 隆 二
発行所　株式会社 溪水社
広島市中区小町１－４（〒730-0041）
電　話（082）246-7909
ＦＡＸ（082）246-7876
E-mail: info@keisui.co.jp

ISBN978-4-86327-262-0 C3085